TWO EUROPE
两个欧洲

［罗］勒兹万·特奥多雷斯库（*Răzvan Theodorescu*） 著

张芊　董希骁　译

辽宁人民出版社

版权合同登记号 06-2023 年第 190 号

图书在版编目（CIP）数据

两个欧洲 /（罗）勒兹万·特奥多雷斯库著；张芊，
董希骁译. —沈阳：辽宁人民出版社，2024.6
ISBN 978-7-205-10852-6

Ⅰ.①两… Ⅱ.①勒… ②张… ③董… Ⅲ.①欧洲—
历史—研究 Ⅳ.①K500.7

中国国家版本馆 CIP 数据核字（2023）第 169218 号

出版发行：辽宁人民出版社
　　　　　地址：沈阳市和平区十一纬路 25 号　邮编：110003
　　　　　电话：024-23284321（邮　购）　024-23284324（发行部）
　　　　　传真：024-23284191（发行部）　024-23284304（办公室）
　　　　　http://www.lnpph.com.cn
印　　　刷：辽宁新华印务有限公司
幅面尺寸：145mm×210mm
印　　张：10.75
字　　数：280 千字
出版时间：2024 年 6 月第 1 版
印刷时间：2024 年 6 月第 1 次印刷
责任编辑：阎伟萍　孙　雯
装帧设计：留白文化
责任校对：吴艳杰
书　　号：ISBN 978-7-205-10852-6
定　　价：98.00 元

前　言

前不久，在罗马尼亚学院礼堂举行了一场以"假如历史……"为题的国际辩论：五十年后的欧洲将会是什么样子？讨论的内容自然而然地涉及了当前的地缘政治形势，以及五十年前的地缘政治状况。彼时，我们的大陆被分割成两大阵营，在意识形态、经济、政治和军事层面针锋相对。

我当时提出了一个自认为很合理，且颇具吸引力的假设：在经历了当前空洞的统一之后，欧洲未来将再次分裂。之所以说这种统一完全是空洞的，是因为我们每天都能真真切切地看到一个消费主义的西欧和一个理想主义的东欧。在这个共同体中，欧元区正在经历前所未有的危机，甚至可能将某些国家剔除出去，而申根区正因某些煞有介事的原因变得限制重重。保尔·瓦雷里[①] 一

---

① Paul Valery，1871—1945，法国象征派诗人，法兰西学院院士。——译者注

个世纪前说过的话似乎又获得了现实意义："实际上，欧洲只是亚洲大陆的一个小小的半岛。"

当然，在可能的地缘政治背景下，人们在半个世纪后仍会谈论一个分崩离析，但还算聪明的欧洲。它将成为一个愈发破碎，同时也更加聪明的亚洲的附属物。在我看来，古老的历史和文化凝练出"光从东方来"这一论断，如今正重获新生。在中亚地区，操突厥语的苏联加盟共和国蕴藏着丰富的自然资源和能源，西伯利亚则是地球上唯一能找齐全部八种战略元素（从电子工业所需的锗，到核化学工业所需的钴）的地区。当下，中国是美国的最大债权国，印度正在成为软件巨头，而日本在几乎所有领域都是技术先锋……

也许还应该补充一点，那就是欧洲不仅仅限于欧盟。如果没有俄罗斯和土耳其这两个政治和人口大玩家的参与，欧洲就无从谈起。如今，与国际经济危机擦肩而过的伊斯兰世界正幡然醒悟，我认为这种醒悟不应被漠然视之。

不少历史学家都已经预见，无论是属于"我们的海"（即地中海）的欧洲古代和中世纪，还是始于文艺复兴的大西洋时代，如今似乎都已落下帷幕。即将开启的，是一个属于太平洋和亚洲大陆的时代。它西起乌拉尔山脉和里海，东抵符拉迪沃斯托克、横滨和澳大利亚，如今正在合情合理地建构着自己的未来。

欧洲仍将存在下去，它首先是一块由不同区域组成，承载着各种人文传统和伟大科学发现的大陆，也是一片因这些传统而感伤的土地。不过，伟大的历史也许终将在别处被创造出来。

　　这些想法让我很早就开始探讨这两个互补的欧洲。开展此类探讨必须明确打破人们对统一欧洲的陈腐幻想，必须考虑到那些足以将群体心理撕裂的种族、经济，以及宗教信仰标准，进而在全球化、国际化背景下，凸显那些积极的民族主义思想。

　　正是这些想法，让我能够近距离地探析地球这一隅的历史，也就是我毕生研究的东南欧历史。这个地方可被称作"我们的欧洲"，在东南西北四个基点上，它都和罗马尼亚人的土地有着地理和历史渊源。这里是我们祖祖辈辈居住的地方，我们在这里繁衍生息，世代延绵。这个欧洲只是大欧洲的一部分，而且不是得天独厚的那个部分。但我们必须尽可能深入、细致地去了解它，只有这样，才能最终接纳我们自己。

作者按

本书的大部分内容来自本人发表的学术报告，主要刊登在罗马尼亚科学院下属各部门刊物、研究历史遗迹的专业论文集，以及《历史与文明》杂志上。

2008年，柱首出版社（Editura Capitel）精心印制了拙作《我们的欧洲与我们》，但未公开发行，因此无法进入图书馆与读者见面。鉴于此，我从那本书已经收录的文章中选取了七篇，重新刊印。

译者序

保尔·瓦雷里曾言"欧洲只是亚洲大陆的一个小小的半岛"，这个半岛在种族、经济、宗教等因素的持续撕扯下被割裂为东、西两个部分。大国间的博弈导致欧洲地缘版图不断变更，"两个欧洲"的边界也变幻不定，导致罗马尼亚人祖祖辈辈生活的东南欧地区长期处于"夹缝"之中。文明的冲突与融合给这一地区带来巨大的动荡，同时也造就了当地极具多样性和复杂性的人文景观。

罗马尼亚科学院资深院士、著名历史学家勒兹万·特奥多雷斯库在其著作《两个欧洲》中共收录了 18 篇文章。前九篇编入第一部分"大欧洲和我们"，以东南欧为研究对象，包括对学术史的梳理、对代表性学者的介绍，以及对域内外文化交流史的回顾。第二部分"在欧洲家园中的我们"收录了其余九篇文章，聚焦罗马尼亚文化中的各类现象。此外，还附有作者在罗马尼亚科学院庆祝"大统一"一百周年大会上的讲话。作者善于从细节中寻求真相，见微知著，例如从教堂中的一块墓碑、一座门廊、一扇花窗探究丧葬传统和建筑风格的历史变迁，从碑刻中解读社会阶层和社会心理的变化，进而将其置于更宏大的历史背景下加以探讨，揭示罗马尼亚人的民族性与欧洲性。在欧洲一体化背景下，如何处理"民族主义"与"欧洲化"的关系，至今仍困扰着包括罗马尼亚在内的众多东南欧国家。因此，《两个欧洲》虽是一部历史学著作，却不乏现实意义。

上述文章既有已经发表的学术论文，也有会议发言或历史随笔。作者学养深厚，文风洒脱，对不同时期、各种文字的史料旁征博引、信手拈来，对译者而言无疑是巨大的挑战。书中涉及诸多专名和文化概念，译者曾设想逐个注释，但考虑到译注篇幅过大易给人"喧宾夺主"之感，最终放弃了这一想法。也许对于这样一部著作，尽可能保留其原貌，留给读者更大的理解和阐释空间，才是更恰当的做法。因译者能力和水平所限造成的困扰，也恳请广大读者批评指正。

董希骁

2023 年 11 月

目　录

大欧洲和我们

在欧洲家园中的我们

大欧洲和我们

两个欧洲的"史前史"

九十年前（1928年），在挪威首都举行的一次国际历史学大会上，东南欧研究奠基人之——尼古拉·约尔加[1]曾谈到过一个话题。2000年，同样在奥斯陆，又举办了一次类似的大会，其主题"巴尔干时代"与之不谋而合：他们都谈到了东欧与西欧的交融，在前一次会议上，伟大的罗马尼亚史学家将背景设置在中世纪[2]，当代这次会议的背景则是世纪和千年的尾声。

布加勒斯特大学世界史教授尼古拉·约尔加既是整体性、全球性历史观的先驱，也是实现欧洲真正深度统一的倡导者，他的总结发言引发了极大的共鸣："如今，我们几乎在所有场合都会反复谈到国际主义，它实际上仅仅意味着一种彼此包容，因为不可能相互同化。我们需要的是另一种东西，即通过相互影响回归从

---

① Nicolae Iorga，1871—1940，罗马尼亚史学家。——译者注

② *L'interpénétration de l'Orient et de l'Occident au Moyen Age*, în *Académie Roumaine. Bulletin de la Section Historique*, XV, 1928 (extras).

前的精神统一体。要做到这一点，我们就不应牺牲掉任何对我们而言真正宝贵的东西。国家是一个有其自主作用的有机体，但这并不是否定建立一个统一的有机体的必要性。越是纯粹地将各国的自主性保留下来，这个统一体就会越好地存在下去。"①

"欧洲的两个部分"②的存在，可以追溯到罗马帝国灭亡、查理曼大帝破坏圣像，或第四次十字军东征攻陷君士坦丁堡。历史学家们的看法可能有所不同，但被普遍接受的一点是，很多学者都认为"可以从东方找到一些属于西方的东西"③，可以从中看到一个"处于痛苦而迟缓发育中的西方"④。

尽管建立单一帝国的想法一直延续到加洛林王朝时期，尽管来自亚洲的蛮族同时威胁着欧洲的两个部分，尽管人们可以在爱尔兰见到东方的僧侣，在法兰克人的地区寻得"伪酒神"的著作，在君士坦丁堡遇见维京武士，在耶路撒冷、的黎波里和安提阿邂逅西方的长者，但在后罗马时代的历史中，无论从精神层面看，还是从现实经验看，"东方"和"西方"都经历了截然不同的道路。

实际上，基督教在公元4世纪末取得决定性胜利，成为罗马帝国唯一宗教的那一刻，也是东、西罗马帝国在精神上分裂，渐行渐远之时。与在行政层面将帝国一分为二相比，这种分裂有过之而无不及。

如果说东欧的第一代知识分子（我指的是来自尼西亚或君士

---

① 同上：p. 38。
② 同上：p. 1。
③ 同上：p. 5。
④ 同上：p. 14。

坦丁堡的高级教士）还觉得有必要基于平衡的三位一体神学理论，通过一种"信条"，即信仰的象征来对教理进行定义的话，那么后来著名的"和子句"之争则使东、西方彻底决裂。事实上，基督教此次分裂的根源，是对古代异教学说的不同理解。

西方教会的神父们，例如迦太基的奥古斯丁（他是路德思想在古代的先驱，也是存在主义的鼻祖。在世俗悲观情绪的驱使下，同为存在主义者的丹麦神学家索伦·克尔凯郭尔有更深的痛苦和负罪感）成为"护教学"的忠实拥趸。这个神学的分支学科从逻辑上向我们证明了上帝的存在（我倾向于使用亚里士多德式的，类似三段论的说法）。在东欧，卡帕多西亚神父们将人看作神的"复制品"，并通过"否定"的方法来定义人是什么，即上帝不是什么。这种微妙的否定方式恰恰是通过神不是什么来准确定义了神性。东正教倾向于依托这一路径来凸显其绝对的神秘性，从圣像到圣像屏莫不如此。在东方的基督教徒那里，这些圣像和圣像屏将大殿中有关基督和圣母的有形之物与祭坛上无形的圣体分隔开来。

东方世界用这种否定方式获得的对上帝的认知，是一种对信仰神秘性的表达，是一种用于提出上帝绝对先验性假设的否定技巧。这种否定的路径与其他一些东方民族（例如印度的非基督徒）的做法殊途同归。更高级的"非认知"模式则出现在柏拉图的《理想国》中，他谈到了"超越存在的善"①。

---

① *The Republic of Platon*, ed. F. Macdonald Cornford, Londra,1959, p. 220, 233, 255.

这是一种绝妙的智慧，它超越了芸芸众生，是古代思想家眼中一种非人格的、抽象的东西。但在公元之初的几个世纪，它却被用来为基督徒描绘无比具象且人格化的东西。

与形而上的、推崇罗格斯和一性论的、信仰神性基督的东方相比，注重现实、推崇实用的西方过于简单化了。正因为此，他们要寻找耶稣这个人，并膜拜他留下的圣痕。这便是中世纪初期在欧洲发生思想分裂的肇端。

无论是西方的托马斯·阿奎纳眼中的亚里士多德，还是东方的普罗提诺眼中的柏拉图，在某种程度上就是两个信奉异教的"巴尔干人"。正是他们创立了我们的欧洲，这个欧洲至今依然存在①。

*

据前段时间一则新闻简讯（我已经在其他地方对此做过评论）的报道，欧洲委员会在斯特拉斯堡会议上做出了一项重要决定：从今以后，欧盟边界的东扩将止于格鲁吉亚、亚美尼亚和阿塞拜疆。但这三个高加索国家一直保持着"与欧洲的文化关联"，可以追溯到神话时代的希腊阿尔戈英雄们到科尔基斯去寻找金羊毛②。

---

① 这段话也见于 R. Theodorescu, *Prima coexistenţă*, în *Picătura de istorie*, Bucureşti, 1999, p.17. 事实上，我们有两个对立的欧洲：一个是加剧了原罪、虚无和令神不悦的罪行的西欧〔正如迦太基的奥古斯丁在《忏悔录》中的呼喊"人类真是罪孽深重"（St. Augustine, *Les Confessions*, ed . J . Trabucco, I, Paris, 1960, I, 1, I, 7）〕。另一个则是与之相反的东欧，它将人看作上帝的"复制品"，认为上帝"将其一部分天资赋予了人"。凯撒利亚的巴西尔在其一篇布道文中写道，他的兄弟，尼撒的格列高利知道我们的面容有着与神相似的美（*Sfântul Vasile cel Mare. Scrieri I*, ed. D. Fecioru, Bucureşti, 1986, p. 319; *Sfântul Grigorie de Nyssa. Scrieri II*, ed. T. Bodogae, Bucureşti 1998, p. 27）。

② 见 R. Theodorescu, *Care Europă, care Europe?* 同上：p. 263 及其后。

不管怎么说，在欧洲的阿尔萨斯大区首府做出的这一决定，将使大西洋彼岸的外交陷入巨大的困境，因为美国国务院此前已经认定（至少有了模糊的标准）"东欧"这一概念已然过时，应该被"中欧"所取代。

且不说许多美国专家在欧洲地缘政治问题上从来都是口无遮拦，也不说前共产主义国家可能对东欧（其中可能包含一些对亚洲的暗示）这一标签过于敏感，导致一些东欧国家的领导人表现出对中欧这个标签的偏爱，我只想说，这让我们完全陷入了混乱和僵局。

对于我们这片大陆上某个地区是否属于具有古老和既定名称的文明空间，史学家、政治学家以及向其请教的政客们得出了大相径庭的结论。

无论欧洲地图被如何"解读"，其东部一直在欧洲的架构中占有一席之地。正如人们通常认为的那样，只有在近现代作为莫斯科的附庸存在时，这个地方才没有凸显出来。

有人认为欧洲应该被分为三块：大西洋地区、地中海地区和东部地区[①]；甚至有人将欧盟划分为发达地区，如法国、德国，以及欠发达地区，如西班牙、希腊、葡萄牙。不管怎么说，东欧地区从来没有被回避。

通向新大陆的，是一个带有大西洋、新教、天主教性质，面朝大洋的欧洲。但在此之前，一直存在一个东部的欧洲，它是属

---

① 参见伊曼纽尔·沃勒斯坦的名著《现代世界体系：16世纪的资本主义农业与欧洲世界经济体的起源》，学术出版社，1974年。——译者注

于东正教的，还有一部分是穆斯林的。牛津大学教授迪米特里·奥博伦斯基有一个极具创意的说法，他将这种基于传统的架构称为"拜占庭联邦"，这种模式后来也被奥斯曼帝国效仿。

几个世纪以来，东欧一直处于俄国或土耳其的势力范围内。它遵循着农业经济传统，教会曾一度带有"凯撒教皇主义"特征，政治则充满专制色彩（也许在这里，特别是在斯拉夫国家中，总统制共和国占据了多数，现代代议制并无传统优势），与中欧截然不同。中欧处于西欧的外围，它活跃且富有创造力，由新教和天主教主导，从古老的布拉格开始，就崇尚大陆系的民主精神。中欧是所谓"雅盖隆王朝"，以及奥地利帝国的继承者，两大帝国给介于东欧和西欧之间的匈牙利、捷克、斯洛伐克、波兰、克罗地亚、斯洛文尼亚等国留下了不可磨灭的印记。

人们常说，这个中欧是一个很不确定的概念，它首先是一种随着二元君主制出现的"思想状态"。直至今日，这个地区的居民依然倾向于否认自己所处的地理位置[①]。

在那些发行量或大或小的杂志上，人们总能看到带有地理幻觉的地图。这些地图依据晦涩的政治标准裁剪拼贴，将捷克和克罗地亚放置在"中欧"，而非奥地利，并将中欧的范围向阿尔巴尼亚和（北）马其顿延伸，直至希腊边境。而在此之前，大西洋两岸各国的政府早已编造出了一些极其古怪且不知所云的新名称。例如将波兰和波罗的海国家所在的地区称为"中北欧"，或将从布

① „Adevărul"（Bucureşti）. 14 iulie 2000, p. 15, citând un articol din „The Economist".

加勒斯特到马塔潘角的地区叫作"中南欧"（我想补充的是，20世纪90年代初诞生的那些内涵多变的组织和机制中，一切都乱了套。例如"中欧倡议"起初是一个"多瑙河—亚得里亚海"集团，后来变成了一个五方机制，而后又成了六方机制）①。

所有这些复杂的术语在我看来都是多此一举，它们只是由美国人极端简化的观点导致的。依照这种观点，"东欧"和"西欧"（它们都是信史上真实存在的）只是"冷战"时期局势的最新反映，它们将欧洲大陆划分为华盛顿的盟友和莫斯科的卫星国。

此外，兹比格涅夫·布热津斯基也曾在三十年前明确表示："事实上，过去几十年使用的'东欧'和'西欧'这两个词不是地理名称，而是地缘政治名称。它们反映了欧洲在雅尔塔会议之后的政治分裂。"②

我还想补充的是，我们决不能忘记相关地区向东方、向君士坦丁堡发展的取向。对位于西欧，即易北河—莱塔线以东的"中欧"而言，这种取向尤为明显。它体现在基里尔—麦托迪时期的大摩拉维亚、阿尔帕德王朝时期的匈牙利，以及后来奥地利向巴尔干半岛的扩张、波兰对沙俄的扩张，更不用说后来这一地区与无所不能的苏维埃巨人间的关系了。

上面我提到了匈牙利中世纪的开端。在这片土地上，东、西两个欧洲又瓜分了位于日耳曼人和斯拉夫人之间的第三个欧洲③。

① G. Castellan, *Histoire des peuples d'Europe centrale*, Paris, 1994; E. Zamfirescu, *Mapping Central Europe*, Haga, 1996.

② *Beyond Chaos. A Policy for the West, în The National Interest*, primăvara 1990.

③ J. Szücs, *Les trois Europes*, Paris, 1985.

为了更好、更准确地理解该地区地缘政治格局的复杂性，我想稍稍耽搁一下，对匈牙利历史开展一点案例研究。

毫无疑问，匈牙利中世纪史和现代史的演进都发生在中欧范围内。它曾是哈布斯堡王朝的核心，甚至在半个世纪的时间里，成为二元制下奥匈帝国的重要组成部分。

匈牙利当前的命运，有赖于这个天主教和新教国家（它不同于东部的东正教国家）与大西洋沿岸有相同信仰的西欧保持着数百年的深厚关系。

然而，潘诺尼亚地区也多次出现向巴尔干、拜占庭和土耳其的转向（此类转向都是在其历史的决定性时刻进行的）。从种族角度看，匈牙利人对于走向东方世界并不陌生[1]。

此类行为可以进一步细化匈牙利在欧洲平衡中的确切地位，并更好地解释该国的东方宿命。从公元 11 世纪初匈牙利人皈依基督教之前，到 16 至 17 世纪匈牙利成为奥斯曼帝国的帕夏管区，再到 20 世纪下半叶成为苏联的卫星国，这种宿命被一次次印证。

阿尔帕德领导下的匈牙利骑兵和牧民分多个阶段走下乌拉尔山脉和高加索山脉，他们的进攻让实实在在的恐怖在西方弥漫。吊诡的是，当他们被奥托大帝麾下的军队在莱赫费尔德击败后，却迎来了匈牙利历史发展的绝佳机遇。

匈牙利人被迫撤退到潘诺尼亚荒原，并在特兰西瓦尼亚一带寻找对牲畜至关重要的食盐，然后很快定居下来，与当时最主要

---

[1] R. Theodorescu, *Orientul din Ungaria, în Picătura...*, p. 240-243.

的政治和宗教中心——罗马和君士坦丁堡建立了富有成效的联系。

拜占庭帝国的都城通过特兰西瓦尼亚及该地区新兴的中心城市阿尔巴尤利亚，给匈牙利人带来了第一波皈依基督教的冲动。

很快，到公元 950 年前后，匈牙利统治者布尔苏克和久拉在君士坦丁堡皈依了东方的基督教会。尽管久拉的孙子瓦伊克后来选择通过罗马来实现其臣民的基督化（他自己则成为"使徒国王"伊什特万一世），但在之后三个世纪，匈牙利人依然生活在拜占庭和东方文化的影响范围内。

后来，安德列一世从君士坦丁九世皇帝那里得到了王冠，盖萨一世的王冠则是由迈克尔七世·杜卡斯皇帝授予的。在接下来的几个世纪，匈牙利相继向克罗地亚、达尔马提亚和波斯尼亚扩张，其介入巴尔干事务的影响延续至今。

巴拉顿湖以南的蒂豪尼和塞格德曾有拜占庭教士生活；从巴纳特的切纳德到萨瓦河畔圣德梅特尔的修道院里，都有"希腊"修士修行；在信奉天主教的匈牙利王国，有人按东正教会的典仪来庆祝教历中的圣徒纪念日；拜占庭—巴尔干艺术的回响更是远播塞克什白堡、费尔德布洛、埃斯泰尔戈姆等地[1]。这些有力的证据都可以证明东欧对匈牙利阿尔帕德王朝的逆向吸引力，在民

---

[1] G. Moravcsik, *Byzantium and the Magyars*, Budapesta, 1970；另见本人在 I.A. Pop, J. Nicolae, O. Panaite, Sfântul Ierotei episcop de Alba Iulia *(sec. X)*, Alba Iulia, 2010, p. 25-44 中的见解。2011 年，达尼耶拉·马尔库·伊斯特拉泰（Daniela Marcu Istrate）女士在阿尔巴尤利亚的圣米哈伊尔罗马天主教堂以西发现了一些受拜占庭影响的宗教建筑的遗迹，这进一步强化了上述论断。很早以前，人们就曾对位于该大教堂铺装地面下的拜占庭式洗礼堂进行过研究。

间，这种影响一直持续至今。

直至 1308 年，法国和意大利的安茹家族成员在布达登上王位，才开始将朝气蓬勃的法国式西方体制引入匈牙利。教皇在法国阿维尼翁的驻地对天主教会进行严密监管，从而遏制了东方和东正教的影响在查理·罗贝尔和拉约什一世治下的王国继续扩散。

1526 年摩哈赤战役后，匈牙利惨遭灭国之祸。在一个半世纪内，该国中部和南部的大部分地区被纳入一个帕夏管区，进入完全受伊斯兰教主导的东欧经济、政治和文化体系中。

由此，来自东方的商人、士兵和风尚再次渗入匈牙利人生活的空间，直至蒂萨河上游的托卡伊。以布达为中心的帕夏管区不断向罗马尼亚平原西部扩张，从而出现了各式各样的土耳其直接统治区。这些地方此前曾是匈牙利王国治下的核心区域，公元1000 年前这些地方还与拜占庭保持着联系，例如格拉德治下的巴纳特，以及梅努莫鲁特治下的比霍尔（我这里指的是 1552 年建立的蒂米什瓦拉帕夏管区，以及 1660 年建立的奥拉迪亚帕夏管区，它们是东南欧"西方走廊"的一部分）。

频繁的贸易往来使这种状况得以延续，直至 1699 年的《卡尔洛维茨和约》将匈牙利置于奥地利的统治之下。在此期间，土耳其人订购的商品被售卖到黎凡特人（包括希腊人、亚美尼亚人、犹太人，以及巴尔干半岛的塞尔维亚人和拉古萨人）的市场上。

因此，在即将跨入现代的门槛之际，匈牙利又开始显现出属于东方和西方的双重宿命。西方宿命曾占主导地位，如今再次凸显，东方宿命则令其在当代历史进程中，在苏维埃阵营中耗费了近半个世纪。

　　让我们回到东欧这个话题。其定义标准需兼顾地理、文化、民族和宗教因素，这导致东欧的边界变换不定。在某些历史时期，这一概念或是涵盖了小亚细亚（例如在史前、在中世纪，以及在以北约为媒介串连起来的当代），或是涵盖了曾经臣服于苏丹或沙皇的匈牙利、波兰和芬兰。

　　这个东欧又可分为两个子区域：其一是东南欧，它将巴尔干地区和喀尔巴阡山—多瑙河地区合为一体，并越来越明显地呈现出向黑海延伸的趋势。东南欧与新创建的"黑海共同体"、高加索地区，以及乌克兰—俄罗斯地区有着纷繁多样的联系。

　　在这个具有帝国传统或"帝国间"传统的空间，超国家意识形态盛行。从沙俄自称的"第三罗马"到泛斯拉夫主义，再到斯大林式的欧亚主义和"无产阶级国际主义"，莫不如此。在东欧（实际上是整个欧洲，乃至整个星球）这个巨大的容器里，如今正经历着一个为民族主义和东正教思想枯竭而感伤的时期（在新百年和新千年之初，东正教的再政治化已成事实！），但与此同时，它也制定了一些与另一个欧洲，即西欧实现一体化的计划。这些计划将通过西欧的边缘地区，即中欧来实现①。

　　其实，我们这片大陆的统一仅在于一点，或者说仅有一条纽带：就是其传统的基督教。

　　因此，欧洲实际上是既互补，又不乏分歧的两个世界的相

---

① R. Theodorescu, *Le Sud-Est européen et la communauté pontique*, în *Association Internationale d'Etudes du Sud-Est Européen*. Bulletin, XXIV-XXV, 1994-1995, p. 55-56.

遇。相信自己是欧洲人，就意味着要赞同自两千年前我们大陆在精神层面诞生之日起就被认可的价值观。无论在东欧还是西欧，所有接触并践行历史的人都必须了解和认可这一点。

就所谓的"建构欧洲"（八十多年前，英国历史学家克里斯托弗·道森在一部传世之作的标题中使用了这个说法）而言，基督教思想也发挥了主导作用。所以，不应忘记"欧洲性"首先依然是一种宗教传统的属性。

身为欧洲人，意味着对这片孕育了人类基本态度和情感（以人为本、心怀善念，以及对美和善的评判标准）的沃土的归属感，意味着你对所处的这片大陆的自豪感。尽管它没有美国的先进技术，没有亚洲神秘的泛神思想，但同样书写着人类文化的鸿篇巨制。

如果说对伊索克拉底而言，欧洲代表着希腊文明，与之相对的是代表野蛮的亚述；对 15 世纪的意大利人文主义者恩尼亚·席维欧·皮可洛米尼（后来成为教皇庇护二世）而言，"欧洲人"就意味着"基督徒"；那么对于今天的我们而言，"欧洲性"已经成为一种骄傲，或者恰恰相反，要因为它仅仅被视为连接全球各大洲的主要桥梁而感到屈辱。在如此庞大的人类社会中，最优先使用的便是英语、西班牙语、法语、俄语等欧洲语言。在沟通愈发频繁之际，这个细节在我看来是具有启发性和决定性的。

回到欧洲对基督教的认识，我们可以发现欧洲大陆这两部分之间存在的另一个根本差异，即信仰差异。

我比以往任何时候都更加坚信，任何关于欧洲建构的辩论都必须从这个关键点出发。我们可以越来越清楚地看到，在重大冲突中，种族和宗教因素正成为决定性因素。

这个道理在前社会主义国家愈发凸显。长期以来，那里一直试图通过所谓的"无产阶级国际主义"这个庞大的工具来平息民族情绪，并以"科学无神论"的名义迫害宗教。

尽管大多数学者都依据历史、语言，特别是宗教来对文明进行区分①，很多政客和外交官却傲慢地忽略了大陆和跨大陆发展的宗教标准。以南斯拉夫为例，众所周知，那里明显表现出政治学界所说的"亲族国家（kin-country syndrome）"（首先是在宗教层面的亲族）：德国、奥地利和梵蒂冈支持信奉天主教的斯洛文尼亚和克罗地亚；什叶派的伊朗、逊尼派的土耳其和沙特竭尽全力帮助同为穆斯林的波什尼亚克人；而叶利钦领导下信奉东正教的俄罗斯则是米洛舍维奇领导下，同样信奉东正教的塞尔维亚的盟友。

至于研究东正教文化（它定义了东欧）的历史学家，在我看来，他们迫切需要回答一个问题。这个问题在重大国际学术会议上几乎总是被暗示：东正教文明在当下的欧洲究竟意味着什么？②换言之，这个问题关乎这种文明的实际地位，这种文明的建立突破了自文艺复兴以降大多数政客认可的"基督教普世性"。在他们看来，这种文明止步于天主教和新教世界的东部边界，即波罗的

---

① 关于这个问题可参见被广泛援引的亨廷顿的著作 S. A. Huntington, *Ciocnirea civili-zaţiilor şi refacerea ordinii mondiale*, ed. Antet, f.l., 1998；另见 C. Buchet, *Religie şi putere în relaţiile internaţionale contemporane*, Bucureşti 1998.

② 参见本人以此为题在 în *Picătura...*, p. 267-272. 中的论述。

海国家与俄罗斯的边界，或克罗地亚—斯洛文尼亚与塞尔维亚的
边界。

必须指出，在很多场合，东正教的价值观都已经被作为一种
范式，被西方的最高精神权威提及（在这方面，我想到的是教皇
约翰保罗二世在一封重要的使徒信《东方之光》中强调了东正教
世界如今的重要性）。

在此背景下，要回答上面提出的问题，就必须阐明东正教的
特质。这些特质使东正教具有深刻的时代性，且可以在欧洲成为
民族性、多元化和民主的标杆。

概括起来一共有四种特质，列举如下。

第一，它用民族语言向各民族传播基督教教义（由此形成了
仪典语言多样性的传统，让我们似乎被派到了五旬节 [①]）。通过这
种民族化的方式，每个民族都可以用自身的灵性来证实普遍的真
理，且每个民族的教会都是独一无二的。在各民族自由平等的欧
洲，东正教的这种民族特质实属不容忽视的一大优势。

第二，是东正教宗教会议的构成，主教合议制与其他教会的
君主制倾向截然不同。在一个民主的欧洲，这种合议的特征堪称
一种既积极又现代的元素。

第三，我想说东正教的普世主义。在一个怀有统一理想的欧
洲，这一点值得关注。

最后，我想到的第四点特质，是世俗人士在东正教中发挥了

① 根据《圣经》记载，在公元 33 年的五旬节上，很多基督徒接受来自天上的圣灵后拥
　有了非同寻常的能力，其中包括说各种语言。——译者注

众所周知的作用。在一个现代的欧洲，如能够将宗教与世俗结合起来，这种作用必定大受欢迎。

马克斯·韦伯的宗教社会学确定了宗教和社会经济领域间的关系。现在，是时候追随他的脚步，秉承批判和比较的理念，向更广泛的舆论澄清这一点了。或者说得更明确一些，通过宗教史可以阐明东正教与某些国家政权之间的关联。一种非常明显的取向就是，东正教可以通过一位杰出的领导人来将政权人格化，这个人可以是国王、元帅、共产党的总书记，或是某个总统制共和国的最高元首。也许，在公元第三个千年之初，这是让非东正教徒们认知和了解这种东欧文明特质的唯一途径了。

这些历史特质以一种近乎矛盾的方式，将鲜明的现实意义赋予了一个被认为是"传统"的教派。除此之外，我们还想说说东正教对近期东南欧政局的适应性——这是一个真正的"欧洲缩影"，因为它是唯一能够找到欧洲大陆所有宗教信仰的地方，或者说这里是东正教和伊斯兰教（从神学角度看，两者一直具有诸多共同点，而且这些共同点在这里依然存在。就像在高加索地区，邻国关系时而暴戾，时而平和，但种种迹象表明，这一地区的 3.3 亿人口依然会在未来共存于我所说的"东南欧—黑海"区域，或刚才提到的"黑海共同体"之中）之间唯一可能和必要的桥梁。

在这种可能的背景下，罗马尼亚东正教（其信众数量仅次于俄罗斯东正教）也许能发挥无可比拟的作用。尤其是通过它最大的特点——全球唯一属于拉丁民族的东正教，将继承自罗马传统的理性主义思想与东方基督教派的神秘主义冲动结合起来。

因此，我们可以说，尽管当下有诸多肤浅的政治观点，但"宗教条款"必须在欧洲一体化进程中占据一定的分量。在此进程中，东正教应固守其全部遗产，不能错失彰显其与新欧洲一致性的契机。基督教会最古老的道德和美学诞生于此，东正教也必将成为 21 世纪最为现代的教派之一。

说到欧洲大陆东部的东正教及其与西方天主教之间的纠葛，可以追溯到五百年前，我们称之为黎凡特（包括巴尔干半岛和地中海沿岸地区）的"欧洲一体化"尝试。

众所周知，从米海尔八世执政时期到佛罗伦萨会议，巴列奥略王朝统治下的拜占庭精英人士是在怎样的环境下，通过"联合"欧洲其他地区来实现政治和精神救赎的。残余的天主教势力在战火中变得支离破碎，不过有赖于意大利在地中海开展的贸易，仍维持着相对繁荣，并且抵御住了来自亚洲的侵袭。旧罗马帝国的两个部分因内部分歧和十字军东征而分崩离析，助其走上结盟之路的唯一手段，就是借助中世纪特有的方式：教会联合。为此，东方的东正教不得不接受西方天主教强加的条件。为了生存，前者必须承认教皇的权威、炼狱的存在、著名的"和子句"、圣职和婚姻不可解除的特性，"至高无上"的教皇一旦向基督教世界发号施令，就必须被毫无保留地接受。

然而，这种情况对拜占庭社会，对那些在 13 世纪后称自己为"希腊人"的人造成了怎样的影响呢？

在这个社会中，至少表现出两种截然相反的走向，这取决于 1453 年前所持的宗教态度：一种是"西方中心主义"的，另一种则是"拜占庭中心主义"（也可以说是后世的"民族主义"）的。

在拜占庭的精英人士中，出现了一批以拯救东方基督教信仰为名，克服教条与心理上的隔阂，无条件支持与罗马"联合"的重要人物，其中包括约翰十一世·贝科斯大牧首、约翰五世·巴列奥略皇帝，以及尼西亚的贝萨里翁和基辅的伊西多尔两位大主教。

但是在精英阶层内部，反对"联合"者的人数要多得多。他们主张固守东正教传统，并将自己封闭在这种带有明显禁欲主义及反西方色彩的传统之中。

在这一趋势的引领下接连出现诸多代表人物，但存在细微差别。其中包括阿森尼乌斯大牧首、在位时间虽短却博学多才的君主约翰六世·坎塔库泽努斯、以弗所大主教马尔科斯·尤金尼科斯、新伊斯坦布尔的第一位大牧首根纳季乌斯·斯诃拉里奥斯、宣称自己更喜欢土耳其长袍而非教皇冠冕的卢卡斯·诺塔拉斯大公。这些大人物的支持者主要从静修者中招募而来，他们最终形成一种观点，认为拜占庭的陷落是上帝的惩罚，因为有人在佛罗伦萨会议上叛变，与东正教的敌人媾和，并在第四次十字军东征时摧毁了帝国的城堡。到很久以后的 16 世纪，这种想法在摩尔多瓦以壁画《君士坦丁堡围城战》的形式呈现了出来。此外，也有一些拜占庭人相信可以达成基督教与伊斯兰教（在宗教和政治层面的）的谅解，例如克里特人特雷比松的乔治。作为一名反静修主义的拉丁后裔，他在君士坦丁堡陷落的当年用希腊语写成了一部专著，试图证明两种信仰间的准同一性。征服者穆罕默德被其视为旧时罗马皇帝，甚至是《圣经》中亚伯拉罕的继承者 ①。

不管怎样，五百年前的"联合主义"以失败告终。其引发的结果，就是当前意义上的"欧洲一体化"依旧只是一种一厢情愿的说法，虽然真诚，却不可操作。要知道，在欧洲大陆的这两个部分，公众舆论都被灌输了仇外思想（很遗憾，如今的媒体仍在这么干），某些偏见几乎没有任何改变。

如果还能再补充一些例子的话，我可以证明在同样遥远的年代，中东欧信仰天主教的地区充分参与了西方的战争和精神生活（卢森堡家族的查理四世将罗马德意志帝国的首都迁至布拉格；捷克国王波杰布拉德的伊日梦想实现欧洲统一大业，并称之为"和谐共同体"；拥有罗马尼亚血统的匈牙利国王匈雅提·马加什曾占领维也纳；波兰的雅盖隆家族则收服了条顿骑士团），从而向那些想从历史教训中受益的人解释，为何捷克、波兰和匈牙利可以先于那些东南欧国家（希腊除外）参与到西方的政治和军事架构中。历史上，这些事件在欧洲大陆发生的位置恰好在其东南部。在这片区域，有着持续不断的政治交易、漫长（但富有成效）的等待、横行霸道的作为、高尚或无谓的牺牲、神秘而辉煌的东正教。这里的人们曾经有过，而且现在依然怀有对一个欧洲的归属感，这个欧洲即将与另一个欧洲长久相伴，且不会因此抛弃其丰富多彩的文化遗产和引以为豪的智慧，同时也不会忘记它沉痛的创伤。

_____

① M. Balivet, *Pour une concorde islamo-chrétienne. Démarches byzantines et latines à la fin du Moyen Age (de Nicola de Cues à Georges de Trébizonde)*, Roma, 1997.

在寻找欧洲时，我们须时刻铭记它诞生在雅典卫城脚下，诞生在巴尔干东部的中心地带。当然，这算不上任何优势或优点。

共存于欧洲大陆上的几个部分都是独特的存在，其边界不断变化。它们沿着历史早已划定的路线时而交锋、时而合作，且准确地知道自己所处的位置。那个位置往往决定了它们在政治和经济上的天职。就东南欧而言，它作为欧洲东部恒久的一部分，最重要的天职就是将欧亚大陆与欧洲—大西洋地区、黑海与莱茵河、地中海与日耳曼世界连接起来。

如果做不到这一点，就有可能产生政治幻想，最终沦为乌托邦。用一种起源于巴尔干的古老而高贵的语言来说，这是一个"无可寻觅的地方"。

巴勒莫和博斯普鲁斯之间：
当代欧洲—地中海主义的中世纪根基

　　对于研究欧洲中世纪文明的史学家而言，无论他关注拜占庭文明还是西方文明，都不可能不知道在八百年前，在西西里岛发现了一处文明综合体。其内涵不仅超越了如今东欧与西欧文明的总和，还具有来自伊斯兰世界、东亚，以及马格里布的异域元素。在被称为大希腊的古代，那里就是著名的文化交汇点。

　　当然，也没有任何一位学者能够无视那位被称为"世界奇观"的德意志皇帝——霍亨斯陶芬王朝的腓特烈二世。他对宗教无比宽容，且对古罗马青睐有加，对钱币、雕像和凯旋门都进行了复制。他作为 12 世纪诺曼国王罗杰二世和威廉一世（他们是科穆宁家族的死敌）的母系后代，在 13 世纪上半叶继承了西西里王朝的王位。

　　（在西西里岛，各种文明相互交融。）巴勒莫的诺曼王宫帕拉廷礼拜堂有着东方式穹顶，切法卢大教堂内君士坦丁堡风格的马赛克上刻有希腊铭文，巴勒莫马尔托拉纳教堂的奠基人则拥有希腊—叙利亚血统。各种文明在 12 世纪后依旧交融共存：这里有西方中世纪的巴西利卡建筑形制，帕拉廷礼拜堂里有拉丁铭文，切法卢大教堂有法国圣人的雕像（图尔的圣马丁或圣德尼——我很想再加上英国圣人托马斯·贝克特），马尔托拉纳教堂有罗马式钟楼，西西里岛首府的皇家礼拜堂则有借鉴自清真寺钟乳石状阿拉伯木雕天花板和喇叭形拱顶。

特里纳克里亚（西西里岛的旧城）这块土地就像意大利南部一样，恰巧也是西方拉丁人的聚集地，这里与威尼斯、巴勒莫一起，构成了通往东方的地理前哨，与东方的希腊相连接，而君士坦丁堡早在公元 1000 年前后就已经使东方的希腊熠熠生辉。从文化角度看，某些地区之间存在巨大差异。但在欧洲大陆的文明史上，欧洲团结统一的最后一个要素——罗马帝国刚刚崩解，不同精神文明的代表便在这些地区相遇并合作。而在此之前的 1500 年间，已经形成了一个柏拉图式的、理想主义的、基督一性论传统的"东方"，以及一个亚里士多德式的、实用主义的、印欧雅利安人的"西方"。

天主教、东正教和伊斯兰教在一千年前是平起平坐的，三者在当下和未来都将是我们欧洲大陆地中海侧翼新架构的基础。1054 年东、西教会大分裂之前的半个世纪，在罗马城外修建了格罗塔费拉塔巴西尔修道院，这是尼尔·德·罗萨诺这位低调的隐士在罗马疆域上建立的最后一个修行处所。十几年前，曾为意大利这座极具象征意义的著名修道院举办过落成一千周年纪念大会，我有幸应邀参会，并在会上指出，尼尔·德·罗萨诺是我们的先行者之一。那时候，意大利—希腊的卡拉布里亚尚在拜占庭帝国辖下，并在一个多世纪后成为上文提到的西西里国王罗杰二世（他是阿普利亚公爵和巴里、萨勒诺、阿马尔菲和索伦托公国的继承人）的财产，不过圣巴西尔大帝统治下的修道院仍沿用了希腊仪典。这就是 40 多年前安德烈·吉洛在一本书中揭示的文化适应现象[①]。事实上，这就是阿拉伯人和诺曼人影响下的意大利南部，以及西西里岛的修道院和隐修院的历史，它是希腊语通行时期的历史，这段历史在安茹王朝和阿拉贡王朝治下才逐渐衰亡。这个世界属于埃利亚·德·恩纳、属于里昂·德·柯里昂、属于小萨瓦，也属于卢卡·德·德梅纳。在这个至少是双语的世界中，罗马曾试图在教皇博尼法斯七世和斯蒂芬九世的领导下，通过建立新的教区来排挤君士坦丁堡的东正教会。但最终，此处宗教场所的壁画中仍有 90% 的圣像是希腊和东方的圣徒传记，吉洛因此称这里为"卡拉布里亚—卢卡尼亚边境"。这个地方对圣尼古拉情有独钟，在 11 世纪 90 年代他的遗物被安放在巴里之前，对他的崇拜似乎就已经很普遍了。正是在这个时候，一位叫尼勒的圣人在与巴勒莫的阿拉伯埃米尔人，以及卡拉布里亚的犹太人接触之后，将本笃会的修士从蒙特卡西诺带到了拉丁坎帕尼亚。不要忘记，在同一时期，加洛林王朝的亚琛附近还有一座希腊修道院，拜占庭梅佐吉诺大主教的姐妹有可能嫁给一位非洲酋长，无论是

---

① *Aspetti della civiltà bizantina in Italia. Società e cultura*, Bari, 1976.

奥托三世这样的罗马德意志皇帝、布拉格阿达尔伯特这样的捷克使徒，还是萨莱诺王子或博尼法斯九世这样的教皇，都会感到自己与他人的关系远比他们彼此之间更为亲密。这同时也是第一次十字军东征和东、西分裂的时代，意大利南部的拉丁教士将希腊礼拜仪式视为一种可敬的基督教崇拜形式，这与十个世纪后已故教皇沃伊蒂亚在其使徒信函《东方之光》中所说的不谋而合[1]。另一方面，我们不要忘记，在第二个千年之初，同样在意大利南部，发现当地所说的"地主"一词很有可能曾被用来称呼来自达尔马提亚地区的斯拉夫人，在巴里发现了有关"斯拉夫人"的记述，卢普斯·普罗托斯帕萨里乌斯的拉丁文本中则提到了某个"国王"在一些"异教徒"的领导下，在斯蒂洛战役（982 年）中与奥托二世作战。这个国王曾被认为是埃米尔·阿布·卡西姆，他的下属是克里特岛和西西里岛的阿拉伯人[2]，但最近此人被确认为来自巴尔干内雷特瓦河地区[3] 的斯拉夫人"武尔卡辛"。

地中海东部、巴尔干半岛和喀尔巴阡山—多瑙河—黑海地区的整个中世纪和前现代历史，都应将意大利与拜占庭，以及其继承者奥斯曼的不同关系作为参照。其中既有政治对抗，也有宗教宽容，这种宽容在西欧难得一见，更不为人所知（我想到了 15 世纪欧洲文艺复兴初期"四百年"阿尔巴尼亚的伟大英雄乔治·卡斯特里奥蒂·斯坎德培，他出生时信仰东正教，后转信伊斯兰教，

---

[1] R. Theodorescu, *Temeiurile istorice ale scrisorii apostolice „Orientale Lumen"*, în *Un buchet de laude pentru papa Ioan Paul al II-lea*, ed. I. Bisoc, Roman, 2006, p. 125-127.

[2] G. Schlumberger, *Récits de Byzance et des croisades*, I, Paris, 1923, p. 31-42.

[3] A. Guillou, 引文如前: p. 313.

但最终皈依天主教）。

在此背景下，我们必须注意到意大利南部所起的作用。大家应该还记得，塞尔维亚国王斯蒂芬二世·尼曼雅在1200年前后修建了斯图代尼察修道院，那座修道院里的教堂大门具有西罗马风格，受到了阿普利亚艺术的影响。无独有偶，在腓特烈二世统治时期，巴列塔有一位来自拉古萨的名叫西蒙的雕塑家，而这座位于南部斯拉夫的圣殿（斯图代尼察修道院）中的壁画则是拜占庭画家的杰作。这种杂糅反映了腓特烈二世这位王朝创始人的地位，他从教皇霍诺里乌斯三世手中接过王冠，却在普世宗主教区的尼西亚流亡时为他的兄弟萨瓦创建了一个东正教的自治大主教区。他从威尼斯公爵丹多洛家族娶妻后，又从安杰洛斯·科姆尼的拜占庭皇室娶妻。一个世纪后，在塞尔维亚国王斯蒂芬三世·乌罗什和斯蒂芬四世·杜尚治下，来自科托尔的工匠——方济各会的维图斯奉命建造了德查尼修道院的教堂，来自同一城市——亚得里亚海滨的科托尔城的几位"希腊画家"则按照东正教教规给这座教堂绘制了壁画。彼时，来自那不勒斯安茹王朝的查理一世和拉约什一世正以匈牙利君主的身份成为巴尔干一些地区的主宰，他们将更严格的封建制度和道德规范，以及法国和意大利的文化传统带到了新的属地。这些因素也影响到了特兰西瓦尼亚，预示着那不勒斯人即将在中东欧开启新的篇章——15世纪下半叶，阿拉贡家族的贝亚特丽切成为罗马尼亚裔匈牙利国王马加什一世的妻子。在意大利南部和巴尔干半岛的历史中，还有些值得一提的平行之处。例如，那不勒斯安茹家族的查理一世来到西西里之后，阿拉贡家族也在后弗雷德里克时代来到了这座巨大的岛屿上，并扼杀了在伟大的霍亨斯陶芬及其继承人曼弗雷德鼓励下兴盛起来的希腊教会。在匈牙利和特兰西瓦尼亚，到安茹王朝的查理一世和拉约什一世统治时期，阿尔帕德时代对东正教神父的宽容不复存在，取而代之的是来自天主教的严酷压迫，让人联想起英诺森三世和西蒙·德·蒙德福特的时代。

也许我们应该承认，几乎在每一个历史区域，其地缘政治和地缘文化宿命中都存在着布劳德利式的"恒久性"。例如，亚历山德罗·维塔莱此前曾提出过一个假设，将中世纪和前现代时期的"东正教斯拉夫世界"看作共产主义世界的序幕，它带有来自欧亚的大陆印记，而非亚特兰蒂斯的海洋印记①。我们可以清楚地看到，从巴勒莫到君士坦丁堡，也就是我们平常称为地中海中东部的地区，有一张丰富多彩的政治、宗教和艺术网络，它比连接天主教地区的政治、经济和精神网络出现得更早。在 21 世纪初，罗马尼亚和保加利亚加入了欧盟，这可能为西巴尔干各国入盟，以及开启土耳其入盟的复杂讨论吹响了前奏。我想指出的是，在这样的讨论中，从中世纪到当代的几百年时间并不一定比詹姆斯·道格拉斯·布瑞克瑞奇确定的时间序列更长久。他在几十年前发现，12 世纪威廉二世国王在西西里铸造的钱币完全复制了一千五百年前，也就是古典时代和迦太基时代当地铸造的货币，两者都镌刻

① *La „Slavia ortodossa" e la politica internazionale. Questioni di geopolitica e di geocultura,* în *I due polmoni dell' Europa. Est e Ovest a la prova dell'integrazioni,* ed. A. Morganti, A. Piras, Rimini 2001, p. 89-90 apud M. Clementi, *Questioni terminologiche. La Slavia eterodossa „i Protec",* în „Romania orientale", 17, 2004, p. 13-27.

有棕榈树和狮面图案。显然，出于意识形态的考量，他试图影射斯堪的纳维亚王朝的"黑暗时代"与遥远的多利安人殖民地之间存在某种联系，事实上这完全是子虚乌有。

让我们回到当今这个时代。在我看来，未来我们会越来越少谈论欧洲人的欧洲—大西洋主义 ①。诚然，"欧洲—大西洋纵贯线"有着三百年的历史，它以加尔文宗和路德宗为核心，涵盖了英格兰、荷兰、斯堪的纳维亚半岛和德国的一部分，并延伸到法国和德国一些信奉天主教的地区，成为今日欧盟产生的起点。但同时还有另一股横贯"欧洲—地中海"的力量，其文化意义同样重要。我们其实就在这条横贯线上，它将那些后来加入欧盟的国家联系在一起。这些国家的历史更为复杂，有时并不怎么民主，在经济层面也不算富裕，包括葡萄牙、西班牙、法国南部和所谓的梅索兹阿诺（后两者在法国和意大利境内的特殊性众所周知），然后是信奉东正教的希腊，近年同样信奉东正教的保加利亚和罗马尼亚也加入其中。期待有一天，也许信奉伊斯兰教的土耳其也会加入进来。

在我看来，这就是整个欧洲，以及我们所在地区的关键问题之一，因为这条"欧洲—地中海横贯线"无论在地理上还是精神上都具有极强的开放性，它将那些被认为是不可调和的宗教信仰联系在了一起。例如，我国是操属于拉丁语族语言且信仰东正教

---

① R. Theodorescu, *Penser l'Europe. Religion and European Culture*, Academia Română, București, 2004, p. 30-31; 同上: *Două Europe sau o Europă ecumenică?*, în *Rolul bisericii și al societății civile într-o Europă unită*, Roman, 2006, p. 43-47.

的国家，是通往黑海、高加索和亚洲的桥梁。我相信，欧洲的建构不仅包括罗马尼亚，还应包括巴尔干国家，在任何情况下都将是"欧洲—大西洋"和"欧洲—地中海"的建构。尽管那里的宗教信仰具有古老的历史印记，但产生自那里的习俗、思想、政治，乃至经济，将凭借其多样性实现互补。根据阿贝拉尔的"多样性而非对抗性"理论，这种多样性在当今比以往更有意义。

东南欧的"虚幻复兴"

众所周知，人们长期以来一直围绕着欧洲文明的本质争论不休。这些争论渐次唤醒了加洛林王朝文艺复兴（即埃尔温·帕诺夫斯基[1]于 1944 年提出的中世纪"原文艺复兴""回归希腊运动""回归罗马运动"）。最终，文艺复兴被视作一个历史时期，一种知识潮流，或是一种成体系的文艺形态。

在专门针对从中世纪向现代过渡的辩论中，必须澄清一个非常具体的问题。将其简化为最直白的表述，即"文艺复兴问题"。

以我曾经讨论过的罗马尼亚为例[2]，从视觉形态或历史、文学文本的层面看，我想说的是，我完全不相信在 14、15 世纪的东欧有所谓"前文艺复兴"的构成要素可言。但这些要素在某些地方是可以被辨认出来的，例如君士坦丁堡和米斯特拉属于巴列奥略

---

[1] *Renaissance and Renasscences*, în E. W. Kleinbauer, *Modern Perspectives in Western Art History. An Anthology of 20th Century Writings on Visual Arts*, New York, 1971, p. 413-431.

[2] *Civilizaţia românilor între medieval şi modern. Orizontul imaginii (1550-1800)*, I, Bucureşti, 1987, p. 10 şi următoarele.

王朝和康塔库济诺家族的拜占庭式宫苑、克鲁舍瓦茨的赫雷比利亚诺维奇宫，或是斯特凡大公时期苏恰瓦的宫廷。德米特里·谢尔盖耶维奇·利哈乔夫在一本专门介绍 15 世纪前后"复兴"的著作中，从研究俄罗斯的案例出发，发现了上述一系列特征。他指出，在那个时代的东欧文明中，有着充沛的情感和情绪表达，以及鲜明的个性化和民族色彩。

毋庸置疑，在一个正逐渐脱离垂暮的拜占庭的世界，所有这些集体心理和敏感的特征都不应被遗忘。它们属于中世纪融会贯通的"国际主义"，而非虚无缥缈的文艺复兴。

的确，我以前也曾提到过[1]，从 14 世纪下半叶到 15 世纪初，人们追求优雅的形态、细腻的色彩，对美景青睐有加，讲究神学故事和百科作品的品位。在东欧，无论是希腊还是斯拉夫艺术或文学表述中，都充斥着显而易见的忧郁浪潮和末世躁动。从君士坦丁堡到马其顿，从伊万诺沃到梅森布里亚，从米斯特拉到摩拉瓦河谷，再到阿尔杰什宫苑和莫斯科，无不如此。这使得欧洲大陆的这个部分具有了广泛的文化一致性，成为欧洲东部"中世纪晚期国际主义"的一部分。它与西方贵族化、宫廷化、风靡全球的哥特式风格属于同一个时期，而且其中体现的张力、华美、虔诚、骄傲和崇高完全堪与西方的哥特式媲美。实际上，也可以在精神层面将这两种既矛盾又互补的文化印记吻合起来：一方面，

---

① E. Condurachi, R. Theodorescu, *L'Europe de l'Est, aire de convergence des civilisations*, în *XV Congrès International des Sciences Historiques, Bucarest, 10- 17 août 1980. Rapports. I. Grands thémes et méthodologie*, Bucureşti, 1980, p. 58-60.

帕拉米特式的冥想主义也是另一种"国际主义"，它带有深刻的中世纪神秘主义色彩，从来没有任何地方可以将其同化为一种有效的文艺复兴形式！另一方面，又存在一种尚古的倾向，人们偏爱异教时期的希腊和罗马，对希腊传统的物质和精神遗产尤为推崇。这些传统吸纳了宫廷式的优雅，表现为伯罗奔尼撒半岛大公国、特尔诺沃沙皇国，以及塞尔维亚东北部教堂壁画上那些柔美的面孔，这些元素一直延续到拜占庭陷落。

这种中世纪晚期的风格在一些地方得到培育和繁荣，例如在斯特凡大公时期的摩尔多瓦，那里的抄本和碑刻都与中世纪晚期的意识形态（如"永恒的十字军"）有着紧密关联（作为政治理想和骑士精神，这种意识形态一直延续到15世纪）。尽管这种风格也具有一些新的形态，但并不意味着它拥有文艺复兴的关键创新性。

"……新事物首先是作为外来的形式来到这里，然后才真正成为新的精神。"① 这是约翰·惠津加在其关于西法兰克—勃艮第地区中世纪晚期的著作中的表述。无论是在这一地区还是其他地区，无论在这一时期还是其他时期，新形式和新精神并不完全重合。这部名著的最后一章提到，在15世纪的法国瓦卢瓦王朝，一些人已经拥有了新的生活方式，但他们并不属于文艺复兴，"因为他们的思维方式，尤其是价值取向，仍然是中世纪的。只有当生

---

① *Amurgul Evului Mediu. Studiu despre formele de viață și de gândire în secolele al XIV-lea și al XV-lea în Franța și în Țările de Jos,* București, Editura Univers, 1970, p. 503.

活的调性发生改变时，文艺复兴才算到来。"[1]

在探讨东欧地区可能存在的文艺复兴时，可以非常明显地看到这种形式与内容、形态与精神之间的脱节。在东欧地区，文艺复兴实际上并未表现为精神本质的存在，更多只是流于形式的外在现象，这与 15 至 16 世纪欧洲其他地区的表现有很大不同。历史文化学家们对这种情况非常了解，并在哲学和历史的层面对这一欧洲文明现象进行了精准的研究。

在我看来，更应该强调那些虽然不属于文艺复兴，但同样可以表明在 16 世纪，特别是在 16 世纪中后期，中世纪精神在罗马尼亚人生活地区走向终结的新特点。

回头再看 14 和 15 世纪的东南欧文化国际主义[2]，我说过它的标志是静修主义，也就是亚历山大·埃利安所说的"国际静修主义"[3]。它通过在不同渊源、不同地区的学者和神职人员之间开展学术合作，来保护上一个时代的拜占庭—巴尔干文化遗产。当时，来自科斯泰内茨的保加利亚人康斯坦丁在塞尔维亚颇为活跃，并撰写了一位塞尔维亚暴君的传记；被塞尔维亚化的拜占庭人迪米特里·康塔库济诺记述了保加利亚最重要的圣人的生平；塞尔维亚人帕霍米则关注俄罗斯圣人的生活[4]。

---

[1] 同上：p. 519.

[2] E. Condurachi, R. Theodorescu, 引文如前：p. 59-60.

[3] *Byzance et les Roumains à la fin du Moyen Âge, în Proceeding of the XIII-th International Congress of Byzantine Studies*, Londra, 1967, p. 199.

[4] D. Obolensky, *The Byzantine Commonwealth. Eastern Europe. 500-1453*, Londra, 1971, p. 341-343.

　　巴尔干人格里戈雷·赞布拉克是一位真正具有国际影响力的人物，其活动范围覆盖整个东欧地区。他把南斯拉夫的抄本带到俄罗斯，是特尔诺沃埃夫蒂米文化传统的忠实守护者，其职业生涯更是宏大的视野的明证：他曾担任塞尔维亚德查尼修道院院长、普世牧首区驻摩尔多瓦代表、基辅大主教，并参加了康斯坦茨大公会议，履历之丰富足以和赫伊津哈提到的西方文明的全球代表相媲美。他们都是真正的"国际人"，这种特点甚至体现在他们的族裔归属上。例如早在公元 1400 年之前，罗马尼亚修道会的创始人——来自沃迪察和蒂斯马纳的尼科迪姆，就与东南欧同时代的许多人一样，是个"塞（尔维亚）阿（尔巴尼亚）保（加利亚）罗（马尼亚）混血儿"。[①]

　　为了给东欧国际主义的形象增添一些独特的色彩，还应该提到 14 至 15 世纪绘画的贵族化、宫廷化特征，这方面可以就东南欧政治独立发展后期形成的三个主要地区（特尔诺沃沙皇国、塞尔维亚东北部，以及伯罗奔尼撒大公国）进行探讨。此类绘画艺术使古老的希腊传统精神在伊万诺沃、马纳西亚、卡莱尼奇和米斯特拉（潘塔纳沙、佩里卜勒普托斯）等地得以展现，并在第四次十字军东征后，最终成为东欧共同的特征。这里不再是一个让你成为"罗马人"的"罗马帝国"，而是一个让你成为"希腊人"的"希腊"。它拥有深邃的神学内涵，以及宫廷式的恢宏、光鲜和

---

① Dj. Sp. Radojčić, *Bulgaroalbanitoblahos et Serbalbanito-bulgaroblahos-deux caractéris-tiques ethniques du Sud-Est européen du XIV et XV siècles. Nicodim de Tismana et Grégoire Camblak*, în „Romanoslavica", XIII, 1966, p. 77-78.

雅致。所有这些特点都指向东欧的另一个子区域——俄罗斯，指向画家安德烈·卢布廖夫的代表作。这些作品充满人文情怀、极度细腻、韵律柔和，安德烈·卢布廖夫因此跻身圣像绘制大师之列。他在 15 世纪 30 年代创作的一幅《三圣像》被认为是中世纪晚期的杰作。

毫无疑问，拜占庭在精神上对古希腊文化渊源具有亲近感。决定这种亲近感的是"君士坦丁堡陷落"和远方"伟大思想"兴起导致的东、西方撕裂。这解释了为何巴列奥略文明没落的辉煌被视为"东正教的甜美新风格"，这种风格的代表人物包括：来自特拉布宗和尼西亚的贝萨里翁，他被誉为"拉丁人中的希腊人，希腊人中的拉丁人"，其手稿现藏于威尼斯的圣马可图书馆；格弥斯托士·卜列东，一位来自米斯特拉斯的柏拉图主义者，他的遗骸被安放在著名的阿尔贝蒂的"坦比哀多"，即里米尼的圣弗朗西斯科教堂中；政治家狄奥多尔·梅托基特斯，他是费迪亚斯的崇拜者，曾用希腊语探讨"革新""复兴""重生"等问题。①

如此说来，我们就触及了一个至关重要的问题，即 14 至 15 世纪的帕拉马斯东正教和西方文艺复兴出现的三个必要条件具有同源性，即人文主义视角、资产阶级的壮大，以及关于宇宙新的科学认识。于是，欧洲大陆信奉东正教的那一半便成了"没有文艺复兴的欧洲"，其中包括巴尔干地区、罗马尼亚各公国，以及俄国。尼古拉·别尔德耶夫曾将其作用比作一个"新的中世纪"。

---

① 让我们回想一下潘诺夫斯基说过的话："在拜占庭的区域内，有太多古典传统被留存下来，以至于无法全面复兴。"*op. cit.*, p. 415.

　　我特别想要补充的是，深层结构上的这种不一致性是全方位的，广泛体现在视觉艺术、文学、哲学领域中，而这恰恰源于中世纪元素的强势存在。直至 16 世纪中期，东欧依然是尚未实现城市化的封建社会，而且当时那里还没有像君士坦丁堡（后来的伊斯坦布尔）那样三教九流云集的大都市，那里没有"公民社会"，没有大学，没有银行，因此也没有一个"萌芽期"的资本主义。

　　诚然，在公元 1500 年前后，俄国、摩尔多瓦、瓦拉几亚[①]等信奉东正教的东欧地区（土耳其帝国外仅存的疆土）仍与文艺复兴后的意大利保持着长期的联系，与意大利北部伦巴第、利古里亚和威尼斯等地的联系尤为密切，这些地方看起来更像是中世纪复现。[②] 得益于此类接触，当地凝聚出了一种流于表面，却灿烂夺目的文明，包括人文主义在当地的回响、从采蒂涅辗转获得的威尼斯版图书、众多具有文艺复兴创意的美术作品。此外还有莫斯科的克里姆林宫，以及摩尔多瓦、瓦拉几亚、科洛缅斯科耶、斯拉蒂纳、特尔戈维什泰等地按意大利风格修筑的宫殿和教堂。但所有这些都流于形式，仅仅起到装饰作用，并未触及视觉艺术最本质的结构[③]。

　　考虑到直接政治统治的影响，这种被移植到东欧的西方文艺复兴图景还附加了一个 15 至 16 世纪的文化特例，那就是我们所

---

① 指罗马尼亚公国，亦称蒙特尼亚，本书作者对三个说法的使用比较随意。——译者注

② R. Theodorescu, *La fortune est-européenne de Venise. Le cas roumain (XVI-e-XVIII-e siècles)*, în *Italia e Romania. Due popoli e due storie a confronto (sec. XIV-XVIII)*, ed. Sante Graccioti, Florenţa, 1998, p. 240.

③ E. Condurachi, R. Theodorescu, 引文如前：p. 64-65.

关注的广阔地域的南部边界，即克里特岛。这里的美术，特别是文学显然受到了来自威尼斯的影响。这方面最具代表性的例子有法列罗、科尔塔茨斯、科纳罗斯等人的作品，其中科纳罗斯更是凭借《埃罗托克里托斯》（俗语长诗）奠定了他在东南欧长盛不衰的地位。

至于说文艺复兴的非西方领土（就地理而言），指的是中东欧信奉天主教和新教的地区（在地理上属于边缘地区），即波兰和匈牙利[1]。匈牙利统治下的一些巴尔干地区，例如克罗地亚和达尔马提亚，也产生了文艺复兴的回响。克拉科夫等地的世袭贵族受到了德国跟荷兰的影响，而埃斯泰尔戈姆、维斯普雷姆、考洛乔、奥拉迪亚、阿尔巴尤利亚、杜布罗夫尼克、特罗吉尔、布拉迪斯拉发等地的贵族、王室和主教们则受到了意大利的影响。

让我们回到我们的东欧，可以得出以下结论。

在东南欧文明不可阻挡的新动向中，我比较熟悉的是罗马尼亚人的文明。1530—1550年间，罗马尼亚人的公国失去了国家的独立性，取而代之的是奥斯曼帝国治下广泛的自治权。这里的大公及他们的王朝得以保留，还出现了一些新的贵族。在这一时期，有一种新的动向最为吸引我，它在文学和美术领域表现得尤为明显：那是一种对讲述、对全知叙事的渴求，以及对宗教史及世俗史的特殊品位。无论是在摩尔多瓦公国用教会斯拉夫语编纂

---

① J. Bialostocki, *The Art of the Renaissance in Eastern Europe. Hungary, Bohemia, Poland*, New York, 1976, p. 4.

的编年史的引文中①、在瓦拉几亚和摩尔多瓦公国东正教堂壁画的
题刻中、在特兰西瓦尼亚的路德宗教堂中，还是在所谓的"墙面
编年史"中②，都可以找到相关例证。除此之外，还有一种在基督
教世界中难得一见的叙事方式，那就是分布在普罗波塔、摩尔多
维察、阿尔博雷、勒什卡、苏切维塔等地的著名的摩尔多瓦外墙
壁画。这些壁画绘制于彼得·拉列什大公、罗马的马卡里耶主教、
莫维勒家族（后来也成了大公）生活的时代，其繁复的外观将周
边纯天然的环境与严谨的教堂融为一体，完全消除了两者间的中
世纪风格的界限。③

此类绘画属于一个已经是中世纪晚期或现代前期的文化周
期，并无特定的标准可以将其定义为资产阶级的复兴或贵族阶级
的复兴，因此我们无法将这个地区、这个时代归结到此类现象中。

后来，到 17 和 18 世纪，罗马尼亚式的"东正教人文主义"④
成为君主制时期的一种症候，它将与被我们称为"后拜占庭东正
教巴洛克风格"⑤的文化模式相呼应，并与帕多瓦大学的希腊"哲
学医师"们的学术研究产生共鸣。有些学者，例如利寇迪斯兄

---

① D.H. Mazilu, *Literatura română în epoca Renaşterii, Bucureşti*, 1984, p. 267 şi următoarele.

② R. Theodorescu, *Civilizaţia românilor...*, p. 21-22.

③ 同上：p. 18-19. 我在这本书里还指出（p. 36, nota 29），早在 1945 年，P. P. Panaitescu
将旧时罗马尼亚文化中捐建教堂的现象视为文艺复兴时期的要素之一。

④ V. Cândea, *Raţiunea dominantă. Contribuţii la istoria umanismului românesc*, Cluj-Napoca,
1979.

⑤ *Synchronismes européens et disparités locales: le baroque roumain au XVII-e–XVIII-e
siècles*, în *Roumains et Balkaniques dans la civilisation sud-est-européene*, Bucureşti, 1999,
p. 368 şi următoarele.

弟、基米尼蒂斯、皮拉里诺斯、默利波多斯·科穆宁，后来也来
到了布加勒斯特和莫斯科，并在其创办的学校里宣扬新科利达莱
乌的新亚里士多德主义，使得康斯坦丁·布伦科维亚努和彼得大
帝的宫廷里维持着对亚里士多德自然科学学说及物理学的兴趣，
这将深刻影响到创作型精英们的感知力（可能正因为此，当时在
胡列兹和扎戈尔斯克的艺术作品中会出现大量有机生物，而 1700
年前后人们偏好用植物和花卉图案来装饰宫殿或教堂的门廊、柱
子、柱头、栏杆和托架）。

　　因此，14、15 世纪东南欧东正教的思想变革为 16、17 世纪
迎来第一次现代化做好了准备（这在罗马尼亚人的公国中表现得
十分明显），这种现代化与西欧和中欧的文艺复兴、巴洛克运动是
平行的，属于同一个时代。欧洲大陆的这个地区虽然没有真正建
立起属于自己的文艺复兴，但也受到了文艺复兴的影响。

东南欧和中欧：地缘政治概念的演变

一个世纪前的 1916 年 [①]，地缘政治概念的提出者之一，同时也是基督教社会主义者，德国路德宗牧师弗里德里希·瑙曼在柏林发表了一篇题为《保加利亚与中欧》的文章。这位来自中欧的著名作家（他是德皇威廉二世的臣民，同时也是帝国议会的议员）对一个已经被来自萨克森—科堡—哥达王朝的德国君主统治近二十年的巴尔干国家不吝赞美之词 [②]。之所以援引这样一部作品，是因为它可以象征性地反映某种古老的历史关联，而当前欧洲新环境下的研究又使这种关联具备了现实意义。我想指出的是，这位作者与马克斯·韦伯、维尔纳·桑巴特交往甚密，在这部作品问世前一年，即 1915 年，他还在柏林出版了极具影响力的《中欧》一书，这可能是继《俾斯麦回忆录》之后最畅销的图书 [③]。

[①] *L'Europe Centrale et l'Europe du Sud-Est au XIX-e- XX-e siècles*, Čepelare, 28-31 august 2008.

[②] 他在前言中将其称为 "巴尔干地区的保加利亚元首"。

[③] J. Droz, *L'Europe centrale. Evolution historique de l'idée de „Mitteleuropa"*, Paris, 1960, p. 208.

这部注定会享誉全球的著作不仅是一份宣言，还成为一份理想化的纲领。它主张在一战正酣期间建立一个由中欧两大帝国——普鲁士和奥地利构成的，具有"大德意志"性质的日耳曼共同体，进而形成从孚日山脉到维斯瓦河的"中欧经济联盟"。尽管英国是瑙曼设计的这个日耳曼共同体的主要对手，这本书还是很快被翻译成英文，并由伯明翰的威廉·詹姆斯·阿什利教授作序①。

战后不久，这个"中欧"（在此我想引用一位研究这一概念的历史发展的法国学者的话）被认为是"西方切割下来的诸多半岛与单调的东欧的中间地带，它是大洋影响力和大陆影响力的接触区，连结着大西洋之滨的森林和欧亚大陆的草原"②。继瑙曼之后，地缘政治学在对中欧，及其与东南欧关系的定义方面有两个关键时刻。其一是德国将军、慕尼黑大学教授卡尔·豪斯霍费尔创办了著名的《地缘政治杂志》，经鲁道夫·赫斯引介，似乎对希特勒本人提出的"生存空间"概念产生了影响。在豪斯霍费尔看来，"中欧"不包括德国③，主要指波罗的海国家、波兰、捷克斯洛伐克、匈牙利。需要注意的是，罗马尼亚、保加利亚、阿尔巴尼亚

---

① *Central Europe*, Londra, 1916.

② J. Droz, 引文如前: p. 19. Această definiţie nu diferă de cea a unui universitar francez, Georges Castellan (*Histoire des peuples de l'Europe Centrale*, Paris, 1994, p. 9)："中欧既不是一个边界明确的地理区域，也不是一个一成不变的历史结构。随着德国在西方的殖民地与俄国在东方的广阔领土之间的接触，它发展了几个世纪。该大陆的这一部分包括波兰、捷克、匈牙利、奥地利和波罗的海国家。"

③ K. Haushofer, *Grenzen in ihrer geographischen und politischen Bedeutung*, Heidelberg – Berlin – Magdeburg, 1939, p. 100.

和南斯拉夫也被其涵盖在内。这一概念是在 1939 年提出的，实际
上早在六年前，在波茨坦发表的文本中已经出现了这一概念[1]，当
时所说的"中欧"包括瑞士、列支敦士登、奥地利、捷克斯洛伐
克、波兰和波罗的海国家，"东欧"仅指俄国，包括高加索地区。
第三帝国的学者们对欧洲地图的这种看法，在共产主义制度垮台
后立即得到了美国政治学家（兹比格涅夫·布热津斯基）的响
应[2]。第二个关键时刻是鲁珀特·冯·舒马赫继承了豪斯霍费尔对
"边界"的痴迷（豪斯霍费尔在接受盟军调查后于 1946 年自杀），
确认了"边境居民"的概念，特指那些在奥地利帝国"边境省份"
和边疆地区定居的人，如居住在克罗地亚、巴奇卡、罗马尼亚的
巴纳特和特兰西瓦尼亚[3]的居民。对冯·舒马赫而言，所谓"多瑙
河地区"自加洛林时期就是日耳曼人的边界（1934 年的一项研究
证实了此事，这对我们探讨的主题"中欧人概念中的东南欧"具
有示范意义）[4]。

　　如今，中欧的概念对地理学家而言似乎毫无意义，它更像是

[1] *Mitteleuropa ausser deutsches Reich – Osteuropa in Natur, Kultur und Wirtschaft*, Potsdam, 1933.

[2] R. Theodorescu, *Europe de l'Est, Europe de l'Ouest – la diversité d'une identité, în South East Europe – The Ambiguous Definitions of a Space*, ed. R. Theodorescu, L. Conley Barrows, Bucureşti, 2002, p. 29-30.

[3] R. von Schumacher, *Das Reiches Hofzaun. Geschichte der deutschen Militärgrenze in Südosten*, Darmstadt, f.a.; idem *Siedlung und Machtpolitik des Auslandes*, Leipzig-Berlin, 1937.

[4] 同上：*Der Süd – Ostraum in der Konzeption Mitteleuropas (I), în Zeitschrift für Geopolitik*, 3, 1934, p. 169.

一个地缘政治术语[①]，或者说是对一种精神、一种文化的定义[②]。它代表着弗兰茨·卡夫卡、马克斯·布罗德、斯蒂芬·茨威格、切斯瓦夫·米沃什、罗伯特·穆齐尔和米兰·昆德拉的世界。然而，这个概念对于我们理解欧洲大陆，无论是东欧还是西欧，都是至关重要的。在此，我想引用捷尔吉·康拉德几十年前说过的一句话，深度介入东南欧政治的奥地利政治家艾哈德·布塞克也有同感。"如果中欧不存在，那么欧洲本身也就不存在了。"[③]事实上，这句话可以用另一句话来补充，这句话源自《地中海与欧洲》一书中收录的普雷德拉格·马特维耶维奇（出生于莫斯塔尔的俄罗斯—克罗地亚人）1997年3月在法兰西学院的演讲："柏林墙终于倒塌了。一个中欧的幽灵也随之消亡。"[④]

不言而喻，这个"中欧（Mitteleuropa）"，很少被称为"Zwischeneuropa"或"Zentral-europa"[⑤]，它首先指的就是奥地利帝国；德国历史学家（后来匈牙利学者热情地加入了进来）在20世纪30年代后半期曾一度倾向于使用"中东欧（Ostmitteleuropa）"的说法。这个新的"中东欧"概念导致了著名的《中东欧档案》杂志的创刊。1935至1942年，埃默里克·卢基尼奇[⑥]在布达

---

① *L'Europe Centrale*, Paris, 1979; cf. J. Droz, 引文如前：p. 20.

② *Europa centrală. Memorie, paradis, apocalipsă*, ed. A. Babeți, C. Ungureanu, Iași, 1998, p. 8.

③ Apud *Mitteleuropa – Konzepzionen in der ersten Hälfte der 20 Jahrhunderts*, ed. R.G. Plaschka, H. Haselsteiner, A. Suppan, A.M. Drabek, B. Zaak, Viena, 1995, p. XVI.

④ Paris, 1998, p. 121 (capitolul *L'Europe Centrale et son mythe*, p. 113-134).

⑤ *Europa centrală. Nevroze, dileme, utopii*, ed. A. Babeți, C. Ungureanu, Iași, 1997, p. 8.

⑥ I, 1935; II, 1936; III, 1937; IV, 1938; V, 1939; VI, 1940; VII, 1941; VIII (Budapesta – Leipzig), 1942.

佩斯和莱比锡共出版了八辑，涵盖对南斯拉夫、捷克斯洛伐克、罗马尼亚某些地区（如特兰西瓦尼亚）的研究，这些研究是由安德鲁斯·奥弗蒂和久洛·莫拉夫奇克、巴林特·霍曼和贝拉科佩齐等人完成的。这个主要由捷克、斯洛伐克、东德、波兰和匈牙利等地区组成的"中东欧"地区逐渐成为1969年美国一份研究报告[①]中提到的所谓"一个有时被视作西方文明的边境""深深根植于西方传统"的地方。

　　在此背景下，一些联邦制方案诞生了。例如1906年罗马尼亚人奥雷尔·波波维奇主张实施"大奥地利合众国"方案，旨在建立一个所谓的"帝国瑞士"。而且基于同一背景，可以说二战之后发生了一次"中欧巴尔干化"[②]，正如纳粹政权建立前的德国倒数第二任总理弗朗茨·冯·帕彭在其《回忆录》[③]中所写的那样。因此，我们的研究中出现了一个关键问题，即中欧与东南欧的边界问题：正如1939年在华沙举行的第七届国际历史学大会上来自布拉格大学的亚罗斯拉夫·比德罗教授所说的那样，这个极具宗教性质的边界将天主教和新教、东正教世界分隔开。[④]

---

① *East Central Europe. A Guide to Basic Publications*, ed. P.L. Horecky, Chicago – Londra, 1969, p. IX.

② *Mitteleuropa – Konzepzionen...*, p. 35; despre „balcanizarea Europei danubiene" vorbea J. Droz, 引文如前：p. 15.

③ Apud M. Ristović, *The Birth of „South Eastern Europe" and „the Death of the Balkans",* în „Thetis", 2, 1995, p. 169 及其后。

④ *Was ist die osteuropäische Geschichte?*, în *VII-e Congrès International des Sciences Historique. Résumé des communications présentées au Congrès – Varsovie*, 1933, II, Varşovia, 1933, p. 198.

　　鲁伯特·冯·舒马赫[①]早已指出，匈牙利人[②]和克罗地亚人具有中欧和东南欧的双重属性，且匈牙利和奥匈帝国在中世纪和近现代对巴尔干地区（从达尔马提亚到塞尔维亚、波斯尼亚和黑塞哥维那）表现出了浓厚的兴趣，并创造出相互平行且意义重大的人类社会类型[③]。2004年国际东南欧研究学会在地拉那举行的会议上，我在提交的报告中[④]中试图从"帝国间"的关系出发，来对东南欧进行定义。这种简单直白的做法是著名的英国查塔姆研究所（皇家国际事务研究所）在1939年提出的。按照他们的研究，东南欧应是一个涵盖奥斯曼帝国和哈布斯堡帝国继承国的地区[⑤]。但三十年后，人们意识这个区域已经将阿尔巴尼亚、保加利亚、南斯拉夫、希腊和罗马尼亚囊括在内，但不含土耳其，甚至连土耳其位于巴尔干半岛的领土也不涉及。[⑥]

　　如果要对东南欧进行更宽泛的定义，我们可以回到冯·舒马

---

① *Siedlung...*

② R. Theodorescu, *Orientul din Ungaria*, în *Picătura...*, p. 240-243.

③ 这种类型学曾被 M. Muthu 研究过。他发现，东南欧由于希腊性而统一，能够被翻译、神父等知识分子所主导；中欧则含有很大的犹太成分，由帝国的军官或官员代表（*Europa centrală – Europa de sud- est, în Europa centrală. Nevroze...*），p. 102-105.

④ *Le Sud-Est européen, un concept géopolitique*, în „Studia Albanica" I, 2005, p. 13-24.

⑤ *South Eastern Europe. A Political and Economic Survey*, Londres, 1939.

⑥ *East Central Europe – loc. cit.* 1931 年在波茨坦签订的《东南欧和南欧的自然、文化和经济保护区协定》中，除了罗马尼亚、保加利亚、南斯拉夫、阿尔巴尼亚和希腊之外，匈牙利也被列入东南欧的范畴。第二次世界大战之后，历史学教授 Jenő Mattyasovszky 也将匈牙利视作东南欧国家（*South – Eastern Europe today and tomorrow*, Budapesta, 1947）。关于这一地区，还可参见：*East Central and Southeast Europe. A Handbook of Library and Archival Sources in North America* ed. P. Horecky, D.H. Kraus, Santa Barbara f.a.

赫的观点，他认为东南欧就是位于亚得里亚海最北端的里雅斯特
及黑海最北端的敖德萨之间的区域。塞尔维亚学者米兰·里斯托
维奇 ① 的研究结果与其略有不同，他观察到 1940 年前后，东南欧
研究在日耳曼人那里经历了巨大的发展，直到后来东南欧成为德
国的一个"经济补充区"。我们不应该忘记，德国从 19 世纪起就
一直对控制连接汉堡、摩苏尔、巴格达、孟买的洲际交通线（即
所谓"巴格达铁路政策"）有着浓厚的兴趣 ②。（东南欧）是一个农
业主导的实体 ③，有史以来一直存在专制主义倾向，参与这一地区
地缘政治活动的有西部的奥地利（虽然它不是东南欧国家）④，以及
东部凯末尔领导下的土耳其（它已经脱离了苏丹国和哈里发的亚
洲传统）。从匈奴人、阿瓦尔人的时代到哈扎尔人、原始保加尔人
的时代，从马扎尔人、佩切涅格人的时代到鞑靼人、奥斯曼土耳
其人的时代，我们这块大陆所处的区域一直有不同种族的存在。
此外，东南欧还呈现出明显的宗教多样性 ⑤，有信奉伊斯兰教的保
加利亚人（波马克人），有信奉天主教的保加利亚人和罗马尼亚
人，有信奉基督教的土耳其人（加告兹人），还有伊斯兰化的塞尔
维亚人。冯·舒马赫因此得出结论，称之为"东南欧民族的性格
分裂"⑥。

---

① 同上：p. 165-176.

② R. von Schumacher, *Der Südostraum (I)*, p. 175.

③ 同上：p. 168.

④ 同上：*Der Südostraum (II)*..., în „Zeitschrift für Geopolitik", 4, 1934, p. 289.

⑤ 同上：p. 162.

⑥ 同上：p. 163.

　　这位学者来自精神层面变化较少的中欧，尽管中欧也存在显著的文化多元性，但这种多元性被强大的日耳曼主义（有时通过武力）统合到了一起，所以他在这里（东南欧）看到的是一种精神病态，而非作为"欧洲缩影"在精神层面的丰富多样。的确，在过去的两个世纪，这种病态引发了严重的极端民族主义，却从未披上"中欧"此前刚刚穿过的疯狂政治外衣。在某种程度上，中欧归根结底是西欧的一个附属物。西欧与它共同构成"另一个欧洲"，一个界限分明的西方。我们东欧往往满怀热情地拥抱这个西方，而我们的东南部地区仍然是如此有诱惑力，有时甚至应该说是蛊惑力。

东南欧的团结与对立：一种矛盾的发展

　　这个标题的内容可能会让人产生困惑，但它无疑有一个优势：可以科学地反驳国际史学界和政治学界的一个共同观点，就是他们总是强调东南欧各民族之间的对抗、冲突、排斥和矛盾，认为无法证明这些民族间历史悠久的团结、合作、宽容和亲密。由于这种观点被反复提及，以至于出现了诸如"亚洲巴尔干化""非洲巴尔干化"等极其拙劣和愚蠢的说法。要反驳这些谬论属实不易，有时甚至是徒劳的。

　　我首先要指出的是，从各民族源起至今，团结显然远远超出对抗。这种团结既可以是个体间的，也可以是群体间的，既可以是精英阶层间的，也可以是普通民众间的。有时是在涵盖了整个巴尔干半岛的拜占庭帝国或奥斯曼帝国内部的长期标准化、统一化进程中，或是在哈布斯堡王朝等帝国的引导之下，被自发创造出来的。这种团结逐渐延伸到巴尔干半岛的边缘地区，甚至跨越了多瑙河。

至于对抗，无论在哪里发生，无非是基于自身特性对全球化挑战的回应（有时是斯拉夫人基于民族标准对抗希腊人，或是这两个民族共同对抗土耳其人，此外还有一些伊利里亚民族或拉丁民族的参与），或是在现当代受到了外部行为的广泛刺激（列强为了实施其地缘战略行为，总是将目光紧盯着东南欧，并主导着这一地区）。

无论我们在探讨巴列奥略时代一些独立地区在拜占庭大旗下的文化融合时，在回忆漫长的"奥斯曼帝国统治下的和平"（如今越来越多从非传统史学的视角来揭示这一现象）时，在思考巴洛克时代学者们的"国际主义"时，在研究19到20世纪上半叶巴尔干各国的王室或政治联盟时，还是在探究20世纪下半叶巴尔干地区的军事和意识形态集团及其对当今的影响时（上面已经罗列了这一过程的五个关键阶段），兴趣点始终都集中在矛盾的演变上。这导致最后的结论始终未能偏离"巴尔干半岛是欧洲火药桶"这一错误的概述。这对于我们未来要做的综括非常重要。迪米特里·奥博连斯基提出的"拜占庭共和国"这一巧妙的概念，将拜占庭帝国和从中新诞生的巴尔干国家融为一体。一方面，是曾经的可汗成了保加尔人的君主，曾经的儒般（中世纪贵族称号）成了塞尔维亚人的君主，他们为其疆域的独立而斗争；另一方面，则是东正教和希腊文化经泛斯拉夫主义的过滤后实现的文化团结。在9世纪末，保加利亚的西蒙一世曾经怀有一个帝国梦，这在他与牧首尼古拉一世的诸多通信中都可看

出端倪 ①。14 世纪中叶的斯蒂芬·杜尚同样有一个帝国梦，但他想当"基督教世界"皇帝的理想与拜占庭的理论相悖，他不仅想成为少数"罗马人"的皇帝，还想成为所有基督徒的专制君主（这种想法在三个世纪后，即俄国牧首阿德里安时代得到了延续，在当时一位瓦拉几亚大主教的笔下，沙皇彼得一世被称为所有东正教徒的领袖）②。

至于前面提到的文化团结，它属于我 40 年前试图定义的国际格局 ③。

我当时特意使用了"国际主义"一词，旨在凸显 14 至 15 世纪拜占庭—巴尔干地区在整个东南欧所特有的长期文化合作理念。它是东欧中世纪晚期的"国际主义"，在现象层面堪与西欧王公贵族的"哥特式国际主义"的代表相媲美，而且完全处于同一时代。这种"国际主义"通过拜占庭和斯拉夫文化精英阶层表现出来，在欧洲东部有东南欧和俄罗斯两个分区。从这个角度出发，人们曾探讨过"国际修道主义""国际禁欲主义""国际静修主义"（这个说法是亚历山大·埃里安提出的）等话题，相关精神通过知名或不知名的代表，广泛体现在文学、美术和神学研究中，并在一定程度上得到了史学界的认可（我再次援引奥博伦斯基的话，他将罗马尼亚修道主义的创始人，来自沃迪阿和蒂斯马

① D. Obolensky, *The Byzantine Commonwealth*, p. 105-107.

② 同上：p. 164（关于 Petru Alekseevici Romanov 对东方基督教的作用，见 L. Hughes, *Rusia in the Ages of Peter the Great*, New Haven – Londra, 1998, p. 351-354）。

③ R. Theodorescu (în colaborare cu E. Condurachi), *L'Europe de l'Est, aire de convergence des civilisations*.

纳的塞尔维亚人尼科迪姆称为"世界性文化的鲜活形象",塞尔维亚的另一位伟大僧侣,来自希兰达尔的以赛亚则被其称为"另一位享有国际地位的静修主义者")[1]。

在 1350 至 1450 年间的东欧文化图景中,有来自不同地区、不同出身的学者或教士合作完成的作品。他们合作的目的是拯救之前的时代,即 11 至 13 世纪的拜占庭—巴尔干文化遗产。这些人包括上文提到的来自巴尔干半岛科斯特尼克的康斯坦丁、迪米特里·康塔库济诺、格里戈雷·赞布拉克,以及来自沃迪察的尼科迪姆。此外,在这个"国际主义"框架内,本土特性有时也会发声反抗君士坦丁堡模式,这种模式早在拜占庭普世教会形成之前就已孕育了一种团结性,我们可以称之为"前文献时期的国际主义"。例如在 1400 年之前,塞尔维亚人和罗马尼亚人之间的团结就属于这种情况。让我们顺便回顾一下,在 14 世纪的 90 年代,摩尔多瓦大主教区是依据拜占庭牧首尼尔·凯拉梅斯的决定建立的,由于哈利奇大主教区的介入,在教规和法律层面爆发了一场冲突。与此同时,佩奇的塞尔维亚教会也是因为一场教规冲突而受到了普世牧首卡利斯特的惩罚。这导致摩尔多瓦和塞尔维亚两个教会以一种鲜为人知,但确信无疑的方式开展了合作,以至于博斯普鲁斯(君士坦丁堡)牧首在其著作中提到,苏恰瓦的主教是一位"塞尔维亚主教"[2]。

---

[1] D. Obolensky, 引文如前: p. 305.

[2] R. Theodorescu, *Implications balkaniques aux debuts de la métropole de Moldavie. Une hypothèse*, în *Roumains et Balkaniques*, 1999, p. 227-252.

这是一种思想上团结的肇始，后来通过布伦科维亚努家族和1459 年后撤到奥尔特尼亚和蒙特尼亚的塞尔维亚豪门，以及土耳其统治期间阿尔杰什和特尔戈维什泰的"新一代巴萨拉布"们得以延续。在四个多世纪的时间里，土耳其的长期统治将其社会经济结构、生活方式，以及受东方穆斯林文化浸染的思维方式强加给东南欧地区，与之相伴的则是历史的稳定性和标准化（这与此前罗马帝国的所作所为极为相似）。由此，欧洲的这个部分被纳入了覆盖三大洲的"奥斯曼帝国统治下的和平"中。从印度到摩洛哥，都在新月徽统治之下，由奥斯曼高门强行统一起来。确实，东南欧在这个时代呈现出两种不同的体制，甚至两种不同的"宪政"并存的状况。在"奥斯曼家国（devlet-i ali Osman）"这个术语中，种族对苏丹的行政法规不起任何作用，其涉及的地区可以分为两类：其一，是帕夏管区。其中一些是 15 世纪建立的，遍布从多瑙河南岸到马塔潘角的地区；还有一些是 16、17 世纪在中东欧建立的，包括布达、蒂米什瓦拉和奥拉迪亚的帕夏管区。这些帕夏管区构成了一种自罗马行省以降从未有过的统一局面，并真正搭建起一条直通克里米亚和大陆腹地的走廊，即所谓的"伊斯兰之家（dar al-Islam，意为'穆斯林居住区'）"。在那里，社会的政治架构和精神架构都是由伊斯兰教法确立的。其二，是多瑙河北岸罗马尼亚人占主体的三个国家。那里享有自治权，须向奥斯曼帝国进贡，但保留了君主及其王朝。这些地方被称为"和平之家（dar al-'ahd'）"，可能还包括圣伯拉削的拉古萨共和国，那里在 1575 年穆拉德三世统治时期获得了"帝国誓约（ahidnâme）"。

在这种特殊情况下，东正教的团结持久发挥着作用。这体现在从14世纪到法纳尔大公统治时期，罗马尼亚人的大公持之以恒地向阿索斯圣山提供支援。此外，拉杜大公、马泰伊·巴萨拉布、康斯坦丁·布伦科维亚努还向土耳其统治下的塞尔维亚人和保加利亚人提供援助。

中世纪晚期的"国际主义"和土耳其治下巴尔干半岛的全球化特征，实际上是个体和集体层面深度团结的必然表现。它们一直持续到17、18世纪，巩固了东南欧前现代文明的一致样貌。

前文说过，在帕多瓦大学的希腊"哲学医师"们所代表的精英阶层中，一种科利达莱乌式的亚里士多德主义正在传播，其核心理念是自然。科学论著开始阐释自然界，无论是康塔库济诺在瓦拉几亚和摩尔多瓦的宫殿和教堂里，还是康斯坦丁·布伦科维亚努和彼得大帝的教堂和宫殿中，都以石雕、木雕、装饰画、手稿等非常现实主义的方式来呈现自然的概念。这是一种我称为"帕多瓦国际主义"[1]的现象，遍布阿索斯山、伊斯坦布尔、布加勒斯特、雅西和莫斯科，代表人物有塞瓦斯托斯·凯门尼斯、约翰·莫利布多·康宁、雅各布·皮拉里诺斯、利库迪斯兄弟，以及亚历山大·马弗罗科尔达特·埃克萨波里特等通译官员。从文化角度来看，这是威尼斯古老传统的一种延伸，东南欧此前曾从那里引进了印刷技术。塞雷尼西马出版了第一部希腊文书籍，第

---

[1] R. Theodorescu, *Les débuts de l'enseignement supérieur en Europe de l'Est: „l'internationalisme de Padoue"*, în *Enseignement supérieur (UNESCO – CEPES)*, XIV, 1, 1989, p. 58-62; 同上: *Iatrofilosofii, în Picătura...*, p. 107-112.

一部塞尔维亚文书籍则于 1494 年在采蒂涅问世。在 16 世纪的头几年，这些地方掌握了威尼斯的图书装帧艺术，并将其传播到瓦拉几亚。在国际格局下，这种视觉艺术的传播也反映了东南欧的"帝国间"局势（亚历山大·冯·兰达曾对这一点进行过解释）。巴洛克风格在东南欧落地生根，东南欧研究学会 30 年前曾为此在布加勒斯特举办了一次学术研讨会，法国蒙托邦的《巴洛克》杂志也为此发表了专刊[①]。这种巴洛克风格或许是瓦拉几亚或摩尔多瓦的"后拜占庭东正教式"巴洛克，或许是塞尔维亚、克罗地亚、斯洛文尼亚、特兰西瓦尼亚、巴纳特的"哈布斯堡帝国式"巴洛克，或许是摩尔多瓦和后来的比萨拉比亚的"乌克兰—俄罗斯式"巴洛克，也有可能是位于希腊群岛或伯罗奔尼撒半岛的意大利北部巴洛克风格。

最终，在形成某种或多或少有些单一共同的格局之前，1800 年前后东南欧各国"启蒙主义"学者的作品中出现了明显的"历史主义"倾向。从《瓦拉几亚人请愿书》到里加斯的学术活动，再到斯塔科·弗拉迪斯拉沃夫、伊万·拉伊奇和多西提·奥布拉多维奇的作品，到处可见这种倾向。

从 1800 年至 20 世纪 40 年代，在政治联盟，或者更确切地说是王室联盟的层面上出现了一个新的合作阶段。东南欧国家的现代君主制作为一种特殊的类型，开始出现分岔：1. 希腊、罗马尼亚、保加利亚和阿尔巴尼亚等拥有来自异国君主的国家构成了

① Nr. 11, 1983.

其中一类——德国人巴伐利亚的奥托和丹麦人格吕克斯堡的乔治一世先后于 1833 年、1863 年在雅典登基；来自霍亨索伦·西格马林根家族的德国人卡罗尔一世 1866 年在布加勒斯特登基；1879 年、1887 年先后在索非亚登基的是另一个德国人，巴腾堡王朝的亚历山大，以及拥有法德双重国籍，来自萨克森—科堡—哥达王朝的斐迪南；德国人威廉·维德则于 1914 年在地拉那登基。2. 塞尔维亚属于另一种情况，贝尔格莱德的君主完全来自本地王朝，其君主制传统可以追溯到中世纪。1815 年有米洛什·奥布雷诺维奇，然后是 1842 年的亚历山大·卡拉乔德耶维奇。这让我们面临一种比较特殊的状况，其中既有政治因素，也有王朝的因素。20 世纪 20 到 30 年代出现了一些有意思的惊人巧合：众所周知，1921 至 1938 年间有一个作为地区性安全防御组织的小协约国，它通过捷克斯洛伐克，将东南欧的罗马尼亚、南斯拉夫与中欧连接了起来。而在 1930 年 10 月至 1940 年 9 月的十年间，还存在一个巴尔干联盟，其成员国包含南斯拉夫、罗马尼亚、阿尔巴尼亚、希腊和土耳其（最初也有保加利亚），并先后在雅典、伊斯坦布尔、布加勒斯特、塞萨洛尼基和贝尔格莱德召开会议。不应忘记的是，在那个时期，希腊国王乔治二世 1922 年迎娶了罗马尼亚的伊丽莎贝塔，伊丽莎贝塔的哥哥是未来的罗马尼亚国王卡罗尔二世，而卡罗尔二世于 1921 年和乔治二世的妹妹希腊公主海伦成婚，这是罗马尼亚王室兄妹与希腊王室兄妹间的交互婚姻；同样在 1922 年，塞尔维亚人、克罗地亚人和斯洛文尼亚人的国王亚历山大一世·卡拉乔尔杰维奇与罗马尼亚的另一位公主玛丽亚结婚。就这样，在 1921 至 1922 年间，三位东南欧国家的君主在雅典、布加勒斯特和贝尔格莱德成为王室姻亲。我想要补充的是，上面提到的三位都对独裁统治青睐有加〔1929 年亚历山大一世、1936 年乔治二世（与他的首相梅塔克萨斯）、1938 年卡罗尔二世先后建立了独裁政权〕，这有助于建立一个布加勒斯特—雅典—贝尔格莱德轴心。必须要说的是，这个联盟的目的就是要在第一次世界大战后孤立更晚进入中欧德国人势力范围的保加利亚（尽管罗马尼亚的卡罗尔二世和保加利亚的鲍里斯三世之间有诸多相似之处，例如前者曾受在布加勒斯特创办首个东南欧学术合作机构的尼古拉·约尔加的教诲，后者则受另一位伟大史学家博格丹·菲洛夫的教导，而且两者都有不容忽视的独裁倾向）。

在动荡的战争年代和紧随其后的日子里，我们还可以记录到另外一些合作的时刻或方案，民族主义和超国家主义在那里比肩而行。

除了西巴尔干地区南部斯拉夫人之间的联合外〔一种联邦模式在这里起源，即 1918 年成立的塞尔维亚、克罗地亚和斯洛文尼亚王国的模式。在半个世纪后的 1946 年至 1991 年，又出现了南斯拉夫联邦人民共和国（后改称南斯拉夫联邦社会主义共和国）的联邦模式。这种联合根植于柳德维特·盖伊和斯特罗斯马耶·约西普·尤拉伊思想中的"伊利里亚理念"和"南斯拉夫主义"。〕，还在社会主义时期之初提出过一个虽然十分模糊，但更激进的方案，试图建立一个囊括南斯拉夫和保加利亚领土的"巴尔干社会主义联邦"。这一方案源自约瑟普·布罗兹·铁托，并得到格奥尔基·季米特洛夫的支持，但很快被放弃了。然后产生了铁托主义的想法，并被很快实施，从而建立了一个由六个共和国和两个自治区组成的联邦共和国。源于这种想法，此前还提出了增加第七个（联邦）共和国，即阿尔巴尼亚的方案，但由于恩维尔·霍察和斯大林本人的反对而作罢。1948 年铁托主义和斯大林主义决裂后，人们注意到南斯拉夫试图与希腊、土耳其达成一个"巴尔干公约"（1953 年在安卡拉，1956 年在布莱德）。这事实上是一个社会主义国家与北约的间接合作，因此是一个注定要失败的公约。之后还遭遇到另一次失败，即铁托、纳塞尔、尼赫鲁三方[1]的领导下的不结盟运动。

来到我们所处的当代，我们不应忘记，东南欧是 20 世纪下半叶两大军事集团在欧洲大陆上唯一对峙的地区，所幸没有造成重大损失。这种特有的状况对传统的巴尔干合作产生了重大影响，颠覆了所有曾经存在的轴心。它起源于一份举世皆知的文件，即 1944 年 10 月在莫斯科写成的一张留有温斯顿·丘吉尔笔迹的纸条，现存于伊斯梅勋爵博物馆。这张纸条上记载了列强对其在东南欧政治军事存在占比的著名协议：苏联占罗马尼亚 90%、保加利亚 75%、南斯拉夫 60% 的份额，英美则在希腊占 90% 的份额[2]。前两个国家迅速被莫斯科完全控制，希腊则在经历了 1946 至 1949 年内战的复杂状况后，最终被华盛顿和伦敦方面完全控制。正如我们所看到的那样，尽管南斯拉夫地区的状况尚不明晰，但

---

① Gh. Zbuchea, *Istoria Iugoslaviei*, Bucureşti, 2001, p. 65-101.

② C. Vlad, *Diplomaţia secolului XX*, Bucureşti, 2006, p. 200.

历史图景仍以一种可预见的方式迅速演进：1952 年，希腊和土耳其成为北约成员国；三年后，罗马尼亚、保加利亚和阿尔巴尼亚加入了华约。我们完全陷入"冷战"之中，两个阵营彻底决裂，其间的裂痕比以往任何时候都要深，这种状况至少持续了十年。随着斯大林的逝世、"日内瓦精神"的提出、铁托与东南欧地区共产党领导人之间关系的变化，以及此后苏中关系破裂背景下罗马尼亚对苏新政策的出台，使得二战后两大阵营非黑即白的对立色彩逐渐减弱。正是在这种背景下（就像巴尔干战争和第一次世界大战时一样），学术和文化界精英（当然或多或少受到国家政策的暗中刺激）积极行动了起来。大家都知道这些行动后来产生了怎样的结果：1963 年 4 月，国际东南欧研究学会（AIESEE）在布加勒斯特成立。这个学术机构在此后 50 多年间代表着东南欧合作的最高水准，在 1991 年后（尽管其财政来源并不稳定）仍是在东南欧研究方面最为活跃的国际机构，并发挥了最有效的作用。来自大学和科学院的专家学者们借助其声望、智慧和外交技巧，突破了个人和群体面临的政治和意识形态障碍，成为学术先锋。1966至 1982 年间，国际东南欧研究学会在索非亚、雅典、布加勒斯特、安卡拉和贝尔格莱德代表了最先进的学术合作模式。它和位于伦敦、莫斯科、维也纳和波士顿的致力于东南欧研究的学术机构一样，力求创造一种新型持久的团结。柏林墙倒塌和铁幕崩解后，新时代就这样开始了。当时在欧洲大陆的东南部，另一块天鹅绒帷幕随着南斯拉夫的消失而落下。在新形势下，高水准的学术合作"心平气和"地发挥着作用。从 1994 年的塞萨洛尼基大

会①（后共产主义时期的第一次大会）到 1999 年的布加勒斯特大
会（彼时欧洲的另一场战争仍在继续，也许那里的学者也在试图
共同寻找和平之道），再到 2004 年的地拉那大会，这些会议对于
将以前孤立的国家重新纳入国际人文对话具有象征意义；2009 年
的巴黎大会则是首次跨越巴尔干边界的大会。

　　在新的东南欧政治格局中，现在已经有三个国家成为欧盟
成员（希腊入欧盟已超过 30 年，保加利亚和罗马尼亚则超过 10
年），西巴尔干地区和土耳其正在思考他们在欧洲或欧亚的未来
（他们面临着复杂的科索沃问题和库尔德人问题）。从原则上说，
学术合作应该照亮政治家的合作。

　　在我们生活的这样一个地区，无论团结还是对立都有着各自
矛盾的历史，理想依然只是理想。但我们作为学术的奴仆，更愿
意超越严酷的政治和扑朔迷离的现实，当一个理想主义者。

---

① 在这次大会上有一个专门讨论巴尔干合作问题的小组 (P. Tzvetkov, P. Skowronek, N.
　 Smirnova, A. Yazkova, P. Tzermias), în *Septième Congrès International d'Etudes du Sud-Est
　 Européen (Thessalonique, 29 août – 4 septembre 1994), Rapports*, Atena 1994, p. 133-226.

东南欧"文化走廊"：三十年后

　　自 1998 年 2 月在巴黎举行题为"东南欧，传播文明"的国际会议，已经过去 20 年了。在谈及信仰之路和贸易之路时，我曾写道："在这种情况下，对整个东欧而言，可能可以通过某一特定地理和历史区域的地貌来解释该地区在政治、商业和宗教层面的某些永久特征。在东南欧地理上占主导地位的山脉（迪纳里克阿尔卑斯山脉、巴尔干山脉、品都斯山脉、罗多佩山脉、喀尔巴阡山脉）对巴尔干和喀尔巴阡山—多瑙河地区的自主做出了决定性贡献。平原使俄罗斯的欧洲部分拥有了特殊的地貌，它没有明确的边界。在欧洲大陆的这个部分，河道和海上航道依然是文化传播的主要路线。一方面，我想到了与欧洲东部地区接壤的海洋及其沿岸地区，那里自古以来就存在一些真正的文化单元：黑海将地中海与亚洲相连，亚得里亚海通过巴尔干半岛将意大利与小亚细亚相连，波罗的海则将斯堪的纳维亚国家、俄罗斯，以及波兰平原纳入同一个文明共同体。另一方面，我想到了主要的河流：

东南欧的河流（多瑙河、马里乍河、瓦尔达尔河、摩拉瓦河）连通了中欧与黑海、多瑙河与爱琴海，俄罗斯境内的河流（尼普罗河、顿河、伏尔加河）则将俄罗斯与巴尔干、北欧、波罗的海和高加索地区相连"[1]。

这种文化路径的动态变化很大程度上解释了这一地区数千年来的演变历程，让我们想起赫尔德的箴言：历史不过是运动中的地理。

四十多年前，我在对这些充满活力、不断变化、国际化的民族杂糅地区的作用进行研究后，提出了"文化走廊"的命题（起先是在一本专门介绍中世纪罗马尼亚文明起源的书中[2]，然后是分两部分在一本国际期刊发表的研究报告中[3]）。文化作品、思想、创意、士兵、学者，以及不同文明的产物都在沿着这些走廊，特别是从南向北流通。这些走廊连接着拜占庭、保加利亚、阿尔巴尼亚、塞尔维亚、匈牙利、罗马尼亚等国，以及达尔马提亚、意大利、黑海、波兰—立陶宛和小亚细亚，将这些地区串连成一个活跃的文化有机体。

这些"走廊"一方面包括蒂萨河流域、多瑙河铁门、巴纳特和奥尔特尼亚、摩拉瓦河谷、蒂莫克河谷、伊斯克尔河谷、塞尔维亚的克拉伊纳、保加利亚的维丁、马其顿、塞萨洛尼基和爱琴

① *Association Internationale d'Etudes du Sud-Est Européen. Bulletin*, 28-29, 1998-1999, p. 25-26.

② *Bizanţ, Balcani, Occident la începuturile culturii medievale româneşti (secolele X-XIV)*, Bucureşti, 1974, p. 339-348.

③ „Revue des Etudes Sud-Est Européennes", 1, 1983, p. 7-21; 3, 1983, p. 229-240.

海地区；另一方面包括德涅斯特河、普鲁特河与黑海之间的草原，摩尔多瓦南部和多布罗加的草原，多瑙河沿岸的罗马尼亚平原，保加利亚东北部和黑海沿岸，直至马里乍平原、阿德里安堡和君士坦丁堡，以及小亚细亚的西海岸。应该强调的是，这些"文化走廊"几个世纪以来一直是独特的存在，它们不同于巴尔干地区的"对角线大道"、从贝尔格莱德到斯塔姆布尔的"帝国之路"，或从拉古萨到博斯普鲁斯、从都拉斯到君士坦丁堡的辅助道路。正如我已经说过的，对这些"文化走廊"开展任何研究都必须考虑到一个基本情况，就是具有历史文化特点各异的地区之间存在着不可分割的联系和持续不断的相互影响，使它们从古到今都占有独特的地位，其渊源甚至可以追溯到史前。这些独特性体现在：新石器时代的巴尔干—多瑙河综合体；多瑙河下游与全盛时期特洛伊的联系；古风时期和古典时期希腊城邦米利都、麦加拉和科林斯广泛地对外殖民；基督教最初的传播；被称为"新罗马"的拜占庭；圣保罗时期的马其顿；卡帕多西亚教会用希腊语进行的传教活动；"西部走廊"对圣杜米特鲁的崇拜，以及"东部走廊"对圣格奥尔基[①]的崇拜就是典型代表，二人自中世纪至今一直在巴尔干半岛上最受基督徒尊崇。

　　我研究了这些走廊直至奥斯曼土耳其统治时期的命运。事实上，直到第一次现代化浪潮到来，东南欧历史上的这些特殊性才被终结。

――――――――――

① 又译"圣乔治"。——译者注

近年来，这个概念的发展远远超出了我为其划定的严格的学术框架。40 年前，学者们还可以对同一个参数进行讨论。例如，语言学家们会探讨将巴尔干半岛希腊属性与罗马属性加以分割的著名的"吉列切克线"（这条线是一个世纪前由捷克学者吉列切克划定的，他在为一个几乎自治的保加利亚政府服务后，成为维也纳大学教授）；史学家们则在研究"厄纳齐雅大道"，这条路线穿过亚得里亚海和巴尔干半岛，经阿波罗尼亚和迪拉基姆，跨越奥赫里德和莫纳斯提尔，最终抵达塞萨洛尼基、君士坦丁堡、阿德里安堡和纳普罗珀提达；历史学家还研究罗马帝国鼎盛时期的《安敦尼行记》和《波伊庭格地图》。如今，对于"文化走廊"探讨的最大新鲜之处在于东南欧的政界正以一种意想不到的方式参与其中。

确实，政治事件已经好几次直接或间接地触及了我的命题。1974 年这一命题首次提出时，我就不得不将包含这一命题和佐证地图的那本书在布加勒斯特推迟出版，因为西方的一本期刊刚刚发表了一张巴尔干地图，暗示在塞浦路斯危机期间，北约和华约假想的行动区域恰好在我所说的地区，其历史涵盖了从新石器时代到 18 世纪。后来，到 20 世纪 90 年代中期，在南斯拉夫战争期间有人谈到"巴尔干的两条走廊"：其一是连接斯塔姆布尔和塞萨洛尼基、鲁塞和久尔久，然后穿过罗马尼亚和匈牙利，到达奥地利和斯洛伐克的"南北走廊"；另一条则是连接都拉斯和瓦尔纳，途经阿尔巴尼亚、马其顿和保加利亚的"东西走廊"。最终，更大的惊喜自 2005 年 5 月，各国元首在瓦尔纳举行的一个地区论坛上讨论了"东南欧文化走廊：共同的过去和遗产，未来伙伴关系的关键"这一主题。联合国教科文组织总干事松浦晃一郎在讲话中指出："这些路线不仅为几个世纪以来的文化间对话提供了历史和地理内容，同时还促进了前瞻性的思考：这些相遇和互动在如今的讨论中已经有些被遗忘……文化走廊的概念 1974 年在勒兹万·特奥多雷斯库的笔下出现，展现了这个地区特有的现实。"随后举行了其他区域论坛，例如 2006 年在克罗地亚奥帕蒂亚举行的论坛，最终确定了《瓦尔纳战略》，并在其中增加了《东南欧文化走廊行动计划》，涵盖生态旅游和古迹修复等不同领域。2009 年 6 月在希腊首都举行的论坛上达成了关于东南欧"对话之路"（跨越江河湖海的路线）的《雅典宣言》，决定创办一个名为"东南欧虚拟文化走廊"的永久网站，并计划在黑山和土耳其举办类似会议，与卢森堡的欧洲文化之路研究所开展合作研究。作为上述论著的作者，我非常乐于看到这样的进展，很高兴见到自己的论著得到官方的认可，被视作开启东南欧伙伴关系的"一把钥匙"。这证明我们的学术研究可以在很大程度上指导政策动议，我从中得出的唯一结论就是：这离不开学者细致入微的思考，以及政治家反复权衡利弊的行动。当然，信任和诚意也是不可或缺的。

东南欧的信仰之路和贸易之路

　　所有人可能都知道保尔·瓦雷里在第一次世界大战结束次日所说的话："实际上，欧洲只是亚洲大陆的一个小小的半岛。"

　　即使这种地理解释没有什么隐喻意义，也无法全面反映文化现实，但可以肯定的是，我们可以在欧亚大陆的命运中明确我们这块大陆的空间定位。与世界上最古老文明起源的那块大陆相比，我们所处的这个空间其实是它的翻版。同样可以肯定的是，在这个空间内发挥了特别复杂的作用的是欧洲大陆的东南部。该地区由两百年前一位秉承洪堡传统的德国地理学家称为"巴尔干半岛"的部分，以及我们称为"喀尔巴阡山—多瑙河—黑海"的另一部分组成。即便只是对连接两个大陆的欧洲东南部稍作观察，也会发现一门真正的、古老的"道路地理学"：思想、信仰、物资、游客沿着这些路线行进，因而导致了贸易的繁荣；贸易之路创造了国家，同时这些还是十字军东征和传教之路，僧侣、士兵、艺术家、神秘主义者和学者借此从欧洲的一个角落前往另一个角落。

可以确定的是，东南欧存在这些"文化走廊"是依据史学研究多个领域和方向的证据得出，以完全合法的方式归纳总结而来的，几个世纪以来一直是独特的存在。尽管独特，但它们与贯通巴尔干半岛中部和北部的主要经济和政治通道密切相关，也与康斯坦丁·吉列切克20世纪初在东南欧的希腊化和罗马化地区之间建立的传统分界线直接相关。毫无疑问，这些"文化走廊"与巴尔干半岛的"对角线大道"大不相同，因为它延伸了莱茵河—多瑙河路线。这条"帝国大道"源于连接贝尔格莱德和斯塔姆布尔的"军事通道"，途经尼斯、索菲亚、普罗夫迪夫、阿德里安堡，经历了罗马人和拜占庭人、十字军和奥斯曼土耳其人的时代，至今仍是战略要地。这些路线在巴尔干并不处于次要或分支地位，它们或是从科斯托拉克经蒂莫克通往君士坦丁堡，或是从尼什通往摩拉瓦河和亚得里亚海，或是从拉古萨到博斯普鲁斯海峡，然后沿着新布尔多地区，或通过古老的"埃格纳蒂亚路"，从都拉斯经奥赫里达、莫纳斯提尔和塞萨洛尼基，将阿尔巴尼亚海岸和如今的斯塔姆布尔连接在一起。

对这些"文化走廊"的任何研究都必须考虑到一个基本事实，即具有不同文化和历史特征的不同地区之间的持续联系和不间断的相互影响，使它们在从古代末期到现代（甚至更远）的不可否认的连续性中具有独特的地位。尽管在不同历史环境下，在民族问题上有着持续性的解决方案，但巴尔干半岛中东部情况依然如此。

　　作为自古以来文化和贸易路线的交汇点，东南欧为我们提供的有关该地区的数据极为零散，包括新石器时代的所谓"巴尔干—多瑙河综合体"，多瑙河下游与全盛时期特洛伊的联系，以及更为我们所知的希腊古风时期和古典时期的交流。当小亚细亚的城邦米利都开始大范围殖民，当爱琴海滨的麦加拉将神像、庙宇、奢华的陶器，以及各种货物传播到黑海西岸的奥尔比亚和卡拉蒂斯时，当涉及德尔菲等泛希腊圣地时，相关数据就会变得更为丰富和精确[1]。

　　有一些情况还不太明晰，例如人们怀疑在色雷斯人居住的巴尔干半岛上是否存在某些类似的圣地，专门用以供奉当地的神灵（例如"色雷斯骑士"），或是多瑙河南岸的蛮族被高度希腊化后信仰的神灵。

　　还有另一件事如今依然还是假设（尽管它正在向确凿的方向发展），那就是在巴尔干成为一个全球政治中心、在此处出现了一个被称为拜占庭的"新罗马"，在碑刻和宗教艺术史都明确揭示了爱琴海、小亚细亚、东巴尔干之间存在持续的精神和商贸联系的时候，我们已进入了基督化初期。后来，教会的历史记载和考古发现都表明在公元4世纪，在多瑙河北岸，卡帕多西亚说希腊语的教士确实有一条在日耳曼—雅利安人居住空间传教的路线，已知的殉难者的姓名被记录在文本，以及多布罗加的尼库利泽尔等地的大教堂的碑刻中。

---

① N.P. Nilsson, *Cults, Myths, Oracles and Politics in Ancient Greece*, ed. a II-a, Göteborg, 1986.

　　关于从中世纪早期到现代早期的巴尔干商贸地理和商贸文化史，诸多杰出的学者已经对其进行过研究。约一个世纪前，约万·克维吉奇就已经写成了关于巴尔干的巨著①。在此之后，我想特别提到的有 20 世纪 30 年代的 K. 迪特里希和 20 世纪 60 年代的特拉扬·斯托亚诺维奇②。当时，布罗代尔历史学派的"长时段概念"在全球广泛传播，对世界各国历史进行了成果丰硕的学术阐释，其中也包括我们的历史。这一概念，以及同样由布罗代尔在其代表着③的序言中提出的"地理时间"概念，解释了"文明地理框架的惊人的确定性"④，有助于我们更好地理解东南欧这个"微型欧洲"。这是欧洲唯一拥有整个大陆所有宗教的地区，如东正教、伊斯兰教、天主教、新教和犹太教。上述概念也有助于我们理解巴尔干地区的某些恒定因素。人们已经注意到，巴尔干地区的商贸活力可通过早期的牧民流动来解释⑤。西方文化中"商贸 negotium"（即 nec otium，不休息）和修行之间有着明显的区别，东正教却非如此。从后世的观点看，它鼓励贸易，更加世俗⑥，这从土耳其帝国早期的统治体系中便可见一斑。因此，在 17 世纪的欧洲—大西洋地区的贸易是"跟着旗帜走"，在东南欧则演变成了沿着十字军和穆斯林的路线前行的贸易活动。我们可以称之

---

① *La Péninsule Balkanique. Géographie humaine*, Paris, 1918.

② *The Conquering Balkan Orthodox Merchant*, în „The Journal of Economic History", XX, 2, 1960, p. 234-313.

③ *La Mediteranée et le monde méditeranéen à l'epoque de Phillipe II*, Paris, 1948, p. XIV.

④ 同上：*Ecrits sur l'histoire*, Paris, 1969, p. 51.

⑤ T. Stoianovich, 引文如前：p. 290.

⑥ 同上：p. 294.

为"信仰之路",它在西方塑造出一种宗教式、十字军式的精神状态,对罗马和哥特时期的文学和美术产生了影响。

在这里,我首先想到的是基督教在民间的传播路线。这是"小人物"对同样的宗教情感的讲述(不包含丰富多彩的异教信仰或习俗),它们似乎在一些古老的神灵身上找到了原型(例如后世关于"达契亚骑士"和"多瑙河骑士"的神话和圣像),并将其深深地依附在新信仰的英雄崇拜上。对两位被封圣的军人——杜米特鲁和格奥尔基的崇拜就是如此,二人无疑是巴尔干半岛上民间基督教和现代基督教最受尊崇之人。前者是塞萨洛尼基的守护神,对其崇拜经马其顿、塞尔维亚,逐步延伸至匈牙利南部。这条线路贯穿了希腊人和斯拉夫人繁荣的文化和商贸中心,例如在斯科普里、新布尔多、佩奇,都发现了对圣杜米特鲁的崇拜。换言之,圣杜米特鲁崇拜绘制了一张民间对这位圣人形象敏感性的地图。特尔诺沃的阿森王朝在 12 世纪末将其归为己有并非偶然,这正是为了宣示其与 11 世纪马其顿的萨穆埃尔的统治的联系。在塞萨洛尼基,以及在从奥赫里德到色米姆的地区,这种崇拜曾经非常狂热,首先在巴尔干中部和西部通过无数人参与的运动进行传播,后来又在定期集市上(例如塞萨洛尼基的秋季大集,以及始于 14 世纪,在莫纳斯提尔和韦莱斯之间的普里莱普附近举行的"圣杜米特鲁大集")发扬光大,再往后则通过一些小型戏剧或其他记录圣人事迹的方式传播,例如带有圣人肖像的印章,以及德查尼修道院或佩奇修道院中的壁画。最终,需通过为圣杜米特鲁修建教堂而实现对这种崇拜的传播,例如塞萨洛尼基的大教堂已成为整个东正教世界大名鼎鼎的朝圣地，此外还有色米姆、新帕扎尔附近的兹韦钱，以及匈牙利赛格德等地的教堂。所有这些文化现象在地名中也有所反映，例如迪米特罗夫奇（后改称科索沃米特罗维察）、斯雷姆斯卡—米特罗维察（旧称色米姆，在匈牙利文献中被称为 Szávaszentdemeter）。在民间节庆中也产生了回响，例如"萨米特鲁"节就是一个证明，它是马其顿罗马尼亚人纪念圣杜米特鲁的节日。更令人吃惊的是，阿尔帕德时代的匈牙利天主教王朝也依照东正教的规则，而非按照罗马的规则来庆祝圣杜米特鲁日。

　　东南欧另一个地区对圣格奥尔基的崇拜也是不可否认的精神现实。从博斯普鲁斯海峡到多瑙河口，这种崇拜在色雷斯和保加利亚分布极广；在普罗瓦迪亚、瓦尔纳、詹波尔，当然还有君士坦丁堡〔我想到的是"曼加利亚人的"圣格奥尔基（圣乔治）修道院，以及在史料中被称为"圣格奥尔基（圣乔治）之臂"的海湾〕，这些地方都有以他命名的教堂和修道院。同理，我们在东巴尔干及黑海沿岸地区的地名中也可以发现类似的情况，例如从埃迪尔内东部到久尔久的那一段河流的名称，以及多瑙河三角洲被称为的"圣格奥尔基（圣乔治）之臂"的支流。

　　这位圣人后来成为贸易和十字军的保护神（我们都知道在多瑙河东段和黑海沿岸地区，与意大利人的贸易在中世纪有多么重要，而西方文化对这一地区的影响很多时候正是通过热那亚人的这条贸易路线，经博斯普鲁斯的加拉塔至克里米亚的卡法促成的），对其崇拜可归因于拜占庭君士坦丁堡在东巴尔干地区一直具有强大的影响力，而君士坦丁堡这座城市有时因每年举行的春季大集而被称为"圣格奥尔基（圣乔治）之城"。此外，我认为还有必要提一下保加利亚中东部特里亚夫纳地区的传统手工艺和后拜占庭绘画流派，这一流派的画家活跃在 18 世纪下半叶。在整个 19 世纪，圣格奥尔基的圣像依然风行于瓦尔纳、舒门、扬博尔、鲁塞等地，这是对相关地区古老民间审美的追忆[①]。

除了这些民间信仰之路外，东南欧还是拜占庭—斯拉夫人在公元 1000 年前后重要传教路线的起点，也是东正教和伊斯兰教在公元 14 至 15 世纪传播的终点。

克莱门特和璐姆秉承基里尔—麦托迪的优良传统，从奥赫里德开始其传教活动，一直到刚刚在鲍里斯·米哈伊尔领导下皈依基督教的保加利亚，然后又到了尚未开化的塞尔维亚，以及巴萨拉布大公建国之初的瓦拉几亚公国。从君士坦丁堡中心区和阿索斯山（从公元 10 世纪起，许多希腊、巴尔干斯拉夫、格鲁吉亚、俄罗斯和罗马尼亚僧侣都去那里朝拜）发起的传教活动则遍布整个东欧。这事实上是一种双重属性的传教，在传播宗教理念的同时还伴随着带十字架的宗教建筑的传播，代表着拜占庭在宗教斗争中胜利的十字架随处可见[②]。除了这些主要路线外，后来还出现了一些通往巴尔干地区其他精神温床，如帕罗雷亚和基里法雷沃的路线，这些路线将一些小团体连接在一起，使东南欧地区的隐

---

① R. Theodorescu, 引文如前: p. 30-32.

② 同上: *À propos du plan triconque dans l'architecture du Sud-Est européen du Haut Moyen Age*, în *Roumains et Balkaniques...*, p. 163-175.

修生活得以巩固。在公元 11 世纪初，这些小团体通常在洞穴教堂
中开展隐修生活，甚至是禁欲生活，其范围从卡帕多西亚、土耳
其和保加利亚的色雷斯地区，一直延伸到保加利亚北部、多布罗
加、克里米亚和高加索。还有人提出假设，认为高加索地区还通
过安条克的亚那他修，即阿索斯大修道院的创始人，对巴尔干的
宗教艺术产生了影响[1]。

　　但必须要指出的是，如果这种影响是真实存在的，那它必定
属于一个更为宏大的篇章，远远不止中世纪早期巴尔干地区与亚
美尼亚或格鲁吉亚的关系问题（由此可以想到五世纪佩鲁什蒂察
的碑刻，以及 6 世纪巴奇科沃的碑刻）。实际上，它属于"黑海东
南欧共同体"这个相对较新的概念[2]，这一概念在过去具有突出的
文化意义，在当前具有重大的经济价值，也许未来还会具有难以
估量的政治前景。

　　后来，在 1300 到 1400 年间，东方的"国际静修主义"（我曾
将其同一时期西方的"哥特式国际主义"进行比较[3]）得以构建出
一个完整的路径网络，帕拉马斯东正教隐修派的杰出人物们曾沿
着这些路线行走，生活在一个国际化的氛围中。这让我想起了多
明我会、方济各会等天主教托钵修会，以及同一时期的苏菲派、

---

[1] C. Mango, *Les monuments de l'architecture du XI-e siècle et leur signification historique et sociale*, în *Travaux et memoires*, 6, 1976, p. 351-365.

[2] R. Theodorescu, *Le Sud-Est européen et la comunauté pontique, în Roumains et Balkaniques...*, p. 438-447.

[3] Idem (în colaborare cu E. Condurachi), *L'Europe de l'Est, aire de convergence des civilisations*, p. 58-59.

拜克塔什派伊斯兰神秘主义者走过的道路及所处的精神氛围。从格里戈雷·锡纳伊特到特尔诺沃的迪奥多西耶、特尔诺沃牧首埃夫蒂米耶（他是伟大的斯拉夫字母改革者），再到格里戈雷·扎布拉克，四代人沿袭着真正的精神谱系不断发展，拥有大批塞尔维亚、保加利亚、希腊、俄罗斯和罗马尼亚信徒。他们走过的路线将塞浦路斯岛与阿索斯山、君士坦丁堡与梅森布里亚、莱姆诺斯岛与德查尼修道院、摩尔多瓦与立陶宛、基辅与莫斯科连接了起来。借用迪米特里·奥博伦斯基的术语[①]，这里属于"拜占庭联邦"的一部分，20多年前的研究还发现了一些与之平行但鲜为人知的宗教路线。1400年前后（其影响一直延续到16世纪），一些穆斯林踏上了这些道路，来到西方伊斯兰教在巴尔干的分支。他们追随的精神领袖在教义方面有极大的灵活性。以萨马夫纳的什叶派人士贝德雷丁为例，他是一位真正的文化融合泰斗，倡导苏菲主义中的超宗教因素，包括源自中亚地区游牧民族和萨满教的某些塞尔柱传统，表现为风格杂糅的仪式和庙宇，甚至会用基督教仪式去拜谒某些穆斯林术士的陵墓[②]。

此类宗教现象在保加利亚东部尤为典型。这里的道路连接着小亚细亚、从瓦尔纳到白堡的黑海海滨、埃迪尔内、锡利斯特拉和蒙特尼亚。在蒙特尼亚，至今还能在一些基督教教堂见到清真

---

① *The Byzantine Commonwealth*...M. Balivet, *Islam mystique et révolution armée dans les Balkans ottomans. Vie de cheikh Bedreddin, le „Hallaj des Turcs" (1358/ 59 – 1416)*, Istanbul, 1995, p. 28, 58, 62.

② M. Balivet, *Islam mystique et révolution armée dans les Balkans ottomans. Vie de cheikh Bedreddin, le „Hallaj des Turcs"(1358/ 59 – 1416)*, Istanbul, 1995, p. 28, 58, 62.

寺的装饰痕迹。如果对东南欧的历史不够了解，就很难想象这种视觉上的宽容度①。

在东南欧还存在着其他的宗教路线。首先是"巴尔干异端"的路线（后来一直延伸到意大利和法国的地中海沿岸地区），源自小亚细亚的伊朗的二元神教——摩尼教通过这些路线渗入保加利亚的色雷斯地区，特别是以博戈米尔派的形式在波斯尼亚产生了广泛影响，且波及多瑙河南北两岸②。方济各会的史料③使我们得以窥见从巴尔干半岛中西部到特兰西瓦尼亚的"异端链条"的真相④。

此外，还有中世纪十字军的行军路线，它几乎与从意大利、匈牙利和特兰西瓦尼亚到阿德里安堡和君士坦丁堡朝圣的路线重合。最后，还有一些同时是宗教之路、政治之路、贸易之路，它们通往东南欧宗教首都，例如奥赫里德和斯图代尼察、佩奇和特尔诺沃、阿尔杰什苑和苏恰瓦，那里是国王的加冕之处，是王室的陵寝，安放着供后人瞻仰的圣物和艺术品⑤。

巴尔干贸易路线的历史与这些信仰之路联系在一起，共存于

① R. Theodorescu, *Tolérance et art sacré dans les Balkans: le cas valaque autour de 1500,* în *Roumains et Balkaniques...*, p. 267-275.

② D. Obolensky, *The Bogomils. A Study in Balkan Neo- Manichaeism,* Cambridge, 1948; S. Runciman, *Le manichéisme médieval. L'hérésie dualiste dans le christianisme,* Paris, 1949.

③ Ş. Papacostea, *La fondation de la Valachie et de la Moldavie et les Roumains de Transylvanie: une nouvelle source,* în „Revue Roumaine d'Histoire", 3, 1978, p. 389-407.

④ 在 „Itinerarul de la Bruges la finele secolului XIV-lea" 中被称为 „terra de Zevenberghe", în *Călători străini despre ţările române,* I, Bucureşti, 1968, p. 21-25.

⑤ R. Theodorescu, „*Monumentum princeps" et genèse d'Etats en Europe orientale au Moyen Age,* în *Roumains et Balkaniques...*

一个兼容并蓄的世界中，而宗教早已与贸易活动相适应[1]（13、
14、15 世纪海权帝国时代的热那亚和威尼斯的便是如此，一切都
在至高的威尼斯帝国的主导之下）。在那里，从特拉佩松特出发到
佩拉，或从白堡出发到卡法的意大利商人经常会遇见来自"鞑靼
教区"的方济各会兄弟[2]。这些商人和传教士在"利沃夫大道"上
擦肩而过，就像往来于特拉佩松特和伊朗之间的基督徒和穆斯林
一样。这条横贯大陆的路线从萨珊王朝时期就已存在，然后经历
了蒙古人统治时期，直至 19 世纪初（1829），在苏伊士运河开通
（1869）之前，还被英国人用于和第比利斯开展贸易。

　　不过，东巴尔干这些属于商人和方济各会修士的路线同时也
处于希腊语使用区。在巴列奥略王朝治下，这里曾长期流通拜占
庭货币，并归君士坦丁堡大教区管辖，从瓦尔纳、卡利亚克拉到
梅森布里亚，一路都设有牧首区。在 16、17 世纪，这还是一条
"拜占庭后的拜占庭"之路。信奉东正教的黎凡特人支配着奥斯曼
帝国治下若干个大城市（斯塔姆布尔、艾迪内尔、普罗夫迪夫等）
的贸易。当时正处于相对稳定的"奥斯曼帝国统治下的和平"时
期，在土耳其与地中海东部的摩洛哥、的黎波里、开罗开展贸易
时，东南欧各国获得了优先权[3]。到 1600 年，东正教商人的作用

---

[1] R.S. Lopez, *Le marchand génois. Un profil collectif*, în „Annales", 3, 1958, p. 505-506.

[2] D. Bryer, *The Latins in the Euxine* (extras), Atena 1976, p. 10.

[3] T. Stoianovich, 引文如前：p. 237-278; 关于土耳其人统治之前及统治期间的巴尔干
　　通道，还可参见：V. Tăpkova-Zaimova, *La transition entre l'antiquité et l'epoque ottomane.*
　　Les routes terrestres au Moyen Age, în *Association Internationale d'Études du Sud-Est Eu-*
　　ropéen. Bulletin, XII, 2, 1974, p. 15-21.

变得越来越重要。在后拜占庭时代，这些精明的商人取代了穆斯林、信奉天主教的斯拉夫人、意大利人和犹太人①（由于一个叫沙巴泰·泽维犹太拉比被捕后皈依伊斯兰教，塞萨洛尼基犹太社群的影响力被大大削弱）②在这个非基督教帝国中的城邦执政官地位（例如"恶魔之子"米哈伊尔·康塔库济诺就是一个"伟大的实用主义者"）。巴尔干半岛西部的一些路线的重要性也不断增长，它们从塞尔迈湾通往索非亚和维丁，以及日益繁华的约阿尼纳、莫纳斯提尔、斯科普里等城市。不应忘记的还有，在16世纪初，连接巴尔干和意大利的路线也同样重要。他们从威尼斯通往萨格勒布，通过卢布尔雅那将弗留利地区和布达连接起来。在南部则有连接达尔马提亚和安科纳的路线，文献中曾提到"土耳其商人和其他毛梅塔尼人"③。

在这些贸易路线之外，16世纪末法马古斯塔陷落和莱庞托战役之后，又出现了一条被塞浦路斯人用于宗教大逃亡（包括教士、修士、编年史家、插画师）的路线。他们渡过多瑙河，来到罗马尼亚人的公国，并在喀尔巴阡山脚下促成了一场地中海希腊文明的大繁荣。

到世俗化的启蒙时期后（从18世纪一直延续到19世纪中叶），我们发现在东南欧和小亚细亚西部，古代和中世纪的信仰之路已经蜕变为贸易支持下的现代的教育之路，并引起越来越多

① T. Stoianovich, 引文如前: p. 244.

② 同上: p. 247-248.

③ 同上: *Pour un modèle du commerce du Levant: économie concurrentielle et économie du bazar – 1500-1800*, p. 63.

人的兴趣和关注①。在那里，希腊语既是用于学校教育的语言，也是用于市场交易的语言，就像在从前，希腊语就等同于东正教一样。随着奥斯曼帝国的保护日益衰弱，一些非常重要的地区（塞尔维亚、希腊，以及罗马尼亚各公国）对土耳其帝国的依附关系也发生着变化。这与民族意识的觉醒，以及1800年前后神职人员频繁参与，并由富商资助的各类学校的活动密切相关。例如，西奥多·卡瓦利奥蒂斯在莫斯科波莱创办的学校、尤金尼奥斯·沃尔加里斯在瓦托佩迪创办的阿索斯学院、科孚的"爱奥尼亚"学院。同时，一批新兴城镇也变得繁荣起来，例如瓦拉几亚人居住的克鲁舍沃。

此外，奥斯曼帝国在坦齐麦特时期也兴建了一批多民族、多宗教学校，穆斯林、天主教徒、东正教徒会聚在一起。土耳其境内，以及新的希腊王国境内的天主教和新教教士也行动了起来，这与西方贸易活动对东南欧的影响不无关系。巴尔干各地的商人（包括马其顿人、色萨利人、伊庇鲁斯人、塞尔维亚人、犹太人、亚美尼亚人、瓦拉几亚人）得以在整个哈布斯堡帝国自由通行，包括伏伊伏丁那、匈牙利、特兰西瓦尼亚、巴纳特，直至维也纳，甚至可以抵达比神圣罗马帝国首都更远的地方，进入日耳曼人的区域。例如在那个时代，各地的著名商人都去莱比锡进货，奥地利、萨克逊和普鲁士的纺织品制造商则使用来自马其顿和色

① Ch. M. Meletiadis, *Routes of Commerce, Routes of Education. The Influence of the West European Paradigm of Greek Education in the Ottoman Empire in the Nineteenth Century,* in *Library of Mediterranean History,* ed. V. Mallia, M. Laues, II, Malta, 1995, p. 73-107.

萨利的原材料[1]。

　　显然，这种情况似乎与某些学者的观点一致。他们认为，自从我们迎来现代的曙光，在欧洲大陆东部的"帝国间"体系中[2]，作为原材料储备地的东欧与作为消费市场的西欧之间的边界，与分隔土耳其帝国和奥地利帝国的边界是一致的，也与沃勒斯坦在其名著《现代世界体系》中提出的欧洲划分相吻合。经济地理学与宗教地理学的细节匹配度表明，东南欧在各个时代都是一个与众不同的地方。正是由于这些宗教和贸易路线的存在，它具有极大的开放性，同时也因其文化发展走向而具有特殊性。从这个角度看，欧洲大陆所有宗教的信徒，以及所有货物都曾穿越东南欧，这里曾经是一个包容和富庶的典范（我们认识到这是一个自相矛盾的历史讽刺）。

　　如果说今天，我们对这个地区的印象反而是不包容和贫困，我认为这种情况往往是由于我们对自身的发展历程普遍存在肤浅而刻板的看法。

---

[1] T. Stoianovich, *The Conquering...*, p. 260.

[2] Ph. Braunstein, *Livres de compte et routes commerciales dans les Alpes orientales et les Balkans au XVI-e siècle*, în „Annales" I, 1972, p. 255.

一位“巴尔干研究者”

在那个并不宽松的时代，德国学者克劳斯·德特勒夫·格罗索森作为埃米尔·康杜拉奇[1]的忠实合作者，为了纪念这位我们刚刚缅怀过的导师写下了一段话，其中有一句话既生动又令人信服：“对于东南欧的整整一代学者而言，埃米尔·康杜拉奇堪比一整个研究机构。”[2]

三大洲许多国家的学术界一直给予他高度的信任，即使在这些地区，也很少有学者能获此殊荣。20多年来，他一直是国际东南欧研究学会真正的精神导师。1963年4月23日，他成为该学会的创始人之一。除了南方人与生俱来的社交天赋外，他还具有“巴尔干基因”，这从他年轻时对欧洲大陆东南部的关注就可见一

---

① 本章中作者用“父亲（Pater）”来指称埃米尔·康杜拉奇。为避免指称混乱，译文均用原名。——译者注

② *Association Internationale d'Etudes du Sud-Est Européen. Bulletin*, XIX-XXIII, 1-2, 1993, p. 107. 在 *Pater*（Bucureşti, 1995, p. 78-81）一书中，阿尔巴尼亚教授 Kopi Kyçyky 将埃米尔·康杜拉奇身后出版的第一部作品中的一小章命名为“巴尔干研究者”。

斑。作为奥雷斯特·塔夫拉里的助手，康杜拉奇在某种程度上追随了老师的脚步（他关注拜占庭时期的萨洛尼卡，以及卡拉提斯和狄奥尼索波利斯的古迹，并在那里进行过发掘）。20世纪30年代后期，他曾暂居瓦莱朱利亚和丰特奈·奥罗西，40年代前半期在布加勒斯特高等档案学校从事教学和科研工作，之后又在布加勒斯特大学历史系工作数十年，所有这些工作都集中关注东南欧的古代文明和中世纪早期文明。

来自帕塔利亚和菲利波尔的钱币[1]，来自安科罗斯、马尔西亚诺波利斯或尼科波利斯阿德伊斯特鲁姆，带有普拉克西特列斯和留西波斯两位著名古典雕塑家头像的钱币[2]；基齐库城、赫勒斯邦和多瑙河之间的贸易通道；来自奥德索斯城，面额四德拉克马，与"上神"崇拜相关的钱币[3]；来自托米斯的伊西亚克浮雕（它们曾被认为是基督教的浮雕）；来自埃及的影响，例如下默西亚和色雷斯的塞拉皮斯崇拜[4]；雅典的尼禄·克劳狄·德鲁苏斯崇拜[5]；宏伟的泛希腊圣殿，如亚得里亚海—巴尔干地区多多纳的伊庇鲁

[1] *Sur la carrière de Q. Tullius Maximus gouverneur de Thrace,* în „Anuarul Institutului de Studii Clasice", III, 1936-1939, p. 148-152.

[2] *Une copie monétaire d'une sculpture attribuée à Lysippe*, în „Balcania", VII, 1945, p. 216-224.

[3] *„Zeul Mare" de pe monetele din Odessos* (extras), Bucureşti, 1940.

[4] *Sur deux bas-reliefs „chrétiens" de Tomis*, în „Arta şi arheologia", 13-14, 1937-1938, p. 1-3; *Gordien et Sérapis sur les monnaies pontiques* (extras), Bucureşti, 1938.

[5] *O formă particulară a cultului imperial la Atena: cultul lui Drusus,* în „Studii şi cercetări de istorie veche", 1, 1950, p. 259-264.

斯圣殿的作用[①]；此外还有拜占庭的某种礼拜空间，它紧邻大教堂
的前堂，被称为"侧厅"[②]——这些主题纷繁复杂，但它们所属的
文化空间是一致的，青年时期的埃米尔·康杜拉奇在雅西的《艺
术与考古学》和布加勒斯特的《巴尔干》（由维克托·帕帕科斯特
亚教授担任主编）上发表的文章对其均有涉猎。维克托·帕帕科
斯特亚创建的巴尔干研究院一直存续到 1948 年，希腊学者克莱布
尔·楚卡斯称之为"我们半岛上所有巴尔干研究院之父"，康杜拉
奇教授则称其为"真正的巴尔干研究理论缔造者"[③]。

　　当然，这一阶段的高潮当数康杜拉奇 28 岁时发表的博士论
文。该论文以伊利里库姆的基督教遗迹[④]为研究对象，堪称一部研
究东南欧文明史的必读书。它不仅涉及达尔马提亚和潘诺尼亚的
现状，还从[⑤]两个默西亚和达契亚的现实情况出发，参考了拉丁文
和希腊文碑刻、雕塑、马赛克、丧葬绘画、宗教建筑等遗迹。在

---

① 这是一部晚期的研究成果，但仍根植于其青年时代开展的研究工作：*Dodona și
raporturile sale cu lumea balcanică*, în „Studii și cercetări de istorie veche", 2, 1970, p.
235-243.

② *Le mitatorion. Notes d'archéologie chrétienne*, în „Arta și arheologia", 9-10, 1935, p.
33-35.

③ 这是在这位学者逝世 15 周年时所做的回忆："维克多·帕帕科斯蒂亚致力于推动巴
尔干民族、历史和语言的比较研究，并提议编写一部东南欧民族通史，他真正发展
了巴尔干研究理论。他在《巴尔干人》第六卷中阐述了自己的目标和方法，并在巴
尔干研究所和《巴尔干》杂志内建立了一套完整的计划。"（*Association Internationale
d'Etudes du Sud-Est Européen. Bulletin*, XV-XVI, 1977-1978, p. 529）关于维克多·帕
帕科斯蒂亚生平的最新文献见：N. Ș. Tanașoca, *Balcanologie și politică în România
secolului XX*, București, 2010.

④ *Monumenti cristiani nell 'Illirico*, în „Ephemeris Dacoromana", IX, Roma, 1940.

⑤ 上下。——译者注

谈及罗马时期，一些非洲钱币从努米底亚流通到多瑙河流域，以及达尔马提亚史料中的"城市""殖民地""居住点"时，他也会将其与西巴尔干联系起来。

即使在酷烈的战争中，以及在战后复杂而痛苦的环境中，埃米尔·康杜拉奇对巴尔干地区的兴趣也不见丝毫衰减。在"冷战"正酣的20世纪60年代初，巴尔干半岛及这一地区的国家间关系出现了短暂但确切无疑的自由化倾向，学术研究的一个新阶段也由此开启。这一点在这位罗马尼亚天才学者的经历中有着充分的体现，此前他早已声名鹊起。1962年7月至1963年4月间，他开始在锡纳亚和布加勒斯特主持筹建一个国际性非政府组织，也就是后来的国际东南欧研究学会。该机构以罗马尼亚的首都为核心，埃米尔·康杜拉奇则是其中起决定性作用的人物。我们都知道，在维吉尔·坎德亚、瓦伦丁·利帕蒂和尼古拉·福蒂诺等知识分子的协助下，这位教授在此做出了历史性的贡献。凭借深厚的学术造诣和超凡的学术敏感性，他将联合国教科文组织对"东西方重大课题"的关注和个人学术兴趣，以及罗马尼亚在战前对东南欧的学术研究（得益于尼古拉·约尔加撰写的成果和建立的机构）巧妙地结合了起来。

在这里，康杜拉奇遇见了很多年长或年轻同行，其中既有古典学家、中世纪研究者、近现代研究者，也有考古学家、历史学家、艺术史专家和文学史专家，从而形成了一种堪称典范的跨学科研究方法。他在此结识了丹尼斯·扎基西诺斯、贝德雷廷·通塞尔、皮埃尔·德马涅、弗兰乔·巴里西奇、皮埃尔·德万贝兹、哈利勒·因纳尔奇克、莱昂德罗斯·瓦努西斯、尼古拉·托多罗夫、安德烈·米朗贝尔、米卢廷·加拉沙宁、弗拉基米尔·格奥尔基耶夫、亚历克斯·布达、阿戈斯蒂诺·佩尔图西、马诺里斯·查兹达基斯、罗纳德·赛姆、让·端木松等人。这些杰出的欧洲人文学者会聚一堂，非常善于规避各种新旧冲突，就欧洲大陆这个最引人注目的角落发表观点，著书立说。

作为学会中最活跃、最高产的成员，埃米尔·康杜拉奇在该学会成立十周年之际向这些学者，以及 1963 年学会成立这一历史时刻表达了自己的敬意。他写道："在人类群体的历史中，总会有那么一些时刻，让人们在短短几年间开展的活动凝聚成一个社会或政治事实，或者是一个团体。即使它的规模十分有限，也会发展成一个真正的机构。"[①]这位全方位研究巴尔干半岛古代文明的历史学家从一开始就知道，可以成为国际学术合作基础的正是该地区古老的同质性因素。埃米尔·康杜拉奇还写道："有些因素不会消失，而是恰恰相反……如果回过头来俯视全局，会发现那些在地域、生理、精神、经济和社会层面的差异只是凸显了东南欧作为一个整体，具有丰富多样的地理和人文景观。而这个整体又是一个更大的整体，即地中海及其延伸出去的爱琴海、亚得里亚海和黑海的组成部分。"[②]在这个地区，汇聚了各种各样的地缘政治考量。多年来，这个观点遭到无端封禁，至今仍然很少被提及。正

---

① *L'AIESEE à son Xe anniversaire – esquisse d'un bilan du passé et de ses perspectives d'avenir*, în *Association Internationale d'Etudes du Sud-Est Européen. Bulletin*, XI, 1-2, 1973, p. 27.

② 同上：p. 28.

如地缘政治学的创始人之一鲁珀特·冯·舒马赫所写的那样，东南欧就是亚得里亚海最北端的里雅斯特和黑海最北端的敖德萨之间的地区 [①]；这样的观点让今天的我们有资格从政治和文化层面谈论"欧洲—地中海主义"，其中也包括东南欧（在巴勒莫学会的一次座谈会上曾探讨过这个问题）[②]，或者该地区经黑海向高加索地区的延展 [③]。这已成为我们当前和未来制定政策的一个基本要素。

　　对于埃米尔·康杜拉奇的外交能力，众说纷纭。有很多说法仅仅是臆测，而且并不总是善意的。我想再次强调的是，他具有高超的外交技巧，这源自他作为学者的文化修养和深厚涵养。研究巴尔干问题这一如此敏感的话题，必须要有一个来自不同领域专家组成的团队。埃米尔·康杜拉奇凭借对这一地区历史的深入了解，真的成了在波涛汹涌的大海中航行的船长。这是 1968 年 9 月初著名的玛玛亚讨论会 [④] 结束时，人们给予他的评价。这次研讨会会聚了欧洲人文学科的精英，而且是在华约部队入侵捷克斯洛伐克仅 10 天后举行的，当时罗马尼亚已经与其他社会主义国家划清了界线，正孤悬在摇摇欲坠的海岸之上，随时可能面临来自南方和北方的狂风巨浪。"外交官"康杜拉奇 1973 年在纪念东南欧研究学会成立十周年（1962—1963）之际曾经说过，有必要

① R. Theodorescu, *Europe sud-orientale et Europe centrale: deux concepts géopolitiques dans l'historiographie des deux derniers siècles,* în *Regards d'historien,* București, 2009, p. 106.

② 同上: *Entre Palerme et Bosphore: les assises médiévales d'un euroméditerranisme contemporain,* în *La Sicilia, il Mediterraneo, i Balcani. Storia, culture, lingue, popoli,* Palermo, 2006, p. 11-16.

③ 同上: *Le Sud-Est européen et la communauté pontique,* p. 53-59.

④ *Sources archéologiques de la civilisation européenne,* București, 1970, p. 299.

规避或推迟敏感的议题，特别是那些和 20 世纪政策相关的议题：
"人们在精神上还没有准备好处理棘手的问题。在我们学会成立之
前的几年里，他们的各种观点已经引发了相当激烈的争论……但
是，我想再次强调，和过去相比，如果我们的客观性出现一丁点
儿含糊，如果我们探讨的学术目标出现一丁点儿失误，就有可能
造成严重的损害，甚至使十年来愉快合作取得的丰硕成果毁于一
旦。"[①] 埃米尔·康杜拉奇和他那一代的学会创始人的教诲已经有了
结果。严峻的区域性政治危机并没有对我们这个组织学术活动的
正常开展造成负面影响：1965 年，在地拉那举行过一次研讨会，
当时阿尔巴尼亚已经被完全孤立。我们中有一些人还记得那次会
议。后来，在 1995 年和 2004 年，正是通过我们学会举办的座谈
会和全体大会，再次将这个对东南欧形象如此有代表性的国家引
入国际学术圈。1974 年的塞浦路斯危机没有阻止来自希腊和土耳
其的学者出席在布加勒斯特举行的第三届大会，1999 年的塞尔维
亚战争没有阻碍学会在布加勒斯特召开第八届大会。

　　从埃米尔·康杜拉奇早期对巴尔干地区的研究成果中，就可
以明显看到他的多学科视野和无时不在的比较意识。他最感兴趣
的是东南欧文明中具有永久性、一贯性和综合性的东西，在 20 世
纪 60 年代末和 70 年代学会组织的研讨会和大会上，我们可以从
与会者广阔的视野中找到这些元素。例如，康杜拉奇教授这样解
释东南欧地区对希腊和罗马的义务造成的"长期"后果："这是一

---

① *L'AIESEE à son X[e] anniversaire...*, p. 42-43.

种现象的开端，这种现象的起源存在诸多分歧，在历史、政治、宗教、艺术等各个方面都有着双重性的体现，并且伴随着巴尔干地区此后的整个发展过程。"[1] 另一个层面（也是该地历史上永久存在的）是巴尔干定居民族与游牧民族的共居。"整个东南欧都出现了一种独特的混居现象，"康杜拉奇写道[2]，"一方面是在行政管理、文学和法律语言、宗教信仰和意识形态领域的拜占庭、希腊和罗马传统；另一方面则是外来者的规程和传统，包括他们带来的政治和宗教体制、各种方言和习俗……在不同历史阶段，上述这些方面的重要性依次体现：中央集权国家有着罗马、拜占庭或奥斯曼帝国的行政管理体系；随着中世纪早期哥特人、阿瓦尔人和斯拉夫人入侵，中央集权土崩瓦解。"

1969 年在普罗夫迪夫举行的一次研讨会上，与会者主要借助从荷马到赫西奥德的希腊语史料[3]，对巴尔干人的民族起源进行了探讨，话题从阿凯亚人和多里安人延伸到色雷斯人和伊利里亚人。在这次愉快的交流中，学者们将考古发现与文字记录融合在一起，而将东南欧与地中海关联起来，也一直是学会秘书长关注的问题。这后来成为一些国际会议的经常性主题，并赢得了联合国教科文组织的赞赏。"……如果说这两个伟大的地理和人类群体（地中海地区和巴尔干半岛）彼此接触的话，我们对于这两个地方以何种方式、在何种程度上实现互补依然知之甚少。毫无疑问，

① 同上：p. 30-31.

② 同上：p. 32.

③ *Izvoarele greco-latine asupra etnogenezei vechilor populaţii balcanice*, în „Studii şi cercetări de istorie veche", 3, 1969, p. 369-391.

在这样一个庞大的框架内……对这两个伟大的地区进行归类定义绝非易事。随着时间的推移，地中海这个巨大的内湖经历了伟大的统一和繁荣。然而，同样拥有肥沃土壤、绵延山脉和广阔森林的东南欧却一直被阻隔在不可逾越的边界之外。正因为此，除了希腊及其岛屿之外，我们这个地区乍一看似乎并未充分利用好与'我们的海'相邻的得天独厚的优势。"[①]

埃米尔·康杜拉奇学术生涯中一个特殊的时刻，是 1980 年在布加勒斯特举行的第十五届国际历史科学大会。会上，他就"东欧，文明交汇的地区"这一宏大主题撰写了总报告的第一部分。他还给了我一份永志难忘的殊荣，让我参与撰写该报告的第二部分。"斯基泰游牧民族、本地农民和希腊水手"和"罗马的边疆"等章节深刻地勾勒出了这半块大陆的文明起源[②]。

埃米尔·康杜拉奇作为一名学者，对其使命有着坚定的信念。他坦言自己对东南欧有着深厚的感情，甚至可以说是悲天悯人的情怀。但是，他却可以用优雅的词句来表达这种悲悯。正如在一次专门讨论传统与文化创新的研讨会上，他在总结中所说的[③]："我们热爱欧洲的这个部分。我们深爱着它，尽管它有时可能会孕育出一些过于主观的看法。"[④] 他说自己还记得乔治·杜哈梅尔那句痛

① *Avant-propos*, în *Association Internationale d'Etudes du Sud-Est Européen*, XI, 1-2, 1973, p. 54-55.

② E. Condurachi, R. Theodorescu, *L'Europe de l'Est – aire de convergence des civilisations*, p. 9-87 (partea scrisă de Profesor este la p. 12-44 și a fost reluată parțial în „Diogène", 111, 1980, p. 116-140).

③ *Tradition et innovation dans la culture des pays du Sud-Est européen*, București, 1969.

④ 同上：p. 144.

苦的名言，巴尔干对其而言是"我们欧洲的亚洲"[①]。正因为此，那位学者几十年前在雅西大学开始了巴尔干研究生涯，并相继在布加勒斯特大学、考古研究所、罗马尼亚科学院，以及在其领导下走向卓越的国际东南欧研究学会任职。他凭借自己的才智和不息的批判精神，对这一研究方向寄予厚望："我们坚信，没有任何人，任何一位严谨客观的历史学家在撰写欧洲文化史的时候，可以忘记东南欧从古至今给予我们的一切。"[②]

我们作为埃米尔·康杜拉奇的学生，竭尽所能地从大师那里了解事物和人类在世界浩瀚历史中的行为尺度，并延续老师的期望，热爱巴尔干这片年轻而古老的土地。在我们的学术经历中，也永远不会忘记埃米尔·康杜拉奇这位毋庸置疑的先驱。

[①] Apud E. Condurachi, *Le Sud-Est européen: permanences du passé et du présent*, în *Daco-Romania Antiqua*, Bucureşti, 1988, p. 3.

[②] *Tradition et innovation...*, p. 149. 埃米尔·康杜拉奇为该学会做的最后一份总结是 *Association Internationale d'Etudes du Sud-Est Européen (AIESEE). Buts et activité (1963-1977)*, Bucureşti, 1978. 我想指出的是，这位教授 1987 年 8 月 16 日离世后，学会再未提供过奖学金，未出版过文集，1963 年后成立的委员会也名存实亡了。

"遗存"：艺术的篇章，
从福西雍到巴尔特鲁沙伊迪斯

亨利·福西雍在他生命的最后几个月，仍在耶鲁大学撰写一部著作。这部遗著中有一个振聋发聩的标题，足以涵盖这位学者的所有研究计划，及其整个学术生涯："中世纪。遗留问题与启示。艺术和历史研究。"[①]

70年前，这本书在美国出版，其中有一篇关于罗马尼亚古代艺术的文章[②]。文中提到1925年在巴黎的国立网球场现代美术馆举办了一场罗马尼亚艺术展，策展人是扬·坎塔库齐诺、尼古拉·约尔加和瓦西里·珀尔万等人的好友[③]，他希望通过自己的作品向罗马尼亚人民"骄傲、快乐、英勇、充满梦想的伟大灵魂"致敬[④]。

---

① 1943, Brentano's, New York, ed. a II-a, Montréal, 1945, la care se fac trimiterile.

② *L'ancien art roumain*, p. 185-201.

③ G. Oprescu, *Un grand historien d'art, ami des Roumains: Henri Focillon, extras,* Bucureşti, 1944.

④ *L'ancien art...*, p. 201.

此外，书中还收录了一些基础性研究论文，以便人们了解福西雍对欧洲艺术史的看法。例如：1940 年 11 月敦巴顿橡树园图书馆落成大会上发表的"史前和中世纪"[1]，以及"罗马式雕塑在法国艺术中的遗存"[2]。

亨利·福西雍兼具批评家、鉴赏家、玄学家、诗人等多重身份。但是在康涅狄格州那所著名大学[3]的校长查尔斯·西摩（他曾为这位集 19 世纪自由主义思想和 20 世纪动荡思潮为一身的伟大法国流亡者提供庇护）看来，他首先是一位历史学家。西摩写道："我一直在琢磨他，觉得他希望被看作一位历史学家。"[4]

他在法国和美国的忠实门徒被称为福西雍派。在他们的记忆中，这位学者对物质世界和精神世界具有敏锐的直觉，总是有一些基础性的发现，而"遗存"理论便是其中之一。

在一篇题为《城市里的山》的文章（这篇探讨城市空间的文章发表于 1928 年，居住在帕特农神庙背后公寓中的作者回想起了圣吉纳维芙山）里，福西雍将自己定义为一个对未知世界的探索者："然而，我依然执着于品味谜题。那些已知的、普遍的、熟悉的事物依然会被足够怪异的东西所触动，使我得以尝试发现的快乐和不安。"[5]

---

① 同上：p. 13-30.

② 同上：p. 89-107.

③ 耶鲁大学。——译者注

④ Ch. Seymour, *Henri Focillon and Yale*, în „Gazette des Beaux Arts", iulie-decembrie 1944 (Mélanges Henri Focillon, New York, 1947), XXVI, p. 7.

⑤ H. Focillon, *Le Mont dans la ville*, Paris, 1928, p. 11.

福西雍在 1928 年布拉格举行的第一届国际民间艺术大会的《纪要》序言中写道："所谓'遗存'，就是'延迟的时间……往昔在那里变得与当今同时'。"史前文化在民间艺术中的遗存不仅仅止于形态，套用一个时髦的词来说，它还是一种心理认同的表现，这种心理特征既神奇，又充满灵性。

福西雍在《形式的生命》中写道："延迟时间的文化通过遗存体现出一种自然的面貌，包括方言土语、信仰、民间传说……，和民间艺术。完全意义上的发明，则已经消失了。"此外，他还举了一个例子，并用一个反问句来进一步加以说明："民间艺术似乎延续了新石器时代的艺术风格，但与其说是直接的血缘关系，不如说是世代相传的遗产，难道不容许在这种特性之中看到一种相同知识结构的衡量吗？"[1]

基于这一发现，这位法国学者将形态上的"遗存"确定为一种"主导思想"。他在耶鲁大学的助手，后来在威廉姆斯学院（马萨诸塞州威廉镇）担任教授的小萨姆森·莱恩·费森写道："亨利·福西雍通过其新鲜视角带来的这些意想不到的发现……就像他宏大思想构成中的优美音符。"[2]

对于这位不容忽视的历史学家〔1934—1935 年前后，他在关于皮耶罗·德拉·弗朗西斯卡的演讲（后来成为他的遗著）[3] 中曾经说过，通过几代人的传承来揭示古老形式的蜕变至今仍是从事

---

[1] 同上：*Introduction, în Art populaire. Travaux artistiques et sci- entifiques du I-er Congrès International des Arts Populaires, Prague, 1928, I*, Paris, 1931, p. XII-XIII.

[2] S.L. Faison jr., *Survivances et réveils*, în „Gazette des Beaux Arts", iulie-decembrie 1944, p. 48.

[3] *Piero della Francesca*, Paris, 1952, p. 14.

历史这门高贵科学的一种方式〕而言，历史是一种不可分割的，由"早熟、现实及延迟"共同编织的结构。其中最为重要的则是这些"延迟"，它们成为艺术史研究的一个篇章，并作为一门人文学科"向我们展示了叠加在同一时刻的遗存和预言，舒缓、迟滞、当下的形式与大胆、迅猛的形式同时存在"[1]（这句话出自1934 年福西雍最著名的文章《形式的生命》）。

从地质学角度来看，除了黑格尔式的演进之外，人类历史在他另一本未竟著作《千年》（正如他早期的著作《从日耳曼中世纪到西方中世纪》[2]）的引言中被称为"地质层的重叠。它们的倾斜角度不同，有时突然被断层割裂。在同一时间、同一地点，我们能够捕捉到地球的好几个时代，而每一个已经消逝的时间片段都是过去、现在和未来"[3]。

显然，遗存并不是风格上的延续，不是那种从中世纪到卡洛特、勃鲁盖尔或伦勃朗时代在形态上的延伸[4]。遗存是被大地吞噬后消失的江河又重新出现在了地表（它们是真正的"地下径流"）[5]，它们作为幸存下来的形式不断自我更新，就像那些在充满野性元素（比方说尾巴分叉的美人鱼，面目狰狞的狮子）的哥特时期的罗马元素一样。更叹为观止的是那些遗存在罗马风格中的希腊时代元素，例如拱廊下的人物，从基督教石棺到奇维达莱和

———————

① *Vie des formes*, Paris, 1934, p. 82.

② *Moyen Age. Survivances...*, p. 31-53.

③ *L'an mil*, Paris, 1952, p. 14.

④ H. Focillon, *L'art d'Occident, le Moyen Age roman et gothique*, ed. a IV-a, Paris, 1963, p. 334.

⑤ 同上：*Moyen Age, Survivances...*, p. 106.

普瓦捷的浮雕①。这是因为，"伟大的发明肯定不会突然消亡，尽管它们的时代已经过去，但它们不会堕入灰飞烟灭的境地。即便风格和时尚发生变化，多年后，它们仍有可能焕发新的活力"②。福西雍在 1936 年 1 月 17 日进一步指出："形式是本质的，它们将彼此间的某些关系整合起来，在整个历史进程中占据着主导地位。但历史进程并不能单纯地解释为时代更替。与那些多变的内容和波动的价值相比，它们揭示了人类更为永恒的存在。"③福西雍在《千年》中有几页令人难忘的内容，他告诉我们，中世纪之前的史前史中的一些元素会给后世的"野蛮杰作"带来灵感，例如日耳曼艺术和之后的爱尔兰艺术。两者均位于历史学家借助其权威所描绘的文化背景中，但存在细微差别，有时会让我们想起威廉·沃林格的一些思考。在说到德国时，他认为，"从帝国的角度可以看到……它保留了史前残酷战争的本能，以及对森林和族群迁徙的怀念"④。至于爱尔兰，他认为它"在一个保守的凯尔特环境中留存了丰富的青铜文明沉积物：令人惊讶的是，在经过一千五百多年的沉睡后，这种以旋涡和编织纹样为特征的文化又一次以极具活力的方式华丽重生。与此同时，基督教已经在爱尔兰牢牢地奠定了自己的地位，在各种争议中顽固地坚守着自己在仪轨和教历等问题上的立场，传播着充满神迹的使徒传记，并在其中加入了史

---

① 同上：*L'art des sculpteurs romans. Recherche sur l'histoire des formes*, Paris, 1931.

② 同上：*Moyen Age. Survivances…*, p. 106.

③ 同上：p. 31.

④ 同上：*L'an mil*, p. 23-24.

前史诗的内容"[1]。从这些远古时期的例子出发，福西雍得出的结论是，遗存"遵循着截然不同的路径，它们多多少少走过或是隐秘、或是直接、或是平缓的道路。它们就像历史上的其他事物一样，受制于一种组织，或者说某种技巧"[2]。

有时，遗存是被动的，是在封闭环境中遗留下来的固定、惰性的形式；另一些时候，它们却是主动的，经历过活力极其充沛的蜕变；最终，上述两种情况相互结合，遗存便呈现出一种混合程式，表现为"突然和明显偶发的觉醒，或是长期沉睡后缓慢渐进的觉醒"[3]。在这位法国学者（他是第一个将其看作一种临时假设的人）提出的上述类型中，形态上的遗存与生物、有机体的抑制和爆发有某种相似之处。福西雍总结道："因此，形态的历史与人类的历史更紧密地联系在了一起。过去的传统、蜕变、觉醒，以及它们在不同时代和地点的相互影响，能够帮助我们理解最遥远的往昔是如何带着它迟暮的生命力，在整个进化过程中以一种时而剧烈且持续，时而爆发的方式起伏着。"[4]

正因为亨利·福西雍本质上是一位历史学家，他在一篇专门研究法国艺术中罗马式雕塑遗存的文章[5]结尾处写道，他在浏览桑斯大教堂的雕塑时，想起了高卢的罗马之星、13世纪的滴水嘴兽

① 同上：p. 31.

② 同上：*Moyen Age. Survivances...*, p. 14.

③ 同上：p. 26.

④ 同上：p. 30.

⑤ *Quelques survivances de la sculpture romane dans l'art français*, în *Moyen Age. Survivances...*, p. 89-107. 该主题可参见：J. Baltrušaitis, *La troisième sculpture romane, în Formositas romanica. Festschrift Joseph Gantner, Frauenfeld*, 1958, p. 49-84.

"石像鬼"、墨洛温王朝和爱尔兰兽形字母表的残像，以及希罗尼穆斯·博斯的怪诞形态："应如何解释这些遗存或此类觉醒呢？它们是否源自有意识的灵感，体现了对某种模型的自愿研究，还是在经历了世代传承之后，来自同一种族，在同样的图形下感受到同样神秘感的艺术家的某次自然的偶遇？"①

同样在 1931 年，福西雍在巴黎出版了《罗马雕塑家的艺术——形式史研究》，他最得意的门生（不管怎么说，这位学生对大师精神和方法的拓展远超旁人，使它们更为细化，且有了新的发展）也在巴黎出版了《罗马雕塑的风格装饰》，作为对该书的补阙。这个谨慎而孤僻的立陶宛人儒尔吉斯·巴尔特鲁萨蒂斯后来也成为一位大师，更确切地说，是在当代艺术史和欧洲中世纪"地下"道路研究方面的大师。我在此引用他的这本书，是想尝试指出经这位高足拓展后的福西雍学术脉络的起点。他用一种既严肃又令人愉悦的方式向我们讲述形态的变化和"形式的传奇"，讲述各种不存在的景象、各种猜测，以及被欧洲接纳的来自东方的古老异国情调（这让我想起了《伊希斯的任务》和《镜子》中的几页表述）。对于那些形态边缘化的遗存，他是一位卓越的研究者。可以说，巴尔特鲁沙蒂斯（无论在福西雍生前还是死后，两人的关联都非常紧密）所做的功课依然具有重要的意义，他通过启发式的方法和阐述式的话语，成功地将这种总是从内部开展的形式史研究变成了思想史研究。从精神层面看，巴尔特鲁沙蒂斯

---

① H. Focillon，引文如前：p. 106.

是福西雍真正的衣钵传人（半个多世纪前耶鲁大学出版的一本有关福西雍的著作中可以看到这样的评价）："他极为罕见地将最大的严谨性和最丰富的想象力融合在一起，将对事实的尊重和精神的原创性结合在一起，从而揭示并发掘其深层次的内涵。"[1]

我们不能忽视这样一个事实：福西雍和巴尔特鲁沙蒂斯作为中世纪研究者，在他们 20 世纪二三十年代撰写的关于罗马式时期的著作中，宣称构建比组合更为重要。这实际上是在对立体主义时代代表人物格罗皮乌斯和戈登·克雷（巴尔特鲁沙蒂斯本人作为中世纪戏剧爱好者，与戈登·克雷关系甚密）的回应[2]。就风格而言，两者都代表着那个时代的精神。这些形象结构的研究者善于在一些古代、伊斯兰、远东艺术的边缘地带或怪异形式中发现"遗存"的特殊地位。

1955 年，在福西雍去世 12 年后，巴尔特鲁沙蒂斯的著作《勒莫扬时代的幻想——哥特式艺术中的古董和异国情调》问世，并与五年后出版的《觉醒与奇迹——哥特式幻想》一同出现在阿尔芒·科林出版社以福西雍命名的藏书集中。这些著作相辅相成，其中在 13 至 15 世纪复兴的罗马式"遗存"（融合了一些来自远东的形式元素）占据了很大篇幅。

在整个哥特式时期，罗马字母的形态演变经历了从"历史化字母""动画字母"，到所谓的"边角图案"式字母，再到宗教改

---

① Henry Peyre 序 *Bibliographie Henri Focillon,* ed. L. Grodecki, J. Prinet, Yale University Press, 1963.

② J. F. Chevrier, *Portrait de Jurgis Baltrušaitis*, Paris, 1989, p. 28.

革时期德国式书法艺术的过程。哥特雕塑中的罗马主题实际上也属于深邃而古老的欧洲大陆艺术。在这里，中世纪的幻想与古代的幻想融为一体，其中包含了欧洲、亚洲的史前形式和原生历史形式。这些边缘化的遗存确实存在，但它们存在于手稿、社会、教堂和壁画的边边角角。当它们在历史中被凸显出来，就会成为一个时代的集体精神和艺术中最基本的要素。

在他去世前不久，曾有记者问起他的孤僻，问起他时常被指摘的边缘化问题。巴尔特鲁沙伊蒂斯这位从不被科学院、大学、国际会议青睐的人用一种几乎不加掩饰的讽刺的，巧妙而无比睿智的方式回答道：

"当然，因为我会告诉你，重要的事情发生在边缘"……"我的职业一直是冷门的，但如今冷门者却站在了中心位置。"[1]

作为历史的见证，作为被隐藏、被遗忘、被重新发现的历史的见证，古代艺术在形式上的"遗存"（变异是罕见现象）是持久性、连续性和生命力的标志，它能够超越空间、时间和意识形态的巨大断层。这种"遗存"作为艺术与历史的一个篇章（对大多数学者而言处于边缘，却对另一些学者至关重要），出于种种原因，都可以被视为艺术史的浓缩。

上文曾援引过的福西雍的一部著作中，专门介绍了 4 世纪为阿雷佐的圣弗朗西斯主教堂绘制壁画的画家。我想在此重复一下作者在书中的一句话，以期从解读古老形态命运演进的角度，使

---

[1] Conversație cu Sandra Joxe și Patrick Mauries, în „Libération", 29 ianuarie 1988.

这句话更容易被理解："……作为历史学家存在的另一种方式，
便是指明世世代代，以及我们当前这一代人是如何根据自己的需
要，来体验过去的形式的。"[1] 而遗存，当然属于过去的形式中的一
部分。

---

[1] *Piero della Francesca*, Paris, 1952, p. 14.

在欧洲家园中
的我们

罗马尼亚人的第一次现代化和
交易心理的产生

我试图勾勒出的历史（当然，我的介绍中也不乏主观性和假想性），也许只是四个世纪以来我们构建起的一种观念，这种观念作为一个民族出现已经有将近两个世纪了。它可以向我们解释半个多世纪以来，在我们这个各种危机此起彼伏的社会中，集体和个人在政治、哲学、道德、美学等方面的一些所作所为。

我相信，这段历史（本质上是我们的现代历史）可以不偏不倚地向我们揭示诸多黑暗与光明。正是这些黑暗与光明描绘出了一个民族的肖像，以及我们在种族、语言上有别于任何其他民族的独特存在方式。不久之前，我将这里称为"第二个欧洲"[1]。这半块大陆在 16 个世纪前被实用主义和贵族化的西方从精神上分

① *Europe de l'Est – Europe de l'Ouest – la diversité d'une identité,* în *South East Europe – The Ambiguous Definitions of a Space*, ed. R. Theodorescu și L. Conley Barrows, București, 2002, p. 25-46.

裂了出去，这里依然信奉极端神秘的柏拉图思想，依然依赖农业经济，民族主义愈演愈烈，有时甚至陷入君主独裁，有些地方则保留着帝国的专制传统（也许正因为此，总统制共和国在这些地方占据多数，议会制传统则不占主流）。我还想补充的一点是，在这半块大陆上，罗马尼亚人在很早以前就凭借其文明的一个决定性特征脱颖而出，那就是拉丁性（在我看来，国家的建立尚且居于次位）。迄今为止，罗马尼亚人是拉丁世界中唯一信奉东正教的民族，也是东正教世界中唯一的拉丁民族。从这个民族产生之日起，țară（罗语"国家"）和 țăran（罗语"农民"）这两个词就成了他们在这块 terra（拉丁语"土地"）上定居的记忆。罗马尼亚语词汇中还有对民间基督教的记忆，例如宗教建筑 biserică（罗语"教堂"）便来自众所周知的拉丁词 basilica（大教堂）（在新罗曼语族语言中仅此一例）。此外，在建筑、服饰、色彩、习俗等方面，无论是在乡村还是在修道院，这种拉丁性均有体现，正如我们在建立国家时的状况一样。

人们已经习惯于将一些本应连续的年代轻易地进行分期，使其看起来好像在缓慢地、自成体系地发展，与欧洲其他地区毫无关联，特别是与埃皮纳勒那种完美、和谐、理想化的喀尔巴阡山—多瑙河历史单元图景毫无关联。因此，当我在多年前提出双重研究路径时，很多同行都大吃一惊。从年轻时致力于研究罗马尼亚文化起源开始，我就有意识地将对基督教的皈依与东欧其他宗教表现形式（或者称之为东南欧"文化走廊"的特征）进行对

称比照 ① ：一方面，尝试着将我们首次现代化的开端定位于 1550—
1600 年；另一方面，凭借不同于一些著名历史学家和文学评论
家的论据，尝试指出摩尔多瓦文明与瓦拉几亚文明间的结构性差
异。比方说，勇敢的米哈依实现的国家短暂统一与库扎实现的统
一是存在差异的 ②。对于上述两个事件，我们所要做的其实只不过
是继承和发扬那些伟大先驱者（从那位民族历史学家 ③ 到伊布拉亚
努和洛维内斯库）的直觉，并使之系统化。

　　当我们把艺术作为文明的事实和历史的组成部分来研究，寻
求重建（将有关人类的各种科学证据，无论是历史学、艺术学、
文学、民族学还是语言学的证据都结合在一起）一个特定时代的
人类模式时，就会得出这样的结论：1550 年前后是罗马尼亚古老
文化的一座里程碑。尼古拉·约尔加在其巨著《罗马尼亚史》中
自然而然地将 16 世纪描绘成了一座里程碑："与之前的中世纪相
比，这是一个属于现代历史的世纪" ④，这是 "中世纪作为一个完整
篇章的终结 ⑤"。更不用说其他需要考虑的因素，特别是米赫内亚
家族的王朝意识，在政治上和精神上为 1600 年在雅西和布加勒斯

---

① 相关问题可参见本人的著作：*Bizanţ, Balcani, Occident la începuturile culturii medievale
româneşti (secolele X-XIV),* Bucureşti, 1974 şi *Un mileniu de artă la Dunărea de Jos (400 -
1400),* Bucureşti, 1976.

② *Civilizaţia românilor,* I-II, Bucureşti, 1987，关于本人近几十年来完成的研究成果，可
参见 *Roumains et Balkaniques...,* Bucureşti, 1999。

③ 指尼古拉·约尔加（Nicolae Iorga）。——译者注

④ *Istoria Românilor. V. Vitejii,* Bucureşti, 1937, p. 20.

⑤ 同上：p. 416.

特登上大公宝座做好了准备[1]。事实上，这就是我们第一次现代化
（对罗马尼亚人而言，我认为它涵盖了 17 和 18 世纪）在 1550 年
之后开启的结论。而且在整个欧洲大陆上，从亨利·豪瑟（通过
他在伦敦国王学院举办的著名讲座）到皮埃尔·乔努、罗伯特·曼
德鲁，再到亨利·卡门、何塞·安东尼奥·马拉瓦尔[2]，几乎所有
人都众口一词地赞同并沿用这一观点。

　　罗马尼亚各公国在 1550 年前后的变化，事实上是对中世纪最
晚的跨越（依照现在刚刚成为一门学科的历史编年学的说法，我
们只能称其为向现代的跨越）。体现这种变化的因素并不少，而且
在很大程度上与欧洲的变化一致。

　　如果说奥斯曼帝国在瓦拉几亚、摩尔多瓦和特兰西瓦尼亚的
统治是一个至关重要的转折点，而且我们可以据此判断罗马尼亚
人在接下来四个世纪中的集体和个人态度的话（这些态度有着非
常鲜明的特点，它们在特定情况下使我们的历史具有了一致性），
我想提醒大家，这其实与摩哈赤战役之后的匈牙利历史处于同一
时期。在文明层面，这个政治现实对波兰这个特殊的"皇家共和
国"的影响是巨大的，它给"萨尔马特"贵族说披上了一件耀眼
的东方外衣。

　　在结束了两个世纪的有限独立之后，罗马尼亚人迎来了前途
未卜的自治历史，在土耳其王朝时代[3]创造出了东方拉丁民族特有

---

[1] R. Theodorescu, *Civilizaţia românilor...*, I, p. 31-46, pentru referinţe bibliografice.
[2] 同上：p. 9.
[3] 主要指 1453 年土耳其人征服君士坦丁堡到 1821 年之间的历史时期。——译者注

的思想、习俗、时尚和生存模式（我只想通过一个例子来说明，与东南欧其他地区相比，所谓"土耳其化"在这里的影响力太微不足道了。大家耳熟能详的拉雷什家族和米赫内亚家族和 16 世纪下半叶的所作所为，归根到底并不是人们通常认为的那种应该遭受谴责的背弃信仰。为什么不将其视为精神上的创新呢？他们从自身利益出发逆流而上，在某种程度上进行了一次无愧于那个时代的人类冒险）。

在米尔恰·乔巴努尔和勒普什内亚努对地主阶层进行了著名的"大清洗"（已被载入我们的浪漫主义文学作品）后，出现了一个"地主阶级"。布伦科维亚努豢养的那些"肥头大耳、腰缠万贯的农夫"只不过是近代才出现的"新人类"。他们飞黄腾达后，通过捐助文化事业而声名鹊起（这与日耳曼的"容克地主"或俄国伊凡雷帝时期"波雅尔集团"的活跃分子别无二致）。他们的出现在某种程度上与罗马尼亚的另一个转折点相呼应：16 世纪初被称为"新巴萨拉布"的尼亚果耶·巴萨拉布，以及该世纪末的莫维勒家族以各种手段割裂了中世纪传统，导致"开国"王朝的消失（不要忘记，彼时欧洲各国王朝正在爆炸式地出现，例如波兰的瓦萨王朝、法国的波旁王朝、英国的斯图亚特王朝、俄国的罗曼诺夫王朝）。将那个时代与中世纪割裂（具体做法是用一种现代的方式对其加以利用，将其作为一面镜子，通过向曾经的辉煌投去真实或虚幻的一瞥，使一个崭新而又古老的面孔合法化）的一个新因素是新的"历史主义"学说。这种学说在矫饰主义和巴洛克风格的培育下，不断发扬光大，从西班牙的祖先肖像画廊到俄国的

圣像，从亚历山德鲁·勒普什内亚努统治时期中世纪人名和建筑
风格的回潮到弗拉德·采佩什的子孙后代在布加勒斯特为那些富
裕的大公所作的肖像，从巴黎荣军院的穹顶外墙到胡雷济家族教
堂的壁画，这种新学说的影响俯拾皆是。

鉴于所谓的"罗马尼亚文艺复兴"话题已经引发了笔墨官司，
因此在谈论从中世纪向现代过渡的这个时期的时候，我只想说，
最重要的是不要将中世纪后期在罗马尼亚和东欧的决定因素（我
想到的是 14—15 世纪的文献、绘画和建筑中所追求的形式的雅
致、色彩的细腻、叙事的格调、神学的百科全书性、忧郁的风
格，以及对末世的惶恐不安）与 16 世纪以及 17 世纪初的其他因
素混淆。它们在形式上存在关联，在精神上却截然不同。在我看
来，后者永远不可能像历史学家和文学史家所坚信的那样[1]，结合
成一个真正的"罗马尼亚文艺复兴"。

然而，不可否认的是，在 1600 年前后发生了深层次的结构性
历史变迁，我们至今仍能感受到它：当时所经历的，实际上仍源
自那些构成中世纪传说的因素。在那些传说故事中，老米尔恰大
公和斯特凡大公屹立在修道院的编年史和民间叙事诗之间，而当
时的罗马尼亚人则刚刚开始融入务实的、现代的、遥远的"前国
家"现实中，并以勇敢的米哈伊作为自己的榜样和先驱。

这种现代性主要体现在表现形式上，由于历史背景不同，同

---

① 同上：p. 11 及其后。这里所说的文献主要指 P. P. Panaitescu, *Renaşterea şi românii*, în
  „Anuarul Institutului de Istorie şi Arheologie «A. D. Xenopol»" – Iaşi, XXII, 2, 1985, p. 719-734
  şi de D. H. Mazilu, *Literatura română în epoca Renaşterii*, Bucureşti, 1984.

一宫廷人物的肖像可能呈现出迥异的风格。比方说，在布泽什蒂城堡的壁画上和在意大利人、佛兰德斯人绘制的版画或油画上，善良的帕特拉什库大公那个著名的儿子就有着双重形象（前者秉承着本土的后拜占庭风格，后者则具有西方的巴洛克风格）。这种17、18世纪的特征一直延续到那些受过良好教育且意志坚定的法纳尔大公那里，例如康斯坦丁·马弗罗科尔达特、亚历山大·亚历山德鲁·伊普西兰蒂、尼古拉·马弗罗盖尼等，他们的形象出现在来自日内瓦的画家利奥塔德笔下、来自摩拉维亚的某位雕塑师手中，或是多尔日县阿尔莫吉镇某位当地画工的笔下。

　　我想指出的是，罗马尼亚人的第一次现代化有个与众不同之处，那就是其地域特征（在摩尔多瓦和瓦拉几亚尤为明显）。从1600年至1859年两个公国"小统一"的两个半世纪中，这些特征通过一系列文化事件，以可感知、可控制的方式散布到各个细枝末节。需要指出的是，如果说特兰西瓦尼亚和巴纳特在这里只能作为参照的话，自然是因为在16、17、18世纪（除了勇敢的米哈伊①之外），这两处并不存在一个能够反映多数人生活方式和意识形态的罗马尼亚人的国家。匈牙利人、奥地利、新教加尔文宗和天主教接连对这些地方实行政治和宗教上的统治，压制了当地多数民族的所有愿望。这个民族被伊诺琴丘·米库称为"罗马—瓦拉几亚人"，但在阿尔迪亚尔②占统治地位的"民族"却将其贬为"瓦拉几亚草民"。这导致即便在约瑟芬改革时期，罗马尼亚族

---

① 实现的短暂统一。——译者注
② 特兰西瓦尼亚的别名。——译者注

的神职人员和知识分子也很难在上述两个省份的主流文化中留下
自己的印记。

国际史学界认为，"区域的欧洲""区域主义""区域化"等概
念只能从现代之初谈起①，因为到19世纪德国学界就开始关注所谓
的"区域史"，又过了一百年后（准确地说是在20世纪80年代），
这些概念在各类论述中再次演变为"次国家区域""跨国家区域"
或"欧洲区域""辅助原则"等重点议题，而国家现象则通过具有
社会学性质的地方调研，被深入地阐释为区域差异②。

这种趋势也体现在我们学术传统的变化中。加拉贝特·伊
布勒伊莱亚努在《罗马尼亚文化批判精神》（1909年出版）中、
尤金·洛维纳斯库在《现代罗马尼亚文明史》（1924—1926年出
版）中，以及乔治·克利内斯库在同样著名的《罗马尼亚文学史》
（1941年出版）专门论述民族特性的最后一章中，都指出了罗马
尼亚人居住的这片土地上的这种区域特殊性。在历史学家中，
只有格奥尔基·I. 布勒蒂亚努对相关问题发表了真知灼见，西米
翁·梅赫丁茨这样的地理学家则认为喀尔巴阡—多瑙河地区由"两
个达契亚"构成，其一是喀尔巴阡达契亚，另一个则是黑海达契
亚，两者通过"森林之路""草原之路"和"田野之路"相连③。

---

① J. Labasse, *L'Europe des régions*, Paris, 1991, p. 11; E. Niemi, *Regions and Regionalisation*, în *Proceedings. 19th International Congress of Historical Sciences. Oslo. 6 - 13 August 2000*, Oslo, 2000, p. 232-233 (este vorba de „early modern regionalism", 同上：p. 235).

② J. Rougerie, *Faut-il départementaliser l'histoire de France?* în „Annales", 1, 1966, p. 178-193.

③ 见本人文章 *Despre „coridoarele culturale" ale Europei de sud-est*, în *Memoriile Secţiei de Ştiinţe Istorice*, seria IV, tomul VII, 1982, p. 11.

很多年前，伊布勒伊莱亚努的一本书中似乎延续了这位地理学家的看法：“可以看到，在罗马尼亚人居住的地区已经形成了受两种不同影响的文明区域。其一是喀尔巴阡山西麓周边的广袤地区，那里有着不可磨灭的拉丁烙印，并成功同化了古老的葛特—达契亚成分。其二则是多瑙河口周边，汇聚了来自草原和巴尔干半岛各条支流的地区。在中世纪黑暗的几个世纪中，这个民族的起源问题一直在胚胎中等待孵化。”①

在经历了一次惊人的知识跃迁之后，这种精神地理学说持续了布劳德所说的“漫长时限”。它将多民族混居地区、活跃的全球性文明地区，以及极少与异族混居、自给自足且一成不变的地区进行对比，克利内斯库也用这种视角来绘制了一幅罗马尼亚人的文学地图：“埃米内斯库、蒂图·马约雷斯库、克良格、考什布克、戈加、雷布雷亚努、萨多维亚努、布拉加等人毫无疑问都是纯正的罗马尼亚人（特兰西瓦尼亚和喀尔巴阡山麓的人尤其具有此类品质），且有很多具体的注解可以参阅。亚历山德里、奥多贝斯库等人则或多或少地带有希腊特征，他们是我国南部分支的代表……博林蒂内亚努、卡拉迦列、马切东斯基等人则是色雷斯人。通过他们，葛特—喀尔巴阡世界与色雷斯—葛特人的氏族建立了联系，并重新回忆起他们古老的巴尔干架构。”②

事实上，这里要考虑的核心问题之一是，在罗马尼亚人生活

---

① *Le problème de la continuité daco-roumaine*, Bucureşti, 1944, p. 22.

② G. Călinescu, *Istoria literaturii române de la origini până în prezent*, ed. a II-a, revăzută şi adăugită, ed. Al. Piru, Ed. Minerva, Bucureşti, 1982, p. 974.

的历史和精神空间里，两个地形地貌不同的区域之间存在何种永久性关联：一方面，是喀尔巴阡山区的古老文化区，那里有悠久厚重的达契亚原生历史。这种历史在民间文学、美术和音乐层面均有体现，不仅高雅且极有深度，其出现的地理范围大致在从马拉穆列什到阿普赛尼，从摩尔多瓦的肯普隆格到弗朗恰和戈尔日。这些地方很少发生变化，特别是在那些"退出历史舞台"（这个说法虽然很吸引人，却流于表面）的乡村地区。另一方面，是伊斯特里亚—黑海平原和草原地区，它始于多布罗加和摩尔多瓦南部，沿多瑙河向河口方向延伸，进而拓展到巴尔干半岛，以及斯拉夫人和希腊人生活的地区，甚至到达地中海和小亚细亚。从希腊—罗马时期到漫长的土耳其王朝统治时期，这一地区一直存在文化的相互影响，并在这一国际文化期中持续不断地发生由南向北的人口迁徙、流动和思想流通。从发生的事件及其文化影响力看，这些地区对历史的介入是活跃且令人吃惊的①。

被斯特凡·泽莱廷称为"纯文学社会学"②的代表人物本着对喀尔巴阡山和多瑙河地区敏锐的洞察力，对 19 世纪蒙特尼亚和摩尔多瓦的一些特殊地区进行观察后指出："在这个世纪（指 1880 年之前），蒙特尼亚的特征是反抗旧体制的革命斗争和文化的落后。"伊布勒伊莱亚努也在 100 多年前写道："可以说，蒙特尼亚代表的是意志和情感，而摩尔多瓦更像是智慧。蒙特尼亚做的是

---

① R. Theodorescu, „*Istoria*" lui Călinescu și istoria cea adâncă a românilor, în „Viața Româneas-că", 8, 1983, p. 55.

② *Neoliberalismul*, ed. a III-a, îngrijită de C.D. Zeletin, Ed. Scripta, București, 1992, p. 23.

功利性的工作；它把精力花在改变社会秩序的斗争中，寻求从西方移植新的形式。摩尔多瓦从事的事业则更为奢华：它试图使西方文化适用于罗马尼亚人的灵魂，试图适应西方思想的新形式。这就是为何我们能在蒙特尼亚找到一个由 1948 年革命者组成的军团，在摩尔多瓦则能找到一个由批评家和文学家组成的军团。"①

　　作为呼应，在几十年后，洛维内斯库在研究 1821 年和 1839 年的制宪尝试，以及 1848 年进程时也承认"蒙特尼亚的革命精神"和"摩尔多瓦的节制精神"②。他得出的结论是："蒙特尼亚的自由主义和摩尔多瓦的批判主义必须……透过民族心理学的棱镜来看待。"③

　　罗马尼亚文化本身也存在一些差异性，如今各个地区、省份的精神和情感特征变得愈发容易辨认（毫无疑问，在伊布勒伊莱亚努的时代主要体现在内涵方面）。这种差异性在 17—18 世纪形成了一种充满勇气和活力，多姿多彩的万花筒般的形象。而其潜在的统一性（在语言、民族意识、审美标准、道德规范等方面尤为显著）并没有导致各地都发出千篇一律的乏味声音，而是自身的地理与历史各展所长。无论在这里还是在任何地方，美术界总能关注且明确地表现当地的精神，这在建筑、装饰性绘画和雕刻、色彩等方面均有体现，从而能够在更为广阔的文化史中以某种方式解读和评判当地的人们。

---

① *Spiritul critic în cultura românească*, Bucureşti, Ed. Minerva, 1984, p. 17.

② *Istoria civilizaţiei române moderne*, Bucureşti, ed. Z. Ornea, Ed. Ştiinţifică, Bucureşti, 1972, p. 110-111.

③ 同上：p. 291.

对于艺术史家而言，如果他费心思考一下在已经跨入现代门槛的罗马尼亚形式之外还有什么，就会发现为何（比方说）1600—1800 年间蒙特尼亚和奥尔特尼亚的景观与摩尔多瓦当代景观之间存在如此显著的不同。

答案可以从一系列因素中寻找，并追根溯源到伊布勒伊莱亚努的猜测，即可以从遥远的萌芽阶段找到罗马尼亚文明在文献和基本制度层面的演化路径。

如果让我对伊布勒伊莱亚努和洛维内斯库的论点做一些补充的话，我想谈一谈他们避而不谈的视觉艺术。17 世纪的摩尔多瓦既是如此"贵族化"，同时又是如此现代化，且融合了欧洲各国风格：我一想起德拉戈米尔纳修道院外墙或苏切维察修道院丧葬绣品上与欧洲文化同步的矫饰主义元素（他们属于真正"可感知的罗马尼亚文明"[①]），就会拿三圣修道院和戈利亚修道院的巴洛克风格外墙饰物作为参照；一想起多索福泰伊的诗句，以及尼古拉·科斯汀和尼古拉·米列斯库对知识的渴望与好奇，便会联想到瓦西里大公《法典》对普罗斯佩罗·法里纳奇法学著作的呼应；特别是在想起迪米特里耶·坎特米尔那时开始创作的所有作品时，就会将其视作对科格尔尼恰努和青年社的崇高预言。

与此同时，与之相邻的蒙特尼亚公国在那个世纪却更多沉浸在中世纪的历史中（可以确定的是，构成了那里基调的是马泰伊大公时代的宁静的建筑、《法律规范》中的东方教会法传统，以

---

① R. Theodorescu, *Piatra Trei Ierarhilor sau despre o ipostază a fastului în civilizația românească*, București, 1977, p. 34.

及格雷恰努、《无名氏编布伦科维亚努家族传》、拉杜·波佩斯库遵循的古老编年史规范，而不是讷斯图雷尔·务德里什泰或御膳大臣康斯坦丁·康塔库济诺宽阔的文化视野，也不是摩戈什瓦亚宫的凉廊、格尔茨亚修道院的大门、丰代尼修道院的外墙体现出来的风格创新），这也是对另一个世纪，即18世纪的充分诠释。18世纪属于"第三等级"的人们同样沉浸在中世纪的氛围中：乡村小教堂的门廊上绘制着数十行的民间条例或《最后的审判》，教会诗人和歌手采集的大量民谚和民歌孕育了下一个世纪伯尔切斯库、亚历山德鲁·果列斯库等人开放、自由、激进的精神①。

我因此坚信，如果要了解19世纪（其充分的现代性得到了所有人的认同）的罗马尼亚，我们就必须仔细研究第一次现代化之前的两个世纪。

我们有必要细致分析马太·巴萨拉布时期的传统主义（在几个世纪后成为罗马尼亚民族精神的一种范式）特征。这种思想与"国家起源"，以及先祖尼亚果耶大公诞生的神话（在编年史、碑刻、铭文和书籍中俯拾皆是）密切相关。只有这样我们才能进一步了解到，除了在布伦科维亚努家族统治的几十年间出现过明显带有中欧和威尼斯—帕多瓦巴洛克风格的创新外，这些传统根植于罗马尼亚人的灵魂深处。我们还应该去更好地解读以康塔库济诺家族为首的拜占庭高官们创立的机制。他们作为诸多名胜的缔造者和人文主义文化的代表，即便在其政治大扩张的时代，也

---

① 同上：p. 8-9.

一直与商界、宗教界保持着密切的关系。这个小群体和自耕农一起，将在 18 世纪修筑起诸多按布伦科维亚努式传统风格建造和装饰的建筑，使其魅力、色彩，以及对天马行空般想象散布在梅赫丁茨、戈尔日、沃尔恰、洛维什泰亚、慕斯切尔、布泽乌等地的市集和乡村。我还想说的是，那里的人们直至 1830 年以后仍在阅读一些源自拜占庭的民间小说和编年史，对圣人的生平传记也不排斥，这又一次体现了充满中世纪气息的民间传统精神。甚至布加勒斯特和克拉约瓦的大地主们，也一直将布伦科维亚努时期的品味延续到法纳尔大公统治时代晚期。

这个传统的罗马尼亚公国，用民俗的方式将从前的学术遗产小心翼翼地保存了下来（位于勒姆尼克的中心①就很有说服力）。1805 年，教堂中的西方式绘画作为一种新生事物受到强烈抵制，被贬为“罗马天主教丑陋且不受欢迎的杂种”。能够迎合当时人们对美好风光喜好的，是斯塔夫罗波莱奥斯外墙上栩栩如生的植物纹饰。这种风格一致延续到后世，经安东·潘恩整理并“罗马尼亚化”后，以诗句和旋律的形式表现出来。显然，这个地区作为“第三等级”的社会力量已经孕育出一种真正的民主氛围，直至实现统一，上层阶级也深受其感染。这绝非偶然。1836 年，一位叫圣马克·吉拉尔丹的认真细致且学识渊博的西方观察家写下来一句极富预言性的话，这句话也是对前一个世纪社会心理的总结：“如果两个公国实现统一的话，瓦拉几亚会有更多的第三等级

---

① 克里斯多佛雷亚努民俗文化中心。——译者注

人士，摩尔多瓦则会有更多贵族。"[①]

在这里还有必要提到的是，在一位法国科学院的院士的文字中，能够为霍亨索伦的卡罗尔一世统治时期[②]联合公国及罗马尼亚王国发生的事情找到明确的解释。就根本性的政治冲突而言，一方是保守派和以马约雷斯库、埃米内斯库为代表的雅西"青年社"；另一方则是康斯坦丁·亚历山德鲁·罗塞蒂和扬·康斯坦丁·布勒蒂亚努领导下的"红色分子"[③]。如果套用那位民族诗人[④]慷慨激昂的说法，"北方的摩尔多瓦具有更为强烈的征服欲"[⑤]，而在蒙特尼亚占主导的则是"帕斯瓦诺戈鲁和伊普西兰蒂旗下的散兵游勇，以及人数众多的法纳尔工业骑士残余"[⑥]。

摩尔多瓦的贵族精神？嗯，是的。在这方面，伊布勒伊莱亚努准确无误的直觉再次得到验证，尤其是在视觉艺术中。

三个世纪前（那时正是伊布勒伊莱亚努在《批判精神……》中开始分析的时候），上文提到的那些学者来到了罗马尼亚东部。那时雅西的建造者们正依照瓦西里·卢普的诸多建议，用巴洛克风格让这座城市变得高贵起来。在摩尔多瓦首都和其他很多地方的建筑中，这种风格后来持续了很长时间。通过这些艺术丰碑，

---

① *Souvenirs de voyages et d'études*, Paris, 1852, p. 296.

② 摩尔多瓦和罗马尼亚。——译者注

③ 此处指自由主义者。——译者注

④ 埃米内斯库。——译者注

⑤ M. Eminescu, *Opere*, XIII, *Publicistică. 1882-1883, 1888-1889*, Bucureşti, Ed. Academiei, 1985, p. 34.

⑥ 同上：*Opere*, XII, *Publicistică. 1 ianuarie-31 decembrie 1881*, Bucureşti, Ed. Academiei, 1985, p. 266.

特别是那些饱受争议的建筑（很少有人能理解），可以预先感知到
18 世纪的风格。

当然，摩尔多瓦的地主阶级作为在广阔领地上享有特权的主
宰，长期孤芳自赏，但他们也阅读马蒙特尔、弗洛里安、沃尔
内、伏尔泰、芬乃仑和孟德斯鸠等人的作品，并在特尔古奥克
纳或博托沙尼虔诚地用法文书写碑刻，他们推崇的视觉艺术作品
自然也应在欧洲占有一席之地。是他们（例如 1780 年的斯卡拉
特·斯图尔扎）在雅西建造了"与欧洲最先进建筑风格一致"的
房屋 [1]，而像英国人威尔金森那样的西方人也会考虑在那里"以
最现代的欧洲建筑风格"修建房屋 [2]。查理·约瑟夫·德·利涅
亲王 [3] 作为在全球"启蒙世纪"最具国际视野的人物之一，认为
有必要记录下雅西的宫殿式建筑。那里后来收藏了欧洲各国的艺
术作品，保存着严格依照西方纹章学规则设计的"徽章"（比如
1813 年巴勒家族的纹章 [4]），建筑的内部和外墙也由来自哈布斯堡
帝国甚至巴黎的"建筑师"们精心装饰过。雅西大地主罗塞蒂—
罗兹诺瓦努的宅邸也是一样，它与周边的那些教堂都遵循着新古
典主义时尚，用阿波罗、戴安娜、密涅瓦和赫拉克勒斯等古代神

---

[1] Andreas Wolff, *Beiträge zu einer statistich-historischen Beschreibung des Fürsthentums Moldau,* Sibiu, 1805, p. 268.

[2] William Wilkinson, *An Account of the Principalities of Walachia and Moldavia,* Londra, 1820, p. 87.

[3] *Lettres et pensées... publiées par Mme. la baronne de Staël Holstein,* Paris, 1809, nr. VIII, p. 186.

[4] M. Dogaru, *Un armorial românesc din 1813. Spița de neam a familiei Balș dotată cu steme,* București, 1981.

灵的形象装点门面 [①]。

我们可以肯定地说，在 17、18 世纪的摩尔多瓦，某些明确按创新性、现代性构思的艺术品与当时在文本和图像层面的创新思维是呼应的。至少对于社会中的一部分人来说是这样的，他们的分量和历史意识决定着这一地区未来的文明走向。

毫无疑问，这些区域和文化差异的基础，是社会流动性的差异。在一个更乡村化、更民主的社会中，有着富裕的农民、活跃的地主、庄园总管、港口税务官、狱卒、杂役、骑士团成员、军官、礼宾官等各色人物，他们和劳苦大众一起从事公共建设。而在贵族化的摩尔多瓦，大小地主之间壁垒森严，自耕农阶层则在文化层面死气沉沉。与之相比，罗马尼亚公国的社会升迁空间更大。

喀尔巴阡山脉以南的大地主们，例如瓦拉几亚的拜占庭后裔康塔库济诺家族，始终没有忘记自己是"超级实用主义"帝国的后代：著名的谢伊塔诺戈鲁 [②] 就懂得对新的社会阶层持开放态度，善于通过开明和有节奏的通婚来改善自己的血脉（谢尔班大公自己就迎娶了商人——尼克波莱的盖茨亚的女儿）[③]。此后很多人纷纷效仿（比方说，我想到了特尔戈维什泰 [④] 的宰相加夫里尔·德鲁格

---

① *O statuie grecească din epoca fanarioţilor*, în „Arhiva societăţii ştiinţifice şi literare din Iaşi", V, 1894, p. 484 - 485; R. Theodorescu, *Civilizaţia românilor...*, II, p. 195, nota 208.

② 米哈伊尔·康塔库济诺的绰号。——译者注

③ N. Stoicescu, *Dicţionar al marilor dregători din Ţara Românească şi Moldova. Sec. XIV-XVII*, Bucureşti, 1971, p. 184.

④ 瓦拉几亚公国首都。——译者注

内斯库就先后娶了神父和商人之女）①。蒙特尼亚的康塔库济诺家族同时还联合其他地主贵族，共同资助一些项目。例如被称为"建造者"的大领主谢尔班三世·康塔库济诺就在 1700 年和一个叫约尔古的乡绅一起资助建造了布加勒斯特的圣尼古拉·谢拉里教堂②。从另一个角度看，非常重要的一点是这个蒙特尼亚最大贵族家庭的支持者们很快就青云直上，以卑微的出身位列高官（比方说，我想到了大潘③马雷什·博耶斯库，他是科尔内特修道院和博耶什蒂修道院的资助者）。同样这一地区，在 18 世纪迅速实现阶层跃迁的还有小地主出身的斯特凡、杜米特拉凯，以及在德勒格沙尼贩卖牛、猪和葡萄酒起家的丁格·比贝斯库，他为自己的两个后人在 1848 年之前和之后相继登上布加勒斯特的王位铺平了道路。事实上，戈尔日和沃尔恰是"山谷地主"、小地主和富农密度最高的地方④〔图多尔·弗拉迪米雷斯库、伯尔切斯库，甚至布勒蒂亚努家族都出身于这样的环境，此外还有约安·波佩斯库（又名乌尔沙努），他创办的教堂和房屋深受外国游客的赞赏〕⑤。出身平民的各级教士同样发挥了极其重要的作用（他们中有后来当上

---

① I. Dumitrescu, R. Creţeanu, *Trei conace boiereşti din prima jumătate a veacului al XVIII-lea în jud. Ilfov,* în „Buletinul Monumentelor Istorice", 4, 1973, p. 6, nota 28.

② *Inscripţiile medievale ale României. I. Oraşul Bucureşti,* Bucureşti, 1965, nr. 477, p. 431.

③ "潘"是官名。——译者注

④ Ş. Papacostea, *Oltenia sub stăpânirea austriacă (1718 - 1738),* Bucureşti, 1971, p. 163; I. Filipescu, *Vechiul judeţ Vâlcea. Studiu de sociologie istorică (I),* în „Revista Română de Sociologie", 3-4, 1998, p. 251, nota 3.

⑤ R. Theodorescu, 引文如前: p. 177, nota 49.

勒姆尼克主教的农民子弟克莱门特 [①]，还有切莱伊的拉杜·莎普格神父）。摩尔多瓦的情况则恰恰相反，教会的大人物几乎清一色地来自大地主阶层，从格奥尔基·莫维勒到莱昂·格乌卡，从韦尼亚明·科斯塔奇到索弗罗尼耶·米克莱斯库，莫不如是 [②]。

　　这就是我所提到的现实，在两个罗马尼亚人占主体的公国，社会最高层的差异长期存在。旅居摩尔多瓦的观察家们注意到了这一点。例如法国外交官约瑟夫·德·布瓦·勒孔特男爵就在两个公国统一的四分之一个世纪之前写道："最上层是第一等级的地主阶级，他们为自己的财富和古老的起源感到自豪，而且在他们和其他地主之间还保持着一种阶层上的差异，这种差异在罗马尼亚人中已经是很大的了。" [③] 比这一论断再早几十年的 1806 年，克里斯蒂娜·莱因哈德更是断言摩尔多瓦不存在中产阶级 [④]。

　　因此，经济因素（喀尔巴阡山脉以东地区拥有大量的土地储备，因此孕育了一些历史学家所说的"摩尔多瓦地主阶级" [⑤]。文学史家们则指出："摩尔多瓦人，即使出身农村，也有一种倾向于贵族的心态。" [⑥]）、政治因素〔摩尔多瓦始终有亲北方的倾向，先是

---

① N. Iorga, *Istoria bisericii românești și a vieții religioase a românilor*, II, ed. a II-a, București, 1928-1929, p. 105.

② 同上：p. 188, 232.

③ E. de Hurmuzaki, *Documente privitoare la istoria românilor*, XVII, ed. N. Hodoș, București, 1913, nr. 525, p. 361.

④ *O pagină din viața românească supt Moruzi și Ypsilanti. Scrisori,* ed. Al. D. Sturdza, București, f.a., p. 28-29.

⑤ Gh. Platon, *Geneza revoluției române de la 1848. Introducere la istoria modernă a României, Iași,* 1980, p. 155, 165, 253.

⑥ G. Călinescu, 引文如前：p. 814.

波兰，然后是哈布斯堡君主国，在某些方面甚至向往渗透到沙俄帝国的西方生活模式（从军队到共济会）[1]和社会因素（在摩尔多瓦，贵族阶层一直存在着一种获取外国贵族头衔的偏好，起先表现为在 17 世纪获得波兰本土贵族头衔，后来又开始追求特兰西瓦尼亚贵族称号[2]）共同赋予了摩尔多瓦"贵族制"主导地位。蒙特尼亚则没有发生这种情况，那里（在乡村和集市，一直与来自巴尔干半岛的保加利亚、阿尔巴尼亚、马其顿、塞尔维亚、伊庇鲁斯和塞萨利等地的农民和商人保持着长期深入的民间交往）更早出现了由资产阶级构成，能够筹备和发动革命[3]的中间阶层，但米尔科夫河彼岸的革命运动[4]失败了。

同样重要的还有在其他各类因素制约下的文化因素，以及摩尔多瓦不断效仿中东欧天主教国家哥特风格、文艺复兴风格、巴洛克风格的悠久传统。这导致伊布勒伊莱亚努是这样解释"青年社"源自德国的反资产阶级批判精神的："摩尔多瓦的地主阶级是一种古老有机文化的守护者，他们通过产生自这个阶级的作家们，成为西方文明渗透过程中必不可少的过滤器。"[5]

这些文化因素首先可以从文学读物（及其他读物）的类型上（可用以衡量当时的文化精英），以及包括教堂、庄园、宫殿在内

① P.P. Panaitescu, *Medaliile francmasonilor din Moldova în se- colul al XVIII-lea,* în „Revista istorică", 10-12, 1928, p. 354-355.

② S. Zotta, *O diplomă de nobil transilvan pentru un boier din Moldova,* în *Omagiul lui loan Lupaș la împlinirea vârstei de 60 de ani,* București, 1943, p. 873-881.

③ G. Ibrăileanu. 引文如前：p. 29.

④ 1821 年图多尔·弗拉迪米雷斯库革命。——译者注

⑤ 同上：p. 111.

的各种宗教和世俗建筑的风格上得到印证，18世纪和19世纪前半叶的摩尔多瓦（延续了17世纪摩尔多瓦的西方式创新精神，具体表现在戈利亚修道院、卡欣修道院，以及科斯蒂内斯库家族、库珀雷斯库家族、坎特米尔家族身上）与同一时期的瓦拉几亚公国有着明显的区别。这种差异太过显著，必须要在这里强调一下。实际上，就是在我们所处的这个地理、政治和文化空间，翻译了当时最受欧洲贵族们受欢迎的作家——法兰索瓦·芬乃仑的作品（1772年为尼亚姆茨主教约尔达凯·达里耶·达尔默内斯库抄录了一部《忒勒马科斯历险记》）[①]。在那里可以订购到各种新书和古籍，此外还有具有广泛文化用途的工具书，从《荷马史诗》到必须从莱比锡订购的格里戈雷·安东·阿夫拉米耶编纂的词典，不一而足[②]。除了卢梭、康德的著作，以及新颁布的美国宪法在这里大受欢迎外，处于萌芽状态的拜占庭研究代表作也开始为人们所知，例如查尔斯·杜·康热的作品，1800年后在雅西发表的一篇文章中称之为"卡尔·杜·弗雷纳，杜·康热勋爵"[③]。霍廷主教阿姆菲洛希耶等人的世界地理论著被汇编成册，意大利作曲家朱塞佩·萨尔蒂的《圣歌》也经改编后在雅西奏响[④]。奉乔拉、帕拉德、卡尔普等贵族家庭之命，亚历山德鲁·贝尔迪曼在1784年翻译了梅塔斯塔西奥的部分作品，伏尔泰的作品也广为传抄。此

---

① R. Theodorescu, *Gustul pentru Fénelon, în Picătura...*, p. 196-198.

② M. Carataşu, *Catalogul bibliotecii unui mare negustor din veacul al XVIII-lea: Grigorie Anton Avramie*, în „Studii şi cercetări de bibliologie", XII, 1972, p. 189-207.

③ M. Dogaru, 引文如前：p. 62.

④ C. Isopescu, *Il vescovo Amfilohie e l'Italia*, în *Saggi romeno-italo-ispanici*, Roma, 1943, p. 36.

外，来自尼亚姆茨的博学的修士泰奥多西耶参照维也纳的草图，制作了一幅心脏解剖图 [①]。一位叫斯卡尔拉特·卡利马基的大公则在法纳尔统治末期，资助出版了以他名字命名的法律选编，实际上是对奥地利民法典的翻译（不管怎样，它要优于同一时期蒙特尼亚卡拉贾大公颁布的法典）。

同样在法纳尔大公统治末期，摩尔多瓦大公亚历山德鲁·苏祖和瓦拉几亚大公米哈伊·苏祖来自同一个家族，但众所周知的是，前者位于雅西的宫廷要比后者在布加勒斯特的宫廷更为辉煌。正如英国东方学家罗伯特·克尔·波特爵士在 1822 年宣称的那样："这个宫廷中的一切"（指位于摩尔多瓦首都的宫廷）"似乎比他在瓦拉几亚的亲戚那里的风格更加光鲜华丽" [②]。

当然，在西方权威观察家看来，摩尔多瓦的宫廷之所以更为辉煌，正是因为该国与欧洲的接轨，其根源可以追溯至 17 世纪，我们称之为瓦西里时期的"后拜占庭东正教巴洛克风格"。例如，戈利亚修道院的线脚元素就具有意大利—波兰血统，这在某种程度上与卢奇安·布拉加的微妙直觉不谋而合。他认为拜占庭传统与巴洛克传统有着一致的流变过程，两者越来越接近 [③]。不要忘记，实际上这里最重要传统风格起初是源自国外的巴洛克风格，经本土化之后很快成为静谧和谐的形式。在雅西和摩尔多瓦其他

---

① V. Cândea, *William Harvey, Anthème Gazis et les débuts de la science roumaine moderne*, în „Balkan Studies", 5, 1964, p. 77-88.

② *Travels în Georgia, Persia, Armenia, ancient Babylonia etc. during the years 1817, 1818, 1819 and 1820*, II, Londra, 1822, p. 799.

③ *Isvoade. Eseuri, conferinţe, articole*, Bucureşti, 1972, p. 146.

地方，我们在一些 18 世纪建筑的外墙上可以看到这一传统〔首先想到的是加夫里尔·卡利马基在 1761 年敕令建造的圣格奥尔基教堂（一个极具文化修养的外国人称之为"运用最新建筑方法修建的精美教堂"）〕[1]。深色的饰板、大括号式的门拱、梁托、三角楣、带新科林斯式柱头的壁柱，此外还添加了不少波洛克风格和洛可可风格元素，这种新古典主义模式与欧洲其他地区完全同步，且广泛存在于那个时代的摩尔多瓦民居中[2]。

宗教建筑中的西方风格（它与东方风格并存，例如在 1765—1766 年间，丘库雷什蒂家族统治时期建成的圣斯皮里东修道院和戈利亚修道院中奥斯曼风格的唧筒式水井）可见于瑟勒里耶圣哈拉朗比耶教堂的椭圆形穹顶、莱茨卡尼的圆形教堂，以及"建筑师利奥波"设计的巴努教堂的正面（当然，像阿尔蒂尼这样的艺术家也在学有所成后来到这里，于 1802 年奉雅科夫·斯塔马蒂大主教之命完成了圣像台上的绘画）。当然，这一切离不开一些捐资者，例如大臣拉杜卡努·拉科维察等人非凡的品位。1762 年，他在特尔古奥克纳的圣母领报教堂设立了上面提到的那座圣像台，在称颂了"亲爱的耶稣之母"后，用娴熟无比的法语继续写道："我们调节了公共财富，给最伟大的政治家们上了一课。"[3] 这证明他当时已经能够非常精确地运用波舒哀、伏尔泰等人的准当代政

---

① A. Wolff, 引文如前：p. 250.

② R. Theodorescu, *Civilizaţia românilor...*, II, p. 165.

③ T.T. Burada, *Biserica Buna Vestire din Târgul Ocnei, a lui Răducanu Racoviţă,* în „Revista pentru istorie, archeologie şi filolo- gie", V, 1885. p. 170-173.

治术语来泛指当时的政治人物 [1] 。

如果我们把目光转向瓦拉几亚，迎接我们的将是 17 世纪马泰伊·巴萨拉布统治时期的传统。到 18 世纪，这种传统自然而然地在蒙特尼亚人的情趣中得以延续，并在 19 世纪延伸到编年史、通俗小说和宗教书籍中 [2]（例如，当时在多元文化并存的巴纳特地区，学术专著、教科书，以及哲学和教育学著作都被广泛阅读）[3]。在那里，特别是像勒姆尼克沃尔恰那样的主教管区，民间传统占据着主导地位 [4]，那里有着完整的教会文化和世俗文化，后者表现为口头民俗和色彩鲜艳的图画 [5]。那里的服饰仍然非常传统 [6]（在与摩尔多瓦相邻的地区，服饰上则追求最新的"欧洲"时尚）[7]，旧地主和布勒伊洛尤家族、本杰斯库家族、日亚努家族、什蒂尔贝伊家族等新兴地主则以最自然的方式，与来自锡比乌的哈吉—波普这样的商人保持着紧密的商业联系和良好的私人关系。他们向商人们订购假发、沙发或纯种马等"紧俏货" [8]。其中有人甚至在

---

[1] E. Littré, *Dictionnaire de la langue française*, 6, Paris, 1962, p. 75.

[2] C. Velculescu, *Cărțile populare și cultura română*, București, 1984, p. 146-148.

[3] 同上：p. 117 及其后。

[4] Al. Duțu, *Coordonate ale culturii românești în secolul al XVIII-lea (1700-1821)*, București, 1968, p. 167.

[5] R. Theodorescu, *Spiritul Vâlcei în cultura română*, Râmnicu Vâlcea, 2001.

[6] A. Alexianu, *Mode și veșminte din trecut. Cinci secole de istorie costumară românească*, II, București, 1971, p. 99.

[7] M. Holban, *Rapport sur la Valachie et la Moldavie par Reinhard*, în „Revue historique du Sud-Est européen", 10-12, 1930, p. 239.

[8] N. Iorga, *Scrisori de boieri și negustori olteni și munteni către casa de negoț sibiană Hagi Pop publicate cu note genealogice asupra mai multor familii* (=Studii și documente..., VIII), București, 1906, 11, 23, 36, 49-51.

1796 年从维也纳给那位活跃在特兰西瓦尼亚的商人的信中写道：
"哈吉，你要知道，我不是把你当普通的朋友，而是当作兄弟和真
正的朋友。"[1]

"身世显赫"的新旧地主与"第三等级"之间没有明显的距
离，才使得我上面提到的那些联合资助项目在蒙特尼亚成为可
能，在摩尔多瓦却无此类现象。这些都属于民间艺术（不能和农
民艺术混为一谈）的范畴，与匈牙利—瓦拉几亚大主教区的放贷
者、商人、高级神职人员、大财主、食品零售商、缝纫行会，以
及 18 世纪布加勒斯特的圣埃莱夫特里耶教堂、奥拉里教堂、弗勒
蒙达教堂的大总管密切相关，在克拉约瓦、切尔内茨、特尔古日
乌等地也是如此[2]。

尽管在这个转型时代，人们依然恪守中世纪的等级制度，但
也经历了深刻的变革。城乡的"第三等级"用自己的民主化方式
为其身边淳朴的追随者们打开了视野，尽管他们受教育的程度有
限，却拥有极其丰富的想象力。

例如，其中包括一个叫约安·辛·多布雷的人，这个皮袄匠
的儿子后来成了巴蒂什泰教堂的唱诗人。1811 年"奶酪晾晒期"
的那个星期天，他迎娶了"德拉季奇·沙尔拉瓦儒般老爷之女"
埃夫多基娅[3]。这次普通教士与沙俄将军麾下最高指挥官之间的联

---

[1] 同上：*Un boier oltean la Karlsbad în 1796 şi 1797, în Analele Academiei Române. Memoriile Secţiunii Istorice*, seria a II-a, tomul XXIX, 1906, p. 221.

[2] R. Theodorescu, *Civilizaţia românilor...*, II, p. 201-202.

[3] I. Corfus, *Cronica meşteşugarului Ioan Dobrescu (1802-1830)*, în „Studii şi articole de istorie", VIII, 1966, p. 336.

姻，值得载入史册。这位约安·多布雷斯库 ① 就像迪奥尼西耶·艾克列西亚尔胡（据说 ②，他是卡拉迦列剧作中主人公列奥尼达先生的原型，比卡拉迦列生活的年代只早了不到一个世纪）那样，以一种近乎漠然的方式对拿破仑的事迹，以及波旁王朝复辟进行了评论。他对于这些事件的信息非常丰富，却又似是而非。他认为，那个科西嘉人被驱逐后，登上法国王位的是"法国原先那个国王 ③ 的侄子 ④，他的谋臣在波拿巴的建议下，在巴黎将他刺杀了" ⑤。关于遥远的几位路易的事情，这里显然存在无知的混淆，几乎可归入坊间野史。这部野史还无中生有地将莱蒂齐亚夫人 ⑥ 的那个著名的儿子定义为"异端分子"的门徒，而这位被东正教徒视为"上帝的仇敌"的"异端分子"正是来自菲尔内的自由思想者 ⑦ 弗朗索瓦·马里·阿鲁埃 ⑧。

在图多尔·弗拉迪米雷斯库起义和喧嚣的 1848 年革命前后，生活在城市贫民窟中的人们斗志昂扬且满怀新思想。从精神层面来讲，他们和狂热的自耕农别无二致。在后布伦科维亚努时期，他们在罗马尼亚公国各地捐资建造教堂。这些教堂罗列在喀尔巴阡山下，从布泽乌到梅赫丁茨，从卡尔维尼到彼得罗察，从古拉

① 即约安·辛·多布雷。——译者注

② G. Călinescu, 引文如前：p. 32.

③ 指路易十六。——译者注

④ 指路易十七。——译者注

⑤ I. Corfus, 引文如前：p. 345.

⑥ 拿破仑之母。——译者注

⑦ R. Theodorescu, *Voltaire, Napoleon și alți „eretici"*, în *Picătura...*, p. 202-209.

⑧ 即伏尔泰。——译者注

沃伊到霍雷祖，再到维奥莱什蒂，皆是如此。特别是在 1800 年后的乌尔沙尼，人们满怀热情地去帮助那些带头捐资者，并依照农村的习俗，将村民的名字（不含姓）都留在碑刻、祷告名单，以及教堂前殿那幅令人难忘的创始人画像上（这是大众心理的真正标志，为那个世纪方兴未艾的资产阶级思想做好了准备）。画中还有几十个身高相仿、面目相似的人物，那是穿着当地服饰的神父、教士和村民 ①。

这是一条与当时的摩尔多瓦完全不同的道路（这一点越来越明确），使得我们整个现代文化起源问题（构成这一问题的各种分歧在 19、20 世纪相继实现的两次统一之后逐渐消弥）变得更加有趣、更加丰富、更加吸引人。时至今日，喀尔巴阡山脉以东和以南的地区在经济、政治、传媒等各个领域依然呈现出明显不同，甚至是截然相反的面貌。

在从中世纪向现代过渡的过程中，罗马尼亚人社会生活中有一个重要的组成部分（它同时也是三个历史省份显著差异中的共同部分）。它与我们这个地区所有三个国家自 16 世纪下半叶所经历的结构性变化息息相关，即奥斯曼帝国以宗主国的形式在这里建立了权力机构，并对历史演变的各个层面都产生了影响。可以肯定的是（三个世纪以来无数本土和外国的资料都证明了这一点），与经济或政治相比，更为持久的是带有土耳其王朝印记的文明烙印。而心理，作为一种文明的事实，作为一套集体无意识的

---

① 同上：*Civilizația românilor...*, II, p. 200.

观点、信仰、愿景、成见①，它影响了那个时代的思想。对其进行研究时，我们需要依赖文学、美术、音乐、宗教、法律、心理学等领域的文献。这种心理如今正在经历着剧烈而隐秘的变化，产生了一种多年前②我称之为交易心理（它是罗马尼亚社会在第一次现代化过程中出现的新特征）的东西。事实上，我们正在适应一连串精确的，且能够构建国家存在的历史场景。约90年前，社会学家、散文家米哈伊·拉雷亚在一部关于罗马尼亚现象的著名研究③中将这一特征称为在政治和道德层面的"交易精神"。

从1907年早已被人遗忘的杜米特鲁·德勒吉切斯库④，到整整30年后的康斯坦丁·勒杜列斯库—莫特鲁⑤，整个20世纪的民族心理学研究（它们都对基本的农民背景给予了充分关注⑥）表明，在遗传生物因素、地理环境因素，尤其是历史条件因素的共同作用下，我们同胞从16世纪以来的面部拼图被精确地勾画了出来：多疑、不信邪（这消除了谬误和教条主义倾向）⑦、谨慎（斯特凡大公在统治末期充分说明了这一点）、机智（1859年冬天雅西和

---

① F. Braudel, *Grammaire des civilisations*, Paris, 1987, p. 54.

② În „Curentul", 18 martie 1998.

③ *Fenomenul românesc*, Ed. Albatros, Bucureşti 1997，其中转引了 *Biblioteca social* 杂志在1927发表的同名文章（"罗马尼亚人开展的所有斗争中，总是倾向于一种交易精神"。引文如前：p. 781）。

④ *Din psihologia poporului român*, Ed. Albatros, 1995.

⑤ *Psihologia poporului român*, Bucureşti, 1937.

⑥ D. Drăghicescu，引文如前：p. 19.

⑦ R. Theodorescu, *Repere de mentalitate românească*, în *Picătura...*, 1999, p. 162.

布加勒斯特议会的表决情况还不够说明问题吗？）①、包容（我们想想罗马尼亚王室的例子就知道了：卡罗尔一世②是天主教徒，维德的伊丽莎白③是新教徒，他们的子孙后代则是东正教徒）、个人主义（可溯源至遥远的中世纪，并一直延续到抵达阿索斯山的罗马尼亚教士决绝接受当地修道院的规则）④、适应性，最后这一点有好有坏，有时甚至表现为虚伪（我们不要忘记，有位文学史专家曾非常隐晦地表示："每个罗马尼亚人心里都隐藏着一个弗拉伊库大公。"）⑤。

此外，在刚刚结束的这个世纪中，这项由心理学家、社会学家、作家、历史学家共同发表意见的研究中还得出了上面提到过的结论：在这个十字路口，我们可以谈论一种新的罗马尼亚态度，它不是中世纪为独立而斗争的态度，也不是建国后捍卫自由的态度，而是一种我想称之为"原现代"的态度，一种对待生活、对待同胞、对待外族、对待统治者的态度。这种态度常常会被认为是我们道德的沦丧（很多书上都写到这一点，直至今日仍有很多人这么写，而且极为肤浅），是16世纪确立土耳其宗主关系后出现的一种泛罗马尼亚主义态度。我顺便补充一句，在土耳其王朝时期依然能够出现两位具有完整人格的罗马尼亚历史人物，这绝

---

① 指两个摩尔多瓦和瓦拉几亚两个公国同时选举亚历山德鲁·约安·库扎为大公，从而实现了"小统一"。——译者注

② 国王。——译者注

③ 王后。——译者注

④ 同上：*Bizanţ, Balcani, Occident la începuturile culturii medievale româneşti*, p. 226-228.

⑤ G. Călinescu, 引文如前：p. 975.

非偶然。二人都是 17 世纪末 18 世纪初的大公，且势不两立，分别是康斯坦丁·布伦科维亚努和迪米特里耶·坎特米尔。

置身于东南欧几大帝国（土耳其帝国、沙俄帝国和哈布斯堡帝国）之间，我们面临着王位不稳、死于非命（1580—1720 年间，在康塔库济诺家族的五代人中有七人以这种方式丧命）、政治动荡、争权夺利、在大国间首鼠两端等问题。如今和从前一样，在欧洲大陆的这个地区，既定政策造成的所有这些特点都集中体现在罗马尼亚人身上，也只能体现在罗马尼亚人身上，因为他们作为唯一的东欧人，不得不和所有人谈判，为了保留历史生活的基本要务——国家地位，他们不惜用王位、事业，乃至生命与他人进行交易。

"在罗马尼亚人的灵魂中，依然没有了从前的勇气和胆识，取而代之的是一种本能的恐惧。"[1] 进入 20 世纪伊始，一位集体心理分析专家这样写道。他对民族历史的看法是灾难性的，与比他早一个世纪的外国观察家们，例如查尔斯·佩图西埃在 1822 年，以及赫尔穆特·冯·莫尔克伯爵、元帅在 1835 年的看法相互呼应："瓦拉几亚人……没有春天，没有活力，没有丝毫战斗的火花。"[2] 或者，干脆说土耳其当局摧毁了一个民族的活力，而这个民族与塞尔维亚人不同（这种对比由来已久），他们不再使用武器[3]。在与

---

① D. Drăghicescu, 引文如前：p. 208.

② Ch. Pertusier, *La Valachie, la Moldavie et de l'influence poli-tique des Grecs du Fanal*, Paris, 1822, p. 32.

③ *Lettres du maréchal de Moltke sur l'Orient*, Paris, 1872, p. 7, 10; 关于此次旅行可参见：F. Pall, *Cu prilejul unei comemo- rări: Moltke și românii* (extras), București, 1942.

奥斯曼高门的关系中，土耳其人宁可用长期稳定的物质利益来换取那三个位于喀尔巴阡山—多瑙河地区的公国的自治权，这使得罗马尼亚人在政治和外交方面变得尤为敏锐[①]。体现在交易上，就是无休止的任命、赦免和进贡。

16 世纪形成了一种宿命论思想，人们认为土耳其人的统治之所以是大势所趋，是因为已不复存在的拜占庭帝国的东正教罪孽深重。这种思想在 17 世纪被强化为一种根深蒂固的信念，即与奥斯曼人交易是唯一可能的生存之道。这是内库尔切在《絮语》中的说法（斯特凡大公亲口向将继承其王位的儿子建议道："把国家献给土耳其人，而不是其他民族，因为土耳其人更聪明、更强大。"[②]）。类似的说法还见于带钥匙的小说[③]《象形文字史》中，其中的变色龙（指斯卡尔拉特·鲁塞特）曾谈到用"低下头颅"来安抚敌人[④]。在同一部书中，他还在提到大公的表亲，大贵族卢普·博格丹时声称："人们常常可以看到，在对敌人忍辱负重的情况下，成功会来得更快一些。"[⑤]这个结论似乎包含了在土耳其王朝鼎盛时期，各社会阶层的罗马尼亚人普遍持有的一种信仰："当狂风吹过，芦苇会弯下腰肢后再次挺立，大树则会连根倒下。"[⑥]即便在今天，社会学家们发现在 1990—2000 年间的罗马尼亚当

---

① C. C. Giurescu, *Despre caracterul relațiilor dintre români și turci*, în *Probleme controversate în istoriografia română*, București, 1977, p. 97-98.

② O *samă de cuvinte*, în *Letopisețul Țării Moldovei*, ed. G. Ștrempel, București, 1982, p. 168.

③ 来自法语 roman à clef，指用虚构的人名描述真实人物和事件的小说。

④ Dimitrie Cantemir, *Istoria ieroglifică*, II, ed. P. P. Panaitescu, Verdeș, București, 1965, p. 25.

⑤ 同上：I, p. 93.

⑥ 同上：II, p. 229

代社会依然存在一种含有宿命论、悲观主义、家长制、专制主义特征，随遇而安的"生存文化"取向（它与"发展文化"相对立）[1]。坎特米尔小说中寓言式人物所说的话仍能在我们国家，甚至境外产生熟悉的回响……

由于地处东正教传统和乡村传统空间内，且向着贵族化的方向演进[2]，罗马尼亚人的文明在第一次现代化进程中时常出现依赖君主权威的倾向，以期弥补政治层面的不足和道德层面的危机（著名的法纳尔大公统治就是一个例子，它将知识的高峰和道德的深渊融为一个，被认为是一种典型的、初级的合作主义形式[3]）。在民族的高光时刻同样如此（在所有案例中，值得一提的是较近的库扎事件[4]）。这种倾向反复出现，或多或少取得了成功，并在文化层面或多或少带有一些灵活性，从而成为（甚至现在依然是）一种崇拜，至少也是一种对领袖作用的夸大，将其奉为救世主式的"神人"。在 20 世纪，这样的人物（他们从上面提到的三个人物那里汲取了力量[5]）在罗马尼亚人生活的区域内相继出现，如卡罗尔二世、科尔内留·泽莱亚·科德雷亚努、乔治乌－德治和齐奥塞斯库。从宪兵的丝绸手帕到阴森森的党内仪式，再到《罗马尼亚颂歌》大型演出上体育场巨大的背景板，到处都是他们的肖

---

① *Zece ani de adaptare. Starea naţiunii*, Institutul Pro, Bucureşti, 2001, p. 8.

② 转引自本人的文章 *Repere de mentali- tate românească*, p. 163-165 并做修订。

③ N. Ş. Tanaşoca, *La construction européenne et le byzantinisme des pays de l'Est. Le cas de la Roumanie*, în *New Europe College. Yearbook*, 1994, p. 131.

④ 1859 年实现"小统一"。——译者注

⑤ 疑为笔误，前面只提到两个人。——译者注

像。比起斯大林主义时期毫无理智的吹捧，铁卫军追随者献给其"队长"的文字更是绝对的谵妄："罗马尼亚民族有史以来最杰出的人""露珠中的太阳、一滴投射到永恒中的太阳""像山巅的冷杉一样高大，像童话中的白马王子一样英俊，他像一颗金星，比我们历史天穹上闪耀过的所有星辰都更明亮""东正教的君王……欧洲民族主义的上苍"①。

其实，这是罗马尼亚现代性的可悲特征。在我们的中世纪，对政治领袖的崇拜（特别是对他们死后的崇拜）程度远远比不上斯拉夫世界，拉丁式的理性使过分的个人崇拜得以缓解，让我们不会像俄国人那样去崇拜"沙皇父亲"，也不会像塞尔维亚人那样，在铁托之前好几百年就通过文字和图像将君主们（如尼曼雅王朝、赫雷别利亚诺维奇王朝、布兰科维奇王朝的君主们）奉若神灵。

此外，现代人对救世主、引路人式领袖的依附与我们所说的"交易心理"有着直接的关联。领袖既可以被置于一个由各种交易推动的至高无上的光环之下，也可以被突如其来地（通过另一些交易，换句话说就是背叛）、迅速地、残暴地推入暗影之中，甚至万劫不复。

这种交易心理源自罗马尼亚的第一次现代化，其基本特征是，在整个中东欧地区（除了俄罗斯帝国），只有在这里，即多瑙河下游，从 16 世纪开始在布加勒斯特、雅西和阿尔巴—尤利亚

① Apud Şt. Palaghiţă, *Garda de fier spre reînvierea României*, Bucureşti, 1993, p. 54, 63.

一直保留着一个有组织的国家，它有自己的统治者，奉行自治原则。然而，1393 年和 1396 年的保加利亚，1430 年和 1460 年的希腊，1459 年的塞尔维亚，1463 年的波斯尼亚，1478—1479 年的阿尔巴尼亚，1496 年的黑山，1526 年的匈牙利，1620 年的捷克，1772 年、1793 年和 1795 年的波兰，都接连作为政治实体从地图上消失了，以各种形式落入土耳其、奥地利、俄罗斯或普鲁士治下。

为了保住这些罗马尼亚人的国家，为了获得大公的王位，持续不断的纷争是不可避免的。用帕迪沙赫[①]的宫廷用语来说，他们都是"可怜的纳贡人"。即使在法纳尔大公统治时期那样恶劣的条件下，国家仍然得以保全，这是罗马尼亚思维和行为方式的成功之处，无论其是否与模糊的、总是被提到的"民族特色"相呼应。但是，与几乎所有东欧和中欧国家的不同之处在于，它也阻碍了政治移民在罗马尼亚人中成为一种历史现象。因此，时至今日，二战后流散海外的经济和政治侨民组织依然普遍极度软弱，缺乏凝聚力和稳固性（这很容易解释）。

通过对心理史的研究我们可以发现（17 和 18 世纪的这些新事物的研究需要在其最敏感的表述中开展），在罗马尼亚人的第一次现代化进程中，充斥着慌乱缔结的联盟、不失时机的背叛、肆无忌惮且日益恶化的腐败。为了能够飞黄腾达（顺便提一个细节，"贿赂"一词在布伦科维亚努统治时期的一部佚名编年史中首

---

① 中东君主。——译者注

次出现），人们不惜阿谀奉承，各种夸赞之辞不仅针对本国的大
公、国王或第一书记，还涌向了如过眼云烟般的外国统治者。从
伊斯坦布尔的苏丹到俄国的沙皇，从维也纳的皇帝到希特勒和斯
大林，他们的名字你方唱罢我登场，以一种可悲、可笑的方式依
次出现在布加勒斯特中心广场上。在更早一些的年代，罗马尼亚
公国教堂碑刻上对"可敬的皇帝"的奉承也是很好的例子（1574
年，在布科沃茨，苏丹本人听说土耳其人在奥尔特尼亚处罚了著
名的摩尔多瓦大公约安后欣喜若狂）。到 18 世纪 80 年代，来自
马弗罗科尔达特家族的两位摩尔多瓦大公都曾自豪地提到他们奥
斯曼宗主国"贝伊"的身份（认为其可与罗马德意志帝国的奥地
利首相头衔媲美 [①]）。在蒙特尼亚，尼古拉·马弗罗盖尼与土耳其
统治者并肩作战对抗基督徒。最具讽刺意味的是，他的行径在卡
尔德鲁沙尼的一幅寓言式圣像中得到高度颂扬，落款上的日期为
1789 年 1 月 1 日 [②]。在此能（作为接受既成事实的公开书面证词）
列举的还有，可以从碑刻上引用到关于叶卡捷琳娜二世、亚历山
大一世、尼古拉一世·巴甫洛维奇的记述。在蒙特尼亚和摩尔多
瓦的土地上，奥斯曼帝国和沙皇俄国进行过那么多次战争。那时
候的日历上甚至还标注着沙俄皇室成员的生日，以及俄军的胜利
日。诸如此类，不胜枚举……

　　吊诡的是，从马拉穆列什的乡镇到奥尔特尼亚和蒙特尼亚的
山村，再到摩尔多瓦的自耕农聚居地，这个在话语和图像中时常

---

① N. Iorga, *Texts postbyzantins*, Bucureşti, 1939, p. 5.

② R. Theodorescu, *Civilizaţia românilor...*, II, p. 157.

以农民为荣，面临如此恶劣的条件，被断言将"退出历史舞台"的国家居然能够无休无止地进行交易。而且，这是一场性命攸关的交易（在蒙特尼亚的民间口语中，有"土耳其人进村"①的说法，在摩尔多瓦则有"鞑靼人进村"的说法）。在这方面，还有什么能比1688年布伦科维亚努的统治更有说服力呢？是年，他在东方帝国的诸多不确定性中登上了王位，最终命丧黄泉。在欧洲大陆的另一头，英国则通过"光荣革命"缔结了人民与王室之间的政治"契约"。这一年还创建了西方首家保险人组织②，它作为西方社会确定性的象征，以现代保险业的创始人爱德华·劳埃德的名字命名③（事实上，大约在同一时期，以为熟知我国状况的外国人也在1700年提到了罗马尼亚的不安定性。这位名叫安东·玛利亚·德尔·基亚罗的佛罗伦萨人指出："我们必须将摩尔多瓦和瓦拉几亚这两个省份视为惊涛骇浪中的两条船。"④）。与此同时，一连串交易还在继续：有人是为了保全自己的财富，有人是为了清除政治对手，有人是为了维护教会的安宁，（在社会最高层）还有人是为了夺取王位。所有这一切导致在这个充满民族自豪感的国度，民间俗语中却广泛流传着一句充满自保和主权交易精神的话："刀剑不砍低下的头颅。"

三十多年前，当我试图从自己的新视角勾勒我国的现代化开端时，发现视觉元素对我重写1550—1800年间罗马尼亚这四分之

① 表示"情况危急"。——译者注
② 劳合社。——译者注
③ 同上：*Reperul brâncovenesc, în Drumuri către ieri*, Bucureşti, 1992, p. 50-51.
④ *Istoria delle moderne rivoluzioni della Valachia*, ed. N. Iorga, Bucureşti, 1914, p. 119.

一千年的历史起到了决定性作用。基于对这一时期宏大文化主题边缘进行的思考，我已经取得一些成果。现在，我有意在这些问题上稍作停留，旨在对之前的成果加以评判，并希望这些问题同样能够激起后来者的兴趣。

从我们精神层面现代性的遥远开端（有人不知应从何说起，为图便利，往往将其置于中世纪）到所谓的"罗马尼亚文艺复兴"问题，从持续到20世纪，时至今日仍被时常提及的关于各省份特殊性的争论（时而被政治化），为学者们提供了丰富研究素材的《民族心理学》的精妙章节，所有这些主题都应该被重新提及、重新讨论、重新定义，我希望永远不要回避它们。这仅仅是因为在某些情况下（在建构民族特性的近三个世纪），当我们谈及罗马尼亚人居住地区心理和地域特点、罗马尼亚人在欧洲的地位，以及罗马尼亚人与另一个欧洲对话等问题时，它们构成了我们当前探讨的实质性内容。

罗马尼亚人古老文明中的视觉元素和语言

　　1151 年前，在威尼斯爆发的一场神学争论为中东欧的斯拉夫人进入"基督世界"奠定了基础，这场争论是基于一个语言论题展开的。来自塞萨洛尼基的拜占庭传教士康斯坦丁（后成为高级教士西里尔）面对拉丁教士，振聋发聩地否定了他自己提出的"三语谬误"，即只有希伯来语、希腊语和拉丁语才能够传达上帝的旨意，因此具有神圣语言的属性。他和麦托迪一同维护了后来被称为"斯拉夫语"的权利。这位伟大的[①]字母创造者在公元 867 年援引了使徒圣保罗所写的《哥林多前书》，其中第 14 章专门讨论了"语言与恩赐"："世上的声音或者甚多，却没有一样是无意义的。"[②] 在 9 世纪关键的第七个十年里，罗马和君士坦丁堡教会的学者们脑海中不止一次浮现出《新约》中的这句名言。在这十年间，人们皈依了基督教，并进行了影响深远的传教活动。在一

---

① 西里尔。——译者注

② I Corinteni 14, 10；这一情节又见：D. Obolensky, *The Byzantine Commonwealth...*, p. 143.

个仍然具有普世性的教会中，宗教语言的使用成为构建文明的基础（直至宗教改革，从未如此重要过）。拜占庭皇帝米哈伊尔三世曾致信大摩拉维亚公拉斯蒂斯拉夫，称其被传授的字母贵比黄金（实际上是圣灵的恩赐）。这位专制君主还在圣像破坏活动之后告诉罗马教皇尼古拉一世，称后者的拉丁语（和博斯普鲁斯的希腊语相比）是"野蛮人和斯基泰人"的语言。尼古拉一世的继任者，教皇阿德里安二世则接受斯拉夫语成为宗教语言。上述事件都说明，语言在各类文化领域的使用已经成为重大事件（"宗教语言"的开启好比先于"圣灵降临"发生的倒数第二大典礼），否则无从探讨欧洲各民族的起源（顺便提一下，我们不要忘记，西里尔和麦托迪创制的字母与标志着两门重要西方语言[1]产生的著名的《斯特拉斯堡誓言》几乎出现在同一时期，这绝非偶然）。

　　中世纪的人们习惯于将个人思想和社会现实寄托在修道院撰写的编年史和赞美诗中，以及记述布施、朝圣和十字军东征的文本中，或是将其融汇在称颂圣人生平和骑士事迹的歌谣中（这些英雄此后也会变为文学作品的主人公）。因此，中世纪是存在于光怪陆离的视觉标志下的。事实上，人们绝大多数时候都处于极具感官和象征价值的视觉元素支配之下。这些元素存在于建筑、壁画、马赛克、石雕，以及镶金包银的器皿中[2]，被包含在西方异教徒从第一个千年流传下来的兽皮书中，或是体现在源自东方的亚

---

① 罗曼语和条顿语。——译者注

② R. Theodorescu, „*Monumentum princeps" şi geneze statale medievale în Europa răsăriteană*, în *Itinerarii medievale*, Bucureşti, 1979, p. 10.

洲宫廷华丽传统中。甚至在对欧洲中世纪文明的主要时期进行命名时，也都是以视觉形态的演变为标准的，例如：罗马式时代、哥特式时代，即便到了文艺复兴时期，这一规则也未消失。

在此我想要补充的是，从跨学科研究的角度来看（首先涉及圣像研究方法，它需要从哲学、信仰、文学等领域对造型艺术现象进行启发性的探索），无法绕过语言来探讨艺术的异质性。只要我们想一想欧洲中世纪（无论东欧还是西欧）的一个基本情况就会发现，"表达（一幅图像）"和"书写（一个文本）"这两个动词是同义词：古法语的书写就属于这种情况，文本总是伴有国际哥特式风格的彩饰图纹环绕。同一时期用教会斯拉夫语写成的文本（其中包括罗马尼亚公国的第一份带装饰文稿，1404—1405 年间由来自沃迪察和蒂斯马纳的尼科迪姆完成的《四福音书》）也同样是图文并茂的。

当然，研究欧洲文化中图像类型与写作类型间关系的学者拥有宽泛的研究场域。例如：他们的研究可以扩展至在"爱"与"虚空恐怖"之间徘徊的欧洲马里尼体在风格上的当代性；装饰主义和偏好使用隐喻、对比、双关、繁复句式、夸张、形容等修辞手段的马里尼体、贡戈拉体、绮丽体语言风格之间的关系；离我们更近的例子则有立体主义绘画、爵士乐和安德烈·纪德特有的句式在结构上的巧合[1]。因此，每一次都有必要同时对一个社会看到和说出来的方面进行平行比对。

---

[1] W. Sypher, *Rococo to Cubism in Art and Literature*, New York, 1960.

在最后这个方向上（在我们国家也是这样），思想意识发展史研究将更多地发挥作用。在相关著作中，通过在词汇与社会间构建联系，或者将语言研究插入到社会背景中，得"历史语义学"成为一个独特的章节[①]，罗马尼亚文化学者也可从中获益。

如果从我们所了解的罗马尼亚中世纪，以及中世纪之后早期的文人语言和日常语言中（事实上，从"国家建立"到法纳尔大公统治结束的 500 多年时间里，教会斯拉夫语、拉丁语、希腊语、德语和罗马尼亚语都在这里被使用和书写）选择几个典型的时刻的话，就可以尽可能地解读视觉性和语言之间某些重合的阶段。据我所知，还没有人尝试过这种方法。在我看来，这样的阶段有四个（关系到文字和图像的某种演变、对装饰细节和修饰词的某种强调、使用不同语言时的语序、在艺术构图中对人物面貌的某种安排，同时涉及语言组织、文学色彩和形象构建）。如果仅仅作为一种工作假设的话，我可以对其做如下命名：14—15 世纪的"庄严人像阶段"、16 世纪的"叙事阶段"、17 世纪的"触觉阶段"，以及 18 世纪和 19 世纪早期的"装饰主义阶段"和"口头阶段"。

在第一个阶段存在教会斯拉夫语—罗马尼亚语双语现象（类似巴尔干半岛的双语现象，希腊语在那里扮演多瑙河以北教会斯拉夫语的角色），对于在同一个说话人身上斯拉夫语系统和拉丁语系统的相互干扰，我只知道在这种文化状况下会遇到各种困难。

---

① A. Dupront, *D'une histoire des mentalités*, în „Revue Roumaine d'Histoire", 3, 1970, p. 391-396.

人们必须用一种语言思考，但表达的时候却使用另一种语言，两者间存在显著的距离，但对于学界精英而言却成了他们的特点[1]。此外，我们还知道在肯普隆格的尼亚克舒书信[2]出现的年代，罗马尼亚文已经确定成型了，尽管（在诸多知名语言学家看来[3]）在公元 1500 年以后相关思想的发展依然缓慢。我认为，借助语言和视觉之间的关系，可以使我们的观察进一步细化。不管怎么说，即便要等到 16 世纪后才能找到我们的语言具有拉丁延续性的证据（其他都是诚挚美好的假设），我还是要说，在 14 世纪的最后 25 年，视觉元素为"拉丁性审美"提供了明确的证据。这是一种平和的品位，体现为科齐亚修道院大教堂在建筑体积和参数上的逻辑性和平衡感，与摩拉瓦河谷、克鲁舍瓦茨、拉瓦尼察、韦卢切、新帕拉或卡莱尼奇等地烦琐的塞尔维亚式建筑风格截然不同，那是一种追求复杂、繁缛、堆叠的斯拉夫式审美取向[4]。

只有 15 世纪的摩尔多瓦，斯特凡大公的统治标志着文化和艺术风格的顶峰，出现了最早的用教会斯拉夫语写成的历史文献，以及沿较确切历史轨迹排列的壁画，基本符合我上面所说的公元 1500 年前"庄严人像阶段"的特征。

轻细节而重整体，体现在珀特勒乌茨修道院（1487 年）的壁画和沃洛内茨修道院的（1488 年）的祭坛上。人物和场景元

---

[1] 同上：p. 46.

[2] 现存最早的罗马尼亚语文本。——译者注

[3] 同上：p. 584.

[4] R. Theodorescu, *Un mileniu de artă la Dunărea de Jos*, p. 204-206.

素被减少，大公的头像栩栩如生、庄严肃穆、勾画简练 ①。从远处看，礼仪场景与教堂内部简洁的构造严丝合缝地融为一体（巴尔干风格的浮雕是 90 年代末在博利内什蒂出现的 ②）。斯特凡大公统治时期壁画的这些优点也可以在其他艺术门类（如刺绣或手稿）中找到，尤其是在《普特纳编年史》简洁的斯拉夫语句子表述中："6907 年（1399 年），亚历山德鲁登大公上王位，在位 32 年零 8 个月后去世 ③"或"土耳其皇帝马赫迈特 – 贝格率所有力量，联合巴萨拉布的全体大军在阿尔巴河谷击败了斯特凡大公，屠杀了他的军队，在他的国家一路烧杀掳掠到苏恰瓦" ④。1476 年夏天难忘的历史片段也出现在《比斯特里察编年史》⑤ 中，只是增加了一些动词。非常类似的遣词造句方式还出现在 20 年后勒兹博耶尼圣米哈伊尔教堂前壁的教会斯拉夫文题刻上，作为大公昔日的誓言，其庄重的语调与修道院编年史如出一辙，令人过目难忘："在基督赐福的日子里，蒙主恩典的摩尔多瓦公国大公扬·斯特凡，博格丹大公之子，在 6984 年，即其在位的第 20 年，遭遇了强大的土耳其皇帝马赫迈特和他全部东方军队。巴萨拉布大公，绰号拉伊奥特，也率领全国大军随其到来。他们掠夺和占领了摩尔多瓦公国，并一直抵达这里，被称为阿尔巴河的地方。我们的斯特凡大公和他的儿子亚历山德鲁在这里迎击他们，在 7 月

---

① *Istoria artelor plastice în România*, I, Bucureşti, 1968, p. 352 (autor al capitolului: S. Ulea).

② 同上：p. 356; *cf.* C. Popa, *Bălineşti*, Bucureşti, 1981, p. 36-37.

③ *Cronicari români, Antologie*, ed. Al. Rosetti, Bucureşti, 1944-1945, p. 14.

④ 同上：p. 16.

⑤ 同上：p. 18-19.

26 日与之大战。在上帝的旨意下，基督徒被异教徒击败了。摩尔多瓦军队的大量军人阵亡。于是鞑靼人也从那里攻击摩尔多瓦公国。"[①]

同样通过碑刻，我们进入了 16 世纪，进入了图像与语言关系的第二阶段，我们称之为"叙事阶段"。在阿尔杰什修道院教堂（这是一座原汁原味的新朝代陵墓[②]）的前殿，大公的赫赫军功按时间和地点（否则很难突破审美的界限）在墓志铭上有节奏地铺陈开来，大公的头像连成一串高悬在门楣之上。这种排列方式在其他地方的罗马尼亚古代艺术中还未曾见过，仅仅存在于这个 16 世纪二三十年代的大公陵墓中。

这些肖像主要是在阿富马齐的拉杜大公统治时期绘制而成的（是格奥尔基·塔塔雷斯库的作品，收录在其被频繁援引的"画册"中），教堂在 19 世纪经历过一次草率的重建后，这些肖像几乎损毁殆尽。拉杜大公是尼亚果耶·巴萨拉布的女婿，画面中的主人公除了中世纪蒙特尼亚公国的缔造者（尼古拉·亚历山德鲁、拉杜一世、老米尔恰）之外，还有 15 世纪巴萨拉布家族的其他成员（弗拉迪斯拉夫三世、修道士弗拉德），以及拉杜大公、尼亚果耶本人、特奥多西耶、布兰科维奇家族的戴斯皮纳·米莉察和

---

① *Repertoriul monumentelor şi obiectelor de artă din timpul lui Ştefan cel Mare,* Bucureşti, 1958, p. 139, 143, cf. R. Theodorescu, *Lumea unei inscripţii*, în *Istoria văzută de aproape*, Bucureşti, 1980, p. 78-79. 更新文献可参见：R. Theodorescu, I. Solcanu, T. Sinigalia, *Artă şi civilizaţie în timpul lui Ştefan cel Mare*, Bucureşti, 2004.

② E. Lăzărescu, *Biserica Mânăstirii Argeşului*, Bucureşti, 1967, p. 24-28; R. Theodorescu, *Câţiva „oameni noi", ctitori medievali*, în *Itinerarii...*, p. 58 şi următoarele.

她的远亲塞尔维亚大公拉扎尔。这是效仿邻国塞尔维亚，首次用
肖像形式绘制了瓦拉几亚公国的王室家谱[1]，令人印象深刻。这些
肖像守护着出资绘制者，也就是上文提到的阿富马齐的拉杜的墓
穴。在遮盖墓穴的石板上，拉杜大公被描绘成手持狼牙棒的十字
军骑士，披风在身后猎猎飘扬，威武的姿态与画面后的长篇碑文
相得益彰。碑文以第一人称叙述了 1522—1529 年间大公对伊斯兰
异教徒的战争，如地图般勾勒出了战争的全貌。任何基督徒在阅
读这篇文字时，都会感受到其行文顺序与周围已不复存在的大公
头像相互呼应："我将向你们讲述我进行过的那些战争，让你们知
道：第一次是与阿加雷尼人的战争；第二次是在古巴维；第三次
是在涅伊洛夫河畔的斯特法内什蒂村；第四次是在克莱贾尼；第
五次是在乔克内什蒂；第六次是在布加勒斯特城堡；第七次是在
特尔戈维什泰城堡；第八次是在阿尔杰什河；第九次是在普拉塔
村；第十次是在泰莱奥尔曼的阿利默内什蒂；第十一次，是所有
战争中最快、最猛烈的一次，七名督统在格鲁马济命丧沙场；第
十二次是在尼科波莱；第十三次是在什希托夫；第十四次是在波
耶纳里城堡……；第十五次是在杰奥尔吉塔；第十六次又是在布
加勒斯特；第十七次是在斯拉蒂纳城；第十八次是在布加勒斯特城
堡……；第十九次是在鲁克尔村；第二十次是在地德里赫……"[2]

　　阿尔杰什修道院是一座新颖别致的建筑，它沿袭了迪亚卢教

---

[1] C.L. Dumitrescu, *Pictura murală din Țara Românească în veacul al XVI-lea*, București, 1978, p. 47-52.

[2] R. Theodorescu, *Războaiele voievodului...*, în *Istoria...*, p. 95-96.

堂的风格，缀有东方化的几何和花卉装饰，从而引起了当时一些文献的高度关注。例如，加夫里尔·普罗图尔撰写的《尼封主教传》一书中提到"石材经雕琢打磨，饰有花卉"，腰线"由三根藤蔓缠绕抛光而成，且雕有花朵"，教堂的尖顶"也有雕花，有些还扭转着"，刚刚提到的前殿的柱子在阿索斯山上的主教看来"旋转得如此婀娜多姿"，外饰面"所有石材的凹陷处都用蓝色填涂，花卉则包金装饰"（这是一种直接且新鲜的视觉体验，后来在《康塔库济诺编年史》和拉杜·波佩斯库编纂的编年史中均有提及 [1]）。

它成为一个起始点，当时用于祷告的希腊语、教会斯拉夫语和充满奥斯曼风情的建筑和装饰元素（其意义之前我们已经评论过了 [2]）由此发生微妙的关联。

我还想补充的是，阿尔杰什修道院的圣像同样也兼具拜占庭和塞尔维亚风情（这种风格在同样建成于 16 世纪的斯纳戈夫修道院的教堂和科齐亚教会医院得到延续）。无论是接引者、大公，还是圣母、耶稣或头顶光环的天使 [3]，都能与那个时代《尼亚果耶大公致其子特奥多西耶的家训》的文本发生极为明显的关联。那本书里谈到了王室成员和贵族，大公以作者的口吻告诉他的后代：

---

[1] *Istoria Ţării Româneşti de când au descălecat pravoslavnicii creştini*, în *Cronicari munteni* ed. M. Gregorian, I, Bucureşti, 1961, p. 107-108; *Istoria domnilor Ţării Româneşti*, în acelaşi volum, p. 265 : "我认为，这在我所看到的全世界的工艺中是绝无仅有的。到处都是精雕细刻的石头，以及在所有石头和整个教堂上抠出的浮雕花卉。尽管有成百上千的花朵，却没有任何两朵花是一模一样的"。

[2] *Tolérance et art sacré dans les Balkans: le cas valaque autour de 1500*, în *Roumains et Balkaniques...*, p. 267 şi următoarele.

[3] C. L. Dumitrescu, 引文如前: p. 52, 57.

"你要知道，不是他们给你抹膏，让你成为大公，而是上帝为你抹膏，让你对所有人都一视同仁。"[①]"上帝抹膏"的思想在蒙特尼亚的壁画中时有体现，且贯穿着尼亚果耶大公的整部《家训》。

　　然而在此之前，编年史中故事的铺陈从未像在 16 世纪的摩尔多瓦那样，与圣像的画面有着如此紧密的联系。当时摩尔多瓦正处于斯特凡大公死后最重要的一个时期，宗教表现形式在叙事性的主导下，成为喀尔巴阡山和多瑙河下游文明的象征。

　　在一个（无论在文学、艺术，还是政治层面）创作个性日益彰显，传教士、旅行家、冒险家对当时所有新奇事物都持开放态度，甚至登上东欧国家王位（例如我们国家的被称为暴君的雅各布·赫拉克利德）的时代，所有我们觉得[②]新奇、不同寻常的东西，所有对罗马尼亚人生活地区形成强烈冲击的东西，都渴求着被讲述出来，通过既遥远又亲近的教会和世俗"历史"让更多人了解。这是一个叙事风格大行其道的年代，突破了中世纪"庄重人像阶段"干巴巴的教条，标志着罗马尼亚中世纪步入尾声。这种叙事性并非文学体裁，而是将创作者个人或其所属群体的经历转化为文字或图像的一种方式。这些经验无比丰富且不断增长，可能具有多种类型，但几乎所有都能够在罗马尼亚各公国找到，尤其是在 16 世纪上半叶和中叶，这也是中世纪文化向现代过渡的标志。它们在同一个时期出现，几乎同时（即便披着教会的外

---

① *Învăţăturile lui Neagoe Basarab către fiul său Theodosie*, ed. G. Mihăilă, D. Zamfirescu, Bucureşti, 1996, p. 269.

② 以下看法引自本人著作：*Civilizaţia românilor...*, I, p. 17-23.

衣，带着早已不复存在的拜占庭传统的顽固烙印，也掩盖不了所观察到事物的全新特征）用文字、色彩等多样化的形式传达思想和情感，交流个人或集体的经历，所有这一切都属于叙事方式。在彼得·拉雷什（他是个复杂的人物，虽然身处中世纪，却有着现代思想、行为和目标）统治时期的摩尔多瓦，有一些因素可以证明 16 世纪四五十年代是精神秩序变迁的开端之一，为从中世纪到现代的近百年过渡指明了方向。

曾几何时，摩尔多瓦北部那些著名的古迹外墙曾完全被精美的壁画覆盖[1]，这是一种复合型的美术现象，表现出一种新时代艺术的审美（起先是在 1530 年左右的大公宫廷中[2]，后来向修道院延伸），而非中世纪的审美。尽管其源于中世纪的圣像，但在我看来，其本质同样也是叙事特征。这种外墙壁画实际上改变了斯特凡大公统治时期庄重、典雅、中心化的壁画风格，取而代之的是一种奢华的场景。几百个人物在教堂的外墙上绽放，打破了中世纪自由的自然环境和拘谨的宗教场所之间的界线。因此，无论从神学或政治角度做出何种阐释，它都是中世纪之后精神的见证，尽管它仍披着中世纪传统艺术华丽的外衣。

但这种外部绘画的奇观，这种诉诸东正教圣像中被或多或少神圣化化形象的做法是一种论证性修辞需要。当然，它不仅仅与一些戏剧性的场景（源自西方中世纪神秘传统的"露迪"），例如

---

[1] R. Theodorescu, *La peinture murale moldave aux XV-e – XVI-e siècles. The Moldavian Mural Painting in the Fifeteenth and Sixteenth Centuries,* Bucureşti, UNESCO, 1994.

[2] S. Ulea, *La peinture extérieure moldave: où, quand et comment est-elle apparue,* în „Revue Roumaine d'Histoire", 4, 1984, p. 285-286.

波兰史料中记载的 1537—1538 年在摩尔多瓦的主要城市，即苏恰瓦①发生的事件有关，而且还和那时候人们开始撰写的具有修道院色彩的一些故事文本有关。同样在摩尔多瓦，16 世纪 30 年代末有尼亚姆茨修道院院长和罗曼主教马卡利耶，科普利亚纳修道院院长埃夫蒂米耶，此外还有 16 世纪中叶到该世纪末的阿扎利耶。

上面提到的第一位②被称为"摩尔多瓦之师表"，作为《神奇的彼得（即彼得·拉雷什）编年史》的编纂者，表现出了高超的"以第一人称叙事"的天赋③。正如他暗示的那样④（书中到处是各种修辞手法的交织，体现了通过巴尔干半岛斯拉夫人传入的优良拜占庭传统，这种模式经常被⑤曼纳萨斯采用），他熟知同胞的命运和自身的使命（"我们要用编织了金线的词汇去装点话语的桂冠"），在谈到斯特凡大公私生子的崛起和衰败时，他字斟句酌，用反复推敲的句子来反映其卫道士思想："但在我看来，人生没有什么是一成不变的，无论是王权还是财富，人生的幸福没有不经历悲伤和风暴的。但我说这些话是什么意思呢？上帝想要责备我们的错误，就像斥责被撒旦试探的约伯一样。他用隐秘的方式实现了自己的想法，并选择贵族来当执行者。这一切为什么会发生？又是怎么发生的？词汇啊，快来帮帮我吧，把这些值得记住

---

① V. Eskenasy, *Un nou izvor referitor la prima domnie a lui Petru Rareş*, în „Studii", I, 1973, p. 142.

② *Cronicile slavo-române din sec. XV-XVI publicate de Ioan Bogdan*, ed. P.P. Panaitescu, Bucureşti, 1959, p. 77-105.

③ D.H. Mazilu, 引文如前：p. 299.

④ 同上：p. 303.

⑤ 拜占庭编年史家。——译者注

并讲述的事情告诉那些想要知道的人吧。"

　　此外，马卡利耶甚至对一些古代希腊、罗马的典故如数家珍，从"卡兰达^①""克罗诺斯^②到"廷达里斯战役"，不一而足。他细腻的叙事风格堪比来自扎金索斯岛的希腊画家斯塔马特罗斯·科特罗纳斯，后者在1552—1554年间先是为斯特凡·拉雷什绘制壁画，然后又为马卡利耶绘制了勒什卡修道院教堂的外墙^③。在那座修道院的壁画中出现了西奈山的约翰描述的"神圣攀登的天梯"，此类图样半个世纪后在苏切维察修道院再次出现。

　　他的继承者，以及被称为"马卡利耶派"^④的修士对教会斯拉夫语语文学及那个时代的历史怀有浓厚的兴趣，他们将修辞学推到了在我们文化领域从未达到的高度。特别是在埃夫蒂米耶编写的关于"神奇的亚历山德鲁（当然是指亚历山德鲁·勒普什内亚努）"的编年史中，最典型的修辞手法是各种用于夸赞的辞藻层出不穷。书中，他称亚历山德鲁是"万世称颂的博格丹大公之子，但他却曾像竹筐下的灯火、尘土中的星光那样被遮蔽。但如今，他像一颗来自北方的金星一般闪耀，因为他来自摩尔多瓦公国"。至于自称"故事讲述者"^⑤的阿扎里耶，更是善于"丰满的叙事"。他在编年史中通过史诗般的描述，通过天马行空般的离题探讨，

---

① 罗马人称每个月的第一天。——译者注

② 巨人的国王。——译者注

③ S. Ulea, *Un peintre grec en Moldavie au XVI siécle: Stamatelos Kotronas,* în „Revue Roumaine d'Histoire de l'Art", Série Beaux – Arts, VII, 1970, p. 13-26.

④ D.H. Mazilu, *op. cit...*, p. 285 şi următoarele.

⑤ 同上：p. 129, 131, 139, 141, 145, 151.

通过将诸多人物置于同一场景中①，再现了几乎同一时代苏切维察修道院和摩维列什蒂修道院外墙上绘制的人物形象，如同给自己的文本套上了一个神圣的光环（他在书中这样描写亚历山德鲁·勒普什内亚努大公的结局："因此，他的一生爱未来胜过爱当下，他没有披上金线织就的王袍，却穿上了羊毛编织的道袍，他没有戴上镶嵌珠宝的王冠，而是落发为僧，并依照天使的圣书将自己的名字改为帕科缪。"）。

从风格上来讲，瓦拉几亚修士用教会斯拉夫写成的抒情和叙事文本，同摩尔多瓦或其他国家画工们在修道院外墙上绘制的壁画一样，都属于我们文化进入新阶段后的组成部分，反映了当时人们进行讲述，用最严格意义上的语句书写历史的需求。

此外，要深入理解摩尔多瓦外墙壁画中一些重要主题的含义，还需要从另一些教会斯拉夫语的文本中寻找答案。它们的作者并非本地修士，而是来自东方东正教国家的旅行者，例如著名的伊万·塞梅诺维奇·佩雷斯维托夫，他曾是俄国亲王，后来成为第一位沙皇的伊凡四世（即伊凡雷帝）的顾问。1537—1538 年间，前者在苏切维察逗留数月后，向后者陈述了自己对拉雷什的评价，其中一些内容可能有助于我们理解这些壁画的含义：在我看来，当这位俄国旅行家兼作家将摩尔多瓦大公比作"上帝的天使和上天的杰作……他们一刻也没有放下手中燃烧着的武器，从亚当的时代到现在，他们一直守护着人类免遭一切邪祟荼毒"②

---

① D.H. Mazilu，引文如前：p. 345.

② *Călători străini despre țările române*, I, București, 1968, p. 459.

的时候，他肯定是想起了在摩尔多瓦逗留期间，在修道院半圆形后殿和祭坛上看到的画面。这些壁画均以"向众圣人的祈祷"或"向高级教士的祈祷"为主题，广泛存在于普罗博塔、苏恰瓦、胡默尔、摩尔多维察等地。我们可以在画面上看到成群结队的蛇发女妖、天使、先知、使徒、殉道者和圣人，他们都向圣殿中心的耶稣走去。以"圣徒赞美诗"为主题的壁画（见于胡默尔修道院和摩尔多维察修道院）与《君士坦丁堡之围》有着异曲同工之妙，让人想起了这位来自莫斯科的朝圣者对拉雷什大公的溢美之词。这些赞美就像画中的场景一样，以直抒胸臆的方式呈现在我们面前："如果你想拥有国王的智慧、获得统帅大军的知识、了解王国生活的方方面面，就把关于攻占查理格拉德的这些'书'都读完吧。"①

　　值得注意的是，1550 年后不久，在文化领域出现了一批更为确凿的证据，主要是关于语言和宗教方面的。这些证据向人们揭示了或老或新的历史，对于这片文明区域的精神结构而言，是我们已知的碎片化信息的有益补充。非常重要的一点是，这一次，罗马尼亚人占主体的三个公国的情况都得到了展示。我想到的是"壁画编年史"中的章节，这些壁画所在的教堂宗教和文化背景各异，譬如有些是东正教教堂，另一些则是路德宗教堂，但所有都是 16 世纪下半叶的（这种巧合引发了艺术史和语言史专家极大的兴趣）。

---

① 同上：p. 453.

如我们所见，叙事风格在 1500 年后就出现在碑刻中，直到 16 世纪六七十年代才逐渐兴盛，但其框架显然仍与中世纪紧密关联。在部分民众信仰新教的特兰西瓦尼亚，最具表现力的例子存在于萨斯人 ① 的教堂或市政厅。新任的牧师和熟悉历史的路德宗教师，例如奥尔塔尔德家族的成员，为他们编纂了壁画编年史，旨在"普及"萨斯和阿尔迪亚尔历史。其内容可以追溯至殖民时期，同时又具有极强的现实性，其蕴含的教育意义和公民精神与文艺复兴的氛围相契合（它们是：1566—1592 年间的《科隆教堂年鉴》《摩什纳穆森希斯教堂编年史》……阿采尔的《阿采尔教堂记述》、布拉泰伊的《帕拉蒂安教堂纪事》……梅蒂亚什的《梅蒂亚什教堂记述》，以及《比斯特里察编年纪要》，等等）②。

山那一边的情况完全不同，但却有着同样的精神渊源。与阅读修道院抄手们抄写的编年史相比，欣赏壁画编年史符合更广泛受众的喜好。在米赫内亚兄弟统治奥尔特尼亚和摩尔多瓦时期亦是如此，这促成了喀尔巴阡山外的这两个罗马尼亚人占主体的公国在 16 世纪末实现了短暂统一。

第一个案例来自布科沃茨。1574 年，在教堂大殿亚历山大二世·米尔恰和佩特鲁·什乔普尔的肖像旁边都添加了一段文字（同样以第一人称叙述）：前者好像在对观众讲述着他在邻国摩尔多瓦与土耳其人并肩进行的著名战役，最终使后者在雅西登上王位。文中将来自伊斯坦布尔的苏丹称为"我尊敬的皇帝"："他命

① 日耳曼人。——译者注

② A. Armbruster, *Dacoromano – Saxonica*, Bucureşti, 1980, p. 44-46.

令（勇敢的约安大公）到高门去"，但他"不愿离开摩尔多瓦公国……，于是佩特鲁大公……就起兵杀死了约安大公，并砍下了他的头颅"[1]。

另一个案例是在苏恰瓦的圣格奥尔基教堂。1590年，在教堂大殿佩特鲁·什乔普尔的肖像（在布科沃茨也出现过）下面写了一段描金的铭文，谈到了与这位大公的家族，他与支持其血统的伊斯坦布尔之间的关系，以及当地和摩尔多瓦历史上的诸多事件[2]。

1594年布泽斯库家族在格鲁尤捐资建造了一座教堂，殿中佩特鲁·切尔切尔的肖像旁也伴随着一段铭文。即便不是壁画编年史，它依然使用了当面直陈的方式（让人联想起布科沃茨的铭文）："不要让无辜的鲜血在国内流淌，但要秉公执法，心怀仁慈，就像仁慈的上帝对待你我一样。"这使得这篇铭文在本质上仍属于叙事体，与统一时期的一些王室文件具有同样的风格。例如1575年1月25日，亚历山大二世·米尔恰致函维埃洛什修道院，祭奠儒般阿尔布·果列斯库。文中详细记述了这位伟大十字军将领的赫赫军功，并代表王室对其表示感谢[3]。

从叙事性壁画在视觉和文字层面的整体铺陈，到专注于人物形象、神态、服饰、珠宝等绚丽、丰富，甚至令人惊叹的细节，还要经历1600年后几十年的过渡时期，进而形成了一种罗马尼亚

---

① *Cronicile slavo/române...*, p. 194-196.

② 同上：p. 162-163.

③ *Documente privind istoria României, veacul XVI. B. Ţara Românească,* IV, Bucureşti, 1952, nr. 165, p. 162.

式的巴洛克风格。我曾在其他论著中对其进行探讨[1]，并将其称为我们古老文明中视觉与语言关系的第三个阶段，即"触觉阶段"。我想用这个美术领域的借词来指称文本中大量出现的（其描绘的物件在其他艺术门类中也大量平行存在），用以表达事物具体性、物质性、肉体性的词汇，例如一些精雕细刻的建筑构件、五彩斑斓的刺绣、头顶光环的圣像和大理石饰面。所有这些东西都被描绘得栩栩如生，仿佛是可以真实感知的，而不仅仅是金碧辉煌而已。这里必须指出的是，17世纪的罗马尼亚实际上与欧洲在语言和造型艺术方面是一致的，因为所谓"早期巴洛克"这种随处可见的雍容华贵的风格，其最大特点就是大量使用静态的材料，无论在字面上还是形象上都给人一种呆板的感觉，并将各种工艺杂糅在同一件艺术品中[2]。

17世纪伊始，我们生活的区域就出现了一幅堪称丰碑的巨型刺绣。该作品于1606年完成于苏切维察修道院，具有一种令人惊叹的现代形象，似乎将波兰文艺复兴时期的"萨尔玛提亚主义"移植到了后拜占庭时期的东正教视觉语言中[3]，这件绣品鲜艳活泼的图案与其殡葬用品的属性形成了强烈反差，镶边上用教会斯拉夫语绣成的文字将称死者"笃信且爱戴基督的耶雷米亚·莫

---

① *Civilizaţia românilor...*, I, p. 137-181.

② A. Blunt, *Some Uses and Misuses of the Terms Baroque and Rococo as applied to Architecture,* Londra, 1973, p. 9.

③ R. Theodorescu, *Portrete brodate şi interferenţe stilistice în Moldova epocii lui Ieremia Movilă şi a lui Vasile Lupu, în Itinerarii...,* p. 155.

维勒大公……他在 7114[①] 年 6 月 30 日……告别了王位和生命，安详地投入主的怀抱"。下面的文字特别指出"他的体型和外貌是这样的"[②]，进而通过刺绣呈现出一个肩披雍容华贵的锦缎斗篷、身着银色长袍、头戴饰有徽章的皮帽、手持昂贵兵器的具体人物。所有这些细节使这件绣品在我国古代艺术品中显得如此引人注目和与众不同，亨利·福西雍对其有这样的描述："在耶雷米亚·莫维勒金色绣像上，在华贵的金色镶边中，出现了一张犹如克拉纳赫笔下的面庞。那是摩尔多瓦的腓特烈大公，强壮、魁梧、留着黑胡子，充满暴力之美。"[③]

这里就出现了一个问题。对于这种近乎可触碰的视觉效果的喜好（编年史中的话语也呈现出相应的具体性和可塑性），对于这种对人物形象和艺术表现对象的写实表达，是否应归功于那些精英人士通过"病理哲学"对亚里士多德"物理学"[④] 理念的传播呢？这些来自莫维勒家族、乌雷凯家族、科斯廷家族的人士曾经在波兰的耶稣会学校、马泰伊·巴萨拉布统治时期特尔戈维什泰的意大利—希腊启蒙学校、帕多瓦（康斯坦丁·康塔库济诺等人在那里荣登高位）、布加勒斯特王公书院等地受到过亚里士多德自然学说的熏陶。

---

① 即公元 1606 年。

② E. de Hurmuzaki, *Documente privitoare la istoria românilor,* supl. II, I (ed. I. Bogdan), Bucureşti, 1893, pagina de titlu.

③ *L'ancien art roumain, în Moyen Age. Survivances et réveil. Etudes d'art et d'histoire,* ed. a II-a, Montréal, 1945, p. 199.

④ 或译"自然"。——译者注

我的回答是完全肯定的（这显然在假设范围之内），因为从耶雷米亚大公的绣像到布伦科维亚努时期雕塑和门廊上妖娆蜿蜒的藤蔓和花卉，都具有无可否认的物质性，其路径都是一样的：首先，贵族子弟和众多东正教教士在学校中所受的思维训练便是细致观察大自然的具体构成；然后，他们要求为其工作的工匠们遵循其提供的草图、规范和模式进行创作，中世纪的等级制度到 17 世纪则往往被认为是不合时宜的东西。

也许，能够揭示这种现象的还有一位接触的视觉艺术家，那就是曾担任宰相的编年史家米隆·科斯廷。在那个欧洲艺术中充满视觉寓言，文艺复兴得到充分肯定的时代，他曾在巴尔接受教育。本着亚里士多德视觉至上的精神，他称颂"在人的五感之中"，唯有视觉"决定了我们的思想，只有亲眼所见的东西才是在认知中不容置疑的"[1]。

对视觉优先的肯定还体现在科斯廷编年史中对视觉重要性的论述中[2]。

可以确定的是，米隆·科斯廷的遣词造句非常古朴，语序也经常是从拉丁文转译而来的[3]，表现出可塑的具体性。这表明作者偏好实实在在的细节，这在当时的作品中是绝无仅有的。他在书中用直观的词汇讲述了斯特凡二世·托穆沙时期"道洛班楚兵"奢华的服饰。他们身着金丝银线装饰的呢料服装，腰系昂贵的子

---

[1] *Opere*, ed. P. Panaitescu, 1958, p. 142; cf. R. Theodorescu, *Sub semnul văzului*, în *Istoria…*, p. 122-125.

[2] G.G. Ursu, *Memorialistica în opera cronicarilor*, București, 1972, p. 5-6.

[3] G. Ivaşcu, *Istoria literaturii române*, I, Bucureşti, 1969, p. 187.

弹带："他们的衣服是纯毛的，上面缀有银质的纽扣和绶带，袖口是银质的羽毛，腰间的子弹带上则镶嵌着银板。"①此外，他还提到了1622年兹巴拉斯基②的使节队伍在经雅西前往伊斯坦布尔的途中"穿金戴银""挥霍无度"地在查理格拉德居民中间招摇过市："饮马的桶是银的，挽具上的饰钉是银的，好汉们身上的绶带也是银的。"③在描写1645年瓦西里·卢普之女玛丽亚与波兰—立陶宛联邦大贵族的婚礼时，"装饰"一词更是随处可见："到处都不乏各种装饰物……整个宫廷都装饰一新，全国的贵族和军官济济一堂，贵族子弟和仪仗队的年轻人则骑着盛装打扮的土耳其马。"④

从这本书到《摩尔多瓦公国编年史》中语言和视觉元素的对应关系，走过的路并不长。瓦西里·卢普大公王宫旧址考古发现表明，在17世纪三四十年代，来自伊兹尼克和库塔希亚的带有中国图案的土耳其—波斯瓷砖随处可见。这就解释了米隆·科斯廷所说的"带有中国元素的房屋"⑤是什么意思，这是一个被赋予了新义的古罗马尼亚语词汇，表明这种奥斯曼帝国的奢华工艺源自更遥远的东方。在谈到雅西的戈利亚教堂这座建筑（其灵感来自西方的意大利—波兰）的高度时，作者直接用直白的罗马尼亚语说"目之所及的高度"（再次以具体的视觉感受为依据，为文本提

---

① *Opere*..., p. 62-63.

② 波兰—立陶宛联邦外交官。——译者注

③ 同上：p. 86, 88.

④ 同上：p. 121.

⑤ 同上：p. 119.

供支撑),"超过了我国当今所有最精美的修道院"①。在文字与图像
的配合方面，也许我们很难找到比三圣教堂"刺绣画"(其华美的
材质与教堂的石雕相得益彰) 更为明显的例子了。这幅画描绘的
是约安，他是卢普大公和图多斯卡·布乔克的儿子。他身体虚弱，
身上堆叠着繁复的装饰和珍贵的金丝银线。"萨尔玛提亚"传统既
可以在刺绣的图案上解读出来，也体现在这位博学的编年史家对
约安特点的描述中："他是个身体羸弱、手足无力的人，根本不像
是瓦西里大公的儿子。无论是性格还是体格，瓦西里大公都像一
头雄狮一样。"②

　　17 世纪摩尔多瓦编年史中的语句 (例如格里戈雷·乌雷凯的
编年史，克利内斯库称之为 "语音的天赋，它通过话语的呢喃和
芬芳来影射事实") 和艺术作品中的形象仍然高度一致，并一直持
续到 17 世纪末。那时出现了乌雷凯在精神上的衣钵传人，即在摩
尔多瓦公国位高权重，曾担任最高司令官和宰相的扬·内库尔切。

　　后来，这位编年史家对 "宫殿、膳食和花销都堪比国王" 的
勒万蒂内·格奥尔基·杜卡大公进行了令人难忘的肖像式的描写：
"他不太高，但很壮实，是个大腹便便的老头，只是把自己的胡子
染黑了。"③1672 年 (内库尔切出生的那一年)，来自约阿尼纳的希
腊画师将这位大公的肖像绘制在切德祖亚修道院，使其位列气势
恢宏的王室成员群像之中，这杜卡大公受宠若惊。这幅画仿佛预

---

① 同上。

② 同上：p. 117.

③ *Opere*, ed. G. Strempel, 1982, p. 282.

示着邻国蒙特尼亚在康塔库济诺—布伦科维亚努统治时期修道院绘画风格的出现。它充斥着奢华宫廷生活的细节，这种特点同样存在于在切德祖亚修道院印制的希腊语书籍中，书中表达崇拜之情的词汇同样极尽奢华。例如在《耶路撒冷的内克塔利耶驳斥教皇至高无上的地位》一书中，多希泰伊·诺塔拉斯将这位默默无闻，后来却在摩尔多瓦和乌克兰身居高位的巴尔干人比作亚历山大大帝。在教会学者的如花妙笔下，他被称颂为"最杰出、最虔诚、最开明、最荣耀的大公和亲王"①。

这种辞藻的华丽甚至可以转移到内库尔切对城市街景的描述中。他在描写苏丹穆罕默德四世来访时，是这样形容杜卡大公统治下的雅西的："皇帝所经之处，道路两边都支起了一幅幅用锦缎搭成的围障。"②（这与我们国家在并不遥远的过去所使用的节庆和日常装饰别无二致！）内库尔切对一些艺术品位的叙述同样意味深长，例如他曾提到沙皇彼得大帝的古典品位。在苏丹穆罕默德四世访问雅西几十年后，彼得一世也造访了这座位于巴赫鲁伊河上的首都，并用自己的方式描述了戈利亚修道院（正如米隆·科斯廷所言，它是摩尔多瓦艺术的最高峰）这座混合式风格的建筑。它的外墙线脚元素是古典主义的，壁柱却是科林斯式的，这借鉴了意大利化的波兰风格，而门廊上的雕塑则是东正教风格的："随后，皇帝参观了他沿途看到的所有修道院。其中他最喜欢戈利亚修道院，说它同时拥有三种工艺：波兰工艺、希腊工艺和莫斯

---

① Apud R. Theodorescu, *Civilizaţia românilor*..., I, p. 260.

② *Opere*..., p. 215.

科的工艺。"①

在罗马尼亚文明的另一片区域，即蒙特尼亚和奥尔特尼亚，在布伦科维亚努统治时期揭开了两个互补的篇章。两者表面上看似不同，但同样兼顾传统和创新，这反映了17世纪的君主和贵族具有相同的心态：我指的是在住宅建筑方面，在延续王朝传统连续性的同时追求新颖性②。

在胡雷济修道院宽阔的前殿中有30多幅彩绘壁画（旁边还配有文字："令人愉悦、精美、巧妙的前廊"），描绘了瓦拉几亚的康塔库济诺和巴萨拉布两个家族的传承。西墙上是帕帕·布伦科维亚努和斯丹卡·康塔库济诺之子，外交大臣康斯坦丁的所有家族成员，以及布伦科维亚努家族的其他贵族。两侧是巴萨拉布家族的列位大公，从拉约特到尼亚果耶，从马泰伊到康斯坦丁·谢尔班。东墙上则是1694年9月30日完成的命运多舛的康斯坦丁·布伦科维亚努家族栩栩如生的群像，其作用仅仅是在这间礼拜堂中用绘画形式来衬托一段铭文，告诉我们："在这神圣庄严的教堂里，（创建者）想要用尽一切来装饰、点缀它的内部，用壁画使其与众不同。此外，他还想把自己父系和母系的古老优良的家族传承画在这里。"③

看起来，胡雷济修道院前殿中的这些铭文和壁画似乎可以和

---

① 同上：p. 553.

② R. Theodorescu, *Civilizația românilor*..., II, p. 86 și următoarele; p. 120 及其后。较新的文献可参见本人著作 *Constantin Brâncoveanu între „Casa cărților" și „Ievropa"*, București, 2006 (ediția a II-a, București, 2012).

③ N. Iorga, *Inscripții din bisericile României*, I, 1905, p. 185.

若干年后的另一些碑刻相印证。那是 1683 年 9 月 12 日在奥尔特尼亚地区的比斯特里察修道院完成的一篇碑文，其中以编年史的笔调提到了克拉约维斯库家族和普雷达·布伦科维亚努，并详细记述了其后代（依然是贵族，且在五年后登上了布加勒斯特的王位）在这里的作为："不过在这些年里，通过加倍的努力和更大的花费，他的孙子成为了掌剑官。他的父亲是历史悠久的克拉约维斯库家族，也被称为巴萨拉布家族的后裔，母亲则来自古老而尊贵的康塔库济诺家族……" ①

关于 17 世纪最后几年和下个世纪最初几年的住宅建筑（语言史学家们注意到，英语中出现名词 comfort 后，在 1786 年前后产生了法语形容词 confortable ② ），宫殿式建筑在罗马尼亚人生活的区域大行其道。它们仿照波茨坦、卡塞塔、拉岑基和彼得霍夫等地的样式（更不用说凡尔赛范式了）建造，就在这样的背景下，罗马尼亚语中首次出现了 palat（宫殿）这个词，用以取代传统词汇 casă（房子）。1702 年 9 月 20 日在摩戈什瓦亚竖立的大理石碑上，将斯特凡·布伦科维亚努的美宅称为 palat，同一时期的坎特米尔在《摩尔多瓦纪事》中将大公的宅邸称为 palatium，路易 14 时期的法国则将 palais 这个词专门用于指称君主家庭的住所。

关于声名远扬的布伦科维亚努家族故居，其情趣和地理位置我觉得没有什么比所谓《无名氏编年史》中的表述更到位的了：

① 同上：p. 194-195. 这方面可参见本人文章 „*Dunga cea mare a rodului şi neamului său*". *Note istoriste în arta brâncovenească*, în *Constantin Brâncoveanu*, Bucureşti, 1989, p. 180-201.

② A. Corvisier, *Arts et sociétés dans l'Europe du XVIII-e siècle*, Paris, 1978, p. 32, 75.

"在去陛下的皇庄奥比列什蒂的时候，我们在那里的大鱼塘边有过一次非常美好的春季漫步。陛下不止一次，而是多次说过：'这是个一心只想散步的时节，我们可以从奥比列什蒂到布加勒斯特，从这里到摩戈什瓦亚、波特洛吉或特尔戈维什泰，并在那里度过夏天。秋天我们则会到有葡萄园的地方去。'"①

这个编年史文本的段落以动态渐进的语句展现了布伦科维亚努宫殿周边的自然景观，以及不同季节的自然之美。

大自然（让我们想起来亚里士多德的自然学说）丰茂的植被以装饰物的形式在石材、木材、银器、刺绣和灰墁上绽放，这在我们古老的文明中是前所未有的。这种形式在康斯坦丁大公统治时期发展到了顶峰，布加勒斯特安提姆·伊维雷亚努修道院教堂门廊上经典繁复的藤蔓和花卉更是使之得到神化。这位具有高加索血统的博学教士尽情释放着天性，他喜好辞藻华丽、带有隐喻、韵律优美、修辞丰富的文章，在这座修道院建成 20 年前，他在布加勒斯特印制的《圣经诗篇》的献词中宣扬了自然的神性："万物都是为他（最幸福的天选生物——人）而造的，他被赐予了这个充满美感的世界，就像花园里有各种各样的花朵，他可以选择那些有用的花朵来装扮自己的身体。"②

追求细节的具体、新奇，乃至华丽使得布伦科维亚努家族统治时期和法纳尔大公统治早期的肖像画中出现了西方式的创新，

---

① *Istoria Ţării Româneşti de la octombrie 1688 până la martie 1717*, ed. C. Grecescu, Bucureşti, 1959, p. 87.

② Antim Ivireanul, *Didahii*, ed. F. Faifer, Bucureşti, 1983, p. 190.

这种现象可以从这些画的题跋中得到解释。1724 年建成的德鲁戈
内什蒂教堂就是一个例子。在伊尔伏夫县境内的这座宫廷教堂的
前殿中，有一幅头戴红色带卷假发的蒙特尼亚贵族像（就像迪米
特里耶·坎特米尔所说的西方版画中那样）。画像周边绘制的文字
说明，他是"宰相德鲁戈内斯库之子，儒般普雷达·德鲁戈内斯
库"。为了进一步解释画面的"怪异"之处，这些文字接着说道：
"自 1710 年以来，他一直在国外学习，周游欧洲列国。"其实我们
都知道，这位康塔库济诺家族的门客沿着宰相康斯坦丁·康塔库
济诺开辟的道路，以"瓦拉几亚人皮耶特罗·德鲁戈内斯库先生"
的身份进入帕多瓦大学学习①。从那里学成归来后，他似乎掌握了
西方人的技能，就像在布伦科维亚努统治时期另一位也叫普雷达
的贵族一样。依照那位对细节无比敏锐的编年史家的说法，他作
为潮流引领者，"被德国式的装束（或者说奇装异服）给毁了……
他留着德式的披肩发，在圆筒皮帽下扎成一束，还穿着带有长长
马刺的德式长靴"②。

事实上，18 世纪从一开始就遵循着布伦科维亚努统治时期的
伟大模式。在这种模式下，装饰主义逐渐但坚定地在视觉艺术中
占据了主导，而装饰主义则恰恰源自我们一直在谈论的具体性和
可触性。在语言方面，则呈现出一种口语性，其中既有编年史家
时代用词的精准性〔随着"第三等级"，即未来罗马尼亚资产阶级

---

① Apud I. Dumitrescu, R. Crețeanu, *Trei conace boierești din prima jumătate a veacului al XVIII-lea aflate în judeţul Ilfov,* în „Buletinul monumentelor istorice", 4, 1973, p. 4-5.
② *Istoria Țării Românești...*, p. 40.

（从谢尔班·康塔库济诺大公的岳父，"商人"盖采亚，到图多尔·弗拉迪米雷斯库）的急速崛起〕，也不乏民间潮流的影响。在那个时代的社会现实中，几乎所有重大事件都具有大众起源。

就这样，我们进入了这个尚未完全厘清的领域的第四个，也是最后一个阶段。在这个阶段，文本语言与美术图形之间在风格上的对应关系可以比较容易地确定下来。

比方说，就像在法纳尔大公统治时期一样，这个地区的壁画或圣像很少能够根据当时文献中暗含的事件去破译。我们如今知道①的唯一合理解释是，在喀尔巴阡山南部地区，在同年同月同地，多座教堂的前廊中《最后的审判》的末世场景被另一幅在我国并不常见的末日审判场景所取代（最典型的两个例子在布加勒斯特：其一是 1722 年 9 月建成的克雷祖列斯库教堂，其二则是已经消失的沃克雷什蒂修道院的教堂），这与两年前的悲惨记忆给布加勒斯特人造成的心灵创伤直接相关。那时，被斩首的康斯坦丁·布伦科维亚努的遗骸被迎回故土，他是克雷祖列斯库教堂创建者的岳父，同时也被沃克雷什蒂修道院的奠基人视为楷模。在经历了一连串悲壮的死亡之后，瓦拉几亚进入了堪与《新约》上所说的"野兽统治"时期相提并论的土耳其王国残暴统治时期。在一篇韵文体的评述中，用民间笔调叙述了康斯坦丁·布伦科维亚努在穆罕迈德三世的御花园中被处决的过程，以及这位殉道大公临死前的诅咒。这是一个让听者（也许是要唱出来的）犹如目

---

① R. Theodorescu, *Istorie și profeție în arta Țării Românești în prima jumătate a secolului al XVIII-lea,* în „Studii și cercetări de istoria artei. Seria artă plastică", 38, 1991, p. 37-46.

睹克雷祖列斯库教堂和沃克雷什蒂教堂《末世审判》场景的诅咒：
"天堂之火……天使之剑 / 让它惩罚你们所有人吧。"[1] 如果我再指
出上述文字是在 1716 年年中至 1730 年间出于一位不知名的学者
（也许是布加勒斯特人）笔下的话，我们就会发现上面提到的两组
壁画和这部民间编年史完全是同时代的作品，有助于我们开始揭
示同一个历史背景。

　　70 年后的 1789 年 1 月 1 日，一个叫格里戈雷的画工为克尔
德鲁沙尼教堂绘制的寓言圣像[2]吹捧了尼古拉·马弗罗盖尼大公短
暂的专制统治，描绘了 18 世纪最后一场大战，即 1788—1792 年
的奥地利—俄罗斯—土耳其战争中这位大公犒劳与哈布斯堡王朝
军队作战的士兵的场景。不同寻常的是，这幅描绘真实历史场景
的圣像的表现手法十分笨拙、生涩、呆板，缺乏透视感，却伴有
希腊文铭文长篇累牍、语气夸张的说教。不过，这样的叙述也不
乏天真和生动："地中海的达契亚就像是一个球 / 上帝把它托付给
了马弗罗盖尼 / 它将被依次交给那些杰出的臣子们 / 因为他们的行
为受到了上帝和皇帝（苏丹）的赏识……好比鹿儿奔向泉水 / 军
队赶去享用给养……大公派军队去打败德国人，德军见状，夺路
狂逃 / 土耳其人高举旗帜发起冲锋 / 战胜了德国人并将其首级挂在
矛尖 / 大氅、长袍、帽饰……裘皮，所有人都从大公那里得到了
赏赐。这既是德国人的宿命，也是上帝的旨意。"[3]

---

① *Cronici şi povestiri româneşti versificate (sec. XVII-XVIII),* ed. D. Simonescu, Bucureşti,
　　1967, p. 65.

② R. Theodorescu, *Civilizaţia românilor...*, II, p. 190, nota 168.

③ *Inscripţiile medievale ale României.* I, nr. 1165, p. 759-763（本人的译本做了少许变动）。

我想补充的是，这幅圣像中所表现的细节可以在法纳尔大公的军事公报或当时的一些诗歌中得到印证（例如，1789 年初圣像中作为战利品带回的人头，也在 1788 年 3 月的一份文献中被提及），从而强化了圣像的叙事性。

叙事中包含了如此之多的具体细节，而那个时代图像中的口语性特征也在不断显著增长，表现为具体、绚丽、华美的装饰性元素。可以肯定地说，文本和图像中的华丽[1] 是那个时代的显著标志，也是那个时代的一种精神和感性结构。由此产生了一种恶俗品位，甚至一些法纳尔人也对其进行批驳，1820 年后的一代作家更是以"道德规范"之名对其加以抨击：这让我们想起了已故财政大臣耶讷基策·沃克雷斯库，据民间诗歌的描述，他在世时曾拥有一杆"镶钻烟袋"[2]。此类诗歌对高官的描写极具感染力，将"貂皮大衣"、宽板腰带和真丝头巾作为其标配，这种装束 1782 年在奥地利皇宫和考尼茨的宅邸引起了轰动[3]。当时肖像上展现的这种来自东方的土耳其式奢华装扮正在西方日益受到青睐。1780—1820 年间罗马尼亚各公国的细密画和架上油画也证明了这种奢华风气的存在，这些年的绘画在品位上普遍追求闪闪发光的细节和昂贵头巾的丝绸质感，旁边还配有矫揉造作的文字[4]，例如 1796 年前后阿列库·沃克雷斯库诗歌，它被缝在了一条"丝巾"上，或

---

① 以下观点参见本人的著作：*Civilizaţia românilor...*, II, p. 154.

② *Poeţii Văcăreşti (Ianache, Alecu şi Nicolae), Opere,* ed. C. Cârstoiu, Bucureşti, 1982, p. 12.

③ Al. Odobescu, *Poeţii Văcăreşti,* în *Opere*, II, Bucureşti, 1967, p. 60.

④ P. Cornea, *Începuturile romantismului românesc. Spiritul pu- blic, mişcarea ideilor şi literaturii între 1780-1840,* Bucureşti, 1972, p. 139.

是绣在了一条"腰带"上[1]。

在启蒙时代和 19 世纪初的几十年间，罗马尼亚社会的另一端则是激进、充满活力和矛盾（在行动上的创新性很快就会体现在政治层面，然而在心态和形态上却依旧是保守的）的"第三等级"。这个由小商贩、手工业者、神父、教师和小地主构成的阶层必将跃上历史舞台，并创造出属于资产阶级的罗马尼亚。这个阶层话语的精髓丰富的口头语言，在图像上则倾向于中世纪化的怀旧主义范式，多彩的神性此时获得了惊人的装饰功能。两者相结合，便孕育出了罗马尼亚在 1848 革命时期，以及公国统一期间的文明。

对比斯特里察教堂的教师约安·多布雷斯库（其父叫多布雷）的描写就是一个例子。这座教堂是由一个屠夫行会的首领和其他市井商人共同出资兴建的。约安是布加勒斯特小市民的典型代表，开始用一种半乡村化、半城市化的道德标准来衡量当时的有权有势者。这种标准与 1800 年前后蒙特尼亚和奥尔特尼亚教堂前廊上仿照胡雷济修道院风格绘制的《最后的审判》风格不谋而合。画中，地狱之火吞噬着道德败坏的罪人，而这位教堂司事，同时也是民间编年史家[2] 则告诫自己的儿子："莫酗酒……莫嫖娼、莫通奸、莫偷窃、莫嫉妒、莫嗔怒、莫欺诈。"[3] 值得一提的是，这一场景坐实了蒙特尼亚人和奥尔特尼亚人对讽刺批判的喜好。

---

① *Poeţii Văcăreşti*, p. 366, 368.

② 约安。——译者注

③ I. Corfus, *Cronica meşteşugarului Ioan Dobrescu*, p. 339.

这种传统从编年史家时代延续至当今，从宰相拉杜·波佩斯库也许到阿尔盖济。正是这种极具地域特色，且独具一格的批判意识让克利内斯库后来在论著中认为图多尔·弗拉迪米雷斯库（他和布加勒斯特人多布雷斯库生活在同一时代，在奥尔特尼亚平原成长，那里到处都是民间出资修建的教堂）的宣言"具有强烈的圣经风格，采用了教堂前廊壁画中多彩的形象（蛇、蜻蜓、长矛、黑暗）"[1]。

再回到约安·多布雷斯库身上。我们可以看到，这位皮袄匠的儿子、（做灯笼裤的）裁缝的女婿认真记录下了自己对法纳尔大公统治最后几十年间这一地区的贫民窟、市集、乡村发生的各种事情的印象。当时的壁画中出现了成群结队的市井和乡村居民，他们都曾捐助或参与教堂的建设，其卑微的出身也在圣像旁的文字中被指明，这在教堂的壁画中原本是属于大公和高官的殊荣。

再一次援引克利内斯库的说法，著名的列奥尼达先生的原型是迪奥尼西耶·艾克列西亚尔胡[2]，但我想说的是，可能约安·多布雷斯库也是原型之一。例如，那个时代的英雄人物拿破仑[3]在他眼中是个有勇有谋的人，他（拿破仑）甚至在"莫斯科人（俄国人）像杀猪一样屠杀法国人"之前，"让德国[4]皇帝弗兰茨二世成了自己的岳父，把自己的女儿嫁给波拿巴当老婆"[5]，而之所以

---

[1] 引文如前：p. 130.

[2] 同上：p. 32.

[3] 下面的观点见本人的著作 *Civilizaţia românilor...*, II, p. 204。

[4] 奥地利。——译者注

[5] I. Corfus, 引文如前：p. 324.

"迎娶这位德国人的女儿为皇后，是希望她为自己留下子嗣，来继承皇位"①。

在约安·辛·多布雷说出这些话半个世纪后，相传他的孙子向约安的妻子埃菲米察披露"加里波第曾从他所在的地方给罗马尼亚人写过一封信……"

他②之所以有能力对那位科西嘉人③及其引发的动荡进行及时、自发、全面的描写④，是因为他处在一个遥远的视角。尽管这个视角还很天真，但不乏现代性，因为它不受任何情结的左右。这种心如止水的态度孕育出了一种贫民窟的民主，它是乡村生活的延展，依然属于民间心态的范畴，反映在由"乡绅"、神父、农民捐资建造的教堂的文本和壁画中。例如在1806年建成的乌尔沙尼教堂，在约安·波佩斯库（也被称为约安·乌尔沙努）肖像的四周还围绕着40多位村民的面容，他们只被提到了名字，却无姓氏，人物形象刻板单一，身份更是无法识别。最后几十个村民只有一句笼统但颇具意味的介绍："这些被称为'其余'的人提供了力所能及的帮助，其中大多数人出了苦力。"⑤

此类文本的语言风趣幽默，巧妙而民主地将国家经历的历史事件与一个普通罗马尼亚家庭联系在了一起。例如一个来自布多

① 同上：p. 345.

② 约安。——译者注

③ 指拿破仑。——译者注

④ R. Theodorescu, *Voltaire, Napoléon et autres „hérétiques",* în „Secolul 20", 7-9, 1988, p. 112-117.

⑤ V. Brătulescu, *Biserici din Vâlcea,* în „Buletinul Comisiunii Monumentelor Istorice", XXX, 1937, p. 109.

尤的名叫伊利耶的神父写道："1810 年，我的女儿杜米特拉娜出生了，苏丹则在 1812 年派来了约安·卡拉贾大公，他曾在奥斯曼帝国当过通译。"①（不过他并未提及自己是"牵着牛尾巴的罗马尼亚人"②）③ 而更多被人援引的约安·多布雷斯库的文本则以更庄重、更详细、更絮叨的方式，以近乎公共贵族的自豪感，按家谱和年代顺序记述着一切："1811 年 2 月 12 日，本人，皮袄匠多布雷之子约安在巴泰什蒂的贫民窟结婚了。我迎娶了埃夫多基娅为妻，她是德勒基奇儒般大人之女。他是做灯笼裤的裁缝，在俄军占领时代随财政大臣瓦尔拉姆，以及俄国人一同来到这里。都主教基尔·伊格纳提耶则是继加夫里尔主教之后才从俄罗斯过来的，当时率领俄国大军的是指挥官卡门茨二世。""还有婚礼，"这位工匠出身的编年史家一本正经地补充道，让我们忍俊不禁，"是在奶酪晾晒期的那个星期天举行的。"④

　　我们之所以能了解到所有这些细节，是因为这些普普通通的人在教堂里绘制了壁画，或拿起笔来写下独特的"日记"。他们热衷于那些充满道德思考的故事，喜欢本质上源于民间的直陈其事。在文化层面，几个世纪以来占主导地位的口头文化转变为一种叙述性风格，这种讲故事的喜好（诸如"给你讲个故事""让我们聊点儿什么""让我给你讲点别的，但别不高兴"等语句经常出

---

① V. Andronescu, *Un fragment de cronică*, în „Contribuțiuni is- torice", I, Constanța, 1901, p. 9.

② 指乡下人。——译者注

③ 同上：p. 15.

④ I. Corfus, 引文如前：p. 336.

现在当时某些编年史中①）和对细节的关注相辅相成（例如教堂创建者衣着上的阿拉伯风格装饰）。此外还有对时间细节的关注，甚至对有些转瞬即逝的事件也有记载。在一些篇幅较大的文献中，会突然提到一些突如其来的重大事件，其中一些甚至是灾难性的（如地震、暴风雨、洪水、火灾和外敌入侵），并详细记述这些事件发生在"傍晚""大概晌午时分""一天夜里，就是礼拜一到礼拜二的那个深夜""在那个重要的周日晚上"（为了更有说服力，这里还引用了1731年萨斯人的一个类似语言表述），等等。

除此之外，在18世纪的这种民俗文化视域中，还有着对中世纪韵文体评述的喜好，尤其是广泛流行于罗马尼亚三个公国的抑扬格民间短诗，主要讲述一些催人泪下的悲剧故事，例如法纳尔大公（如格里戈雷三世·吉卡、康斯坦丁·汉杰尔里）、希腊或罗马尼亚高官（如斯塔瓦拉基、库扎或博格丹）的惨死。一时间，关于死亡题材的绘画，如《无名的盗贼》，也开始占据画工们的视野。他们在蒂采什蒂、洛维什泰亚、佛尔特采什蒂－多泽什蒂、沃尔恰等地教堂的墙壁上将其绘制成了中世纪的骑士或狂暴的骑手②。此外还有对韵律的青睐，这可以在1810年福尔尼科什的穆斯切尔教堂的长篇碑文中得到印证。这座教堂由一个底层出身的人出资建造，他喜欢克雷梅纳里教堂所绘的那种伪经故事③。之所以

---

① 同上：p. 327, 328, 332.

② T. Voinescu, *Contribuţii la o istorie a artei păturilor mijlocii. Ctitorii de vătafi de plai din Ţara Românească,* în „Studii şi cercetări de istoria artei. Seria artă plastică", 2, 1973, p. 315, fig. 26, p. 318.

③ 同上：p. 112, fig. 23, p. 316.

说起具有民间故事的色彩，是因为它具有通俗文本特有的修辞和直抒胸臆的陈述①，例如："噢！他死得真惨啊！这可怜的家伙怎么是这样一种死法啊！"1777年秋天雅西贝伊利克村事件发生后，一份手稿中写道："噢！噢！神圣的上帝发怒了！"②布雷佐尤—沃尔恰1789年建成的木制教堂中，一幅画中的撒旦说道："啊哈！你带我来真是太好了！"③同样在沃尔恰，泽沃耶尼教堂一幅较晚问世的画作中有一段寓言式的对话，开头是这样的："噢，死亡啊！赶紧把我带走吧！"④此外还有那句人们耳熟能详的讽刺"太棒了，小杜米特拉凯！"这句话是某人对那位受马弗罗盖尼器重的著名的图尔纳维图说的⑤。

不羁的幻想和对故事的渴望⑥、摆脱陈规束缚的自主性、对装饰的强烈需求、肖像的非个体化（在那个世纪的文学史中，肖像从文档中缺失了）、不知是来自民间还是中世纪的无比抽象且平和的几何图形，所有这些元素构成了最接近于现代人视觉和听觉的艺术结构。就像对于美和艺术的看法一样，我们可以从一段在乡村和市井小民中广为流传的文本来对那个时代的人加以解读。这段话是阿雷图扎对埃罗托克利特说的，经常被通俗读物引用，大

---

① N. Cartojan, *Cărţile populare în literatura română*, II, Bucureşti, 1938, p. 387-388.

② I. Bianu, *Biblioteca Academiei Române. Catalogul manuscriptelor româneşti*, I, Bucureşti, 1897, p. 646-647.

③ „Buletinul Comisiunii Monumentelor Istorice", XXVI-XXVIII, 1933-1935, p. 43.

④ M. Golescu, *O fabulă a lui Esop trecută în iconografia religioa-să*, în „Buletinul Comisiunii Monumentelor Istorice", XXVI-XXVIII, 1933-1935, p. 73.

⑤ *Cronici şi povestiri…*, p. 278.

⑥ 下文的观点源自本人的著作 *Civilizaţia românilor…*, II, p. 214-215.

臣佩特拉凯 1787 年在布加勒斯特为这部手稿绘制了插图："……
绘制壁画的技巧体现在眼神、思想、心灵和强烈的欲望。只要把
人的这四种情绪糅合在一起，就可以画出你最美丽的面庞。"①

　　在另一个层面上，从 18 世纪中叶到 19 世纪，罗马尼亚公国
的教堂外墙壁画超越了个体的视野，倾向于关注那时开始被称
为"祖国"的群体利益。正如布泽乌主教凯撒利耶在 1825 年的
一次演讲中所说的那样，这些壁画希望通过依旧属于神学的语言
来描绘这个"祖国"明日的"面貌"②。事实上，正如人们猜测的
那样③，画在外墙上部的哲学家、先知和女预言家的形象用图形的
方式预示着 1821—1848 年间所有"爱国者"的"喜报"。对他们
来说，正如另一位叫做凯撒利耶的勒姆尼库主教在 1779 年 1 月
的《日课经文月书》中所言："罗马尼亚公国好比一只叫作凤凰的
神鸟。"④ 所以，当我们看到沃尔恰县境内乌尔沙尼、内基内什蒂—
卡科瓦等地 1800 年后建成的教堂壁画生物中有凤凰时，就不足为
奇了⑤。

　　将中世纪的传承（在埃罗托克利特的表述中被称为"眼神"）
与启蒙主义最崇高的理性（"安提尼集市"的公主称之为"思想"）
相互交融，并最终与近乎浪漫的情感，即我们所猜测的"心灵和

① *Istoria lui Erotocrit cu Aretusa*, în *Cărţile populare în literatu-ra românească*, ed. I.C.Chiţimia, D. Simonescu, II, Bucureşti, 1963, p. 70.

② Apud A. Paleolog, *Pictura exterioară din Ţara Românească*, Bucureşti, 1984, p. 41-42.

③ 同上: p. 30-31.

④ Apud Al. Duţu, *Coordonate ale culturii româneşti în secolul al XVIII-lea (1700-1821)*, Bucureşti, 1968, p. 184.

⑤ A. Paleolog, 引文如前: p. 51.

强烈的欲望"交织在一起，将其永远镌刻在佩佐斯特拉特①儿子的面庞上，并将骑士精神通过文本呈现在我们面前。这些文字与民俗产生了共鸣（力争将上文提到的大臣佩特拉凯所说的抒情化与装饰性、风格化与典雅性、简约化与舒适性融合起来，将民间的幻境可视化），且包含着一个朴实但坚定的审美信条。遵循着这个信条，多元、善变、戏剧化、形式多样的 18 世纪就可以被我们所认知。在这个世纪，人们成功创造了自己的民俗框架（在之后两个世纪又分化出"古典框架"与"现代框架"）与欧洲视野。早在布伦科维亚努统治时期之前，中世纪晚期的人们就已经开始具备欧洲视野，这一过程是渐进的，却百折不挠。通过艰难的适应，两者最终协调一致，不仅产生了一种新的思维方式，还出现了一种罗马尼亚人特有的讲述世界和观察世界的模式。

---

① 即上文提到的大臣佩特拉凯。——译者注

14 世纪下半叶的欧洲宗教氛围和
罗马尼亚人历史

　　自尼古拉·约尔加在给罗马尼亚科学院的一篇报告中探讨我们教会产生的总体历史条件以来，已经过去了一个世纪；而这位学者所说的"不断为政治拜占庭主义服务的宗教拜占庭主义"[①] 在我国（我后面还会补充在东欧其他地区的情况）已经存在了 6 个多世纪，并呈现出多种面貌。

　　我们清楚地知道，在中世纪晚期的欧洲，在奥斯曼帝国于 14 世纪中叶向整个欧洲大陆发起挑战之时，有两个不可分割，且对那个时代的思想具有决定性影响的历史现象：其一是十字军计划（即"后期十字军东征"，也被称为"虚拟的"十字军东征，使之区别于 11—13 世纪真正的十字军东征）。其二是罗马教会与君士坦丁堡教会的联合。两个教会自 1054 年分离以来，这次统一使

[①] *Condiţiile de politică generală în cari s'au întemeiat bisericile româneşti în veacurile XIV-XV* (extras), Bucureşti, 1913, p.14.

基督教自古代末期开始的多次分裂告一段落。在第四次十字军东征（1202—1204）和拜占庭被拉丁帝国统治数十年（1204—1261）之后，1274 年举行的第二次里昂公会议以前牧首杰尔马努斯治下的希腊人承认罗马教会"对整个天主教会拥有至高无上、完全的首要地位和权威"而告终[1]。这次"联合"是在拜占庭皇帝米海尔八世·巴列奥略的建议和教皇格列高利十世的呼吁下达成的，只持续了几年时间。后来，这次联合相继遭到教皇马丁四世（1281年）和拜占庭皇帝安德罗尼库斯二世（在 1285 年布拉赫纳宗教会议上）的谴责。如果对于通过"希腊联盟"实现"信仰统一"的愿望而言，上述两次尝试意味着彻底的历史失败（就像 1270 年结束的十字军东征本身一样）的话，那么接下来的一个世纪就有着重要且深远的历史意义。

需要指出的是，从罗马教会的角度来看，东方的希腊教会只是它（作为一个普世教会）的一个分支。至少在理论上，所有东方基督徒都"服从神圣的罗马教会"，分歧主要存在于对《圣经》的理解和政治方面。从仪轨的角度看，东正教仪轨的合法性往往能够得到承认（甚至在里昂，拜占庭人也与他们的教义和仪轨一同被接纳）。归根结底，从教义的角度看，分歧被缩小到三点：和子句、炼狱和无酵圣饼（相对于发酵圣饼）。

---

[1] Apud *Enciclopedia italiana*, XXI, Milano, 1934, p. 228. 关于 1204 年后的十字军东征和第二次里昂公会议在政治层面的特点（首先是为了实现十字军东征的目的，其次是为了建立"希腊联盟"），关于 1274 年 7 月在教义上达成的一致，以及拜占庭人在接受教义的同时保留自己的仪轨，可参见 Ş. Turcuş, *Sfântul Scaun şi românii în secolul al XIII-lea*, Bucureşti, 2001, p. 44, p. 75-79.

　　我们会看到，在这个动荡不安的世纪，教皇的信札让我们明白天主教和东正教两个阵营都愿意维持"教会的团结"[1]。前者由于离伊斯兰教的威胁较为遥远，一直致力于"削弱希腊教会，使其与罗马教会保持一致，并支持消灭异教教会"[2]。

　　我们发现，在这个十字军计划和"宗教联合"的时代，尽管人们清楚地意识到欧洲人之间的信仰差异，及其在心理、认知和教义上引发的后果[3]，但仍然存在一些特殊的情况，导致了我所说的信仰流动性。精英们经常从一个教派流动到另一个教派[4]，这些变化的主要驱动力是政治因素，借用现代术语来说（在此引用一位著名俄裔牛津学者的话）就是"政治机会主义"[5]。

　　必须立即指出的是，这种信仰的转换是双向的（罗马尼亚14世纪的历史也提供了这方面的证据。如果我们想想一些王室成员的情况，会发现摩尔多瓦的玛格丽塔·穆沙塔由东正教皈依天主教，她的儿子佩特鲁·穆沙特则可能从天主教转向了东正教）。我还想说的是，要接受西方的信仰（特别是为了加冕），可以进行简单的信仰宣誓，但必须重新洗礼（也是双向的）。然而，早在1215年的第四次拉特朗公会议上，就有"希腊人"因重新为"拉

---

① O. Halecki, *Un empereur de Byzance à Rome. Vingt ans de travail pour l'union des Églises et pour la défense de l'Empire d'Orient, 1355-1375,* Varşovia, 1930, p. 123.

② 同上：p.125, nota 1.

③ 同上：p. 35.

④ Ş. Papacostea, *Întemeierea mitropoliei Moldovei: implicaţii central-est europene, în Românii în istoria universală,* III, 1, Iaşi, 1988, p. 529.

⑤ D. Obolensky, *The Byzantine Commonwealth...*, p. 250.

丁人"洗礼而受到谴责 ①〔因此，一个世纪后的 1353 年，教皇英诺
森六世斥责塞尔维亚皇帝斯特凡·杜尚 ②（他是个著名的亲斯拉夫
者，与西方教会关系微妙）允许对其治下的天主教徒重新洗礼 ③〕。

　　在两个教会之间的关系中，甚至不能排除一些国家君主的讹
诈行为，信奉天主教的波兰国王卡齐米日大帝在 1370 年 11 月前
对博斯普鲁斯牧首区的立场就是如此，我稍后将专门讨论这个问
题。此外，还有哈利奇大主教的立场。其中也不能排除相互利用
的因素，例如在信奉天主教的匈牙利，像杜米特鲁那样的巴尔干
圣人纪念日也是按东正教的方式来庆祝的 ④。而在信奉东正教的蒙
特尼亚，像弗拉迪斯拉夫一世这样的阿索斯山大施主，也曾经在
一份给阿尔迪亚尔的文件中，而不是给西方内阁的信函中，向三
位信奉天主教的匈牙利国王伊什特万一世、圣拉斯洛一世和伊姆
雷 ⑤ 宣誓效忠。

---

① C. Gianelli, *Un documento sconosciuto della polemica tra Greci e Latini intorno alla formula battismale,* în „Orientalia Christiana Periodica", X, 1944, p. 151, nota 3.

② 即斯蒂芬·乌罗什四世。——译者注

③ B. I. Bojović, *L'idéologie monarchique dans les hagio-biographies dynastiques du Moyen Age serbe,* Roma, 1995, p.103; 另见 D. Barbu, *Pictura murală din Ţara Românească în secolul al XIV-lea,* Bucureşti, 1986, p. 20.

④ G. Moravcsik, *Byzantium and the Magyars,* p. 118.

⑤ *Documente privitoare la istoria Românilor culese de Eudoxiu de Hurmuzaki,* I, 2, ed. N. Densuşianu, Bucureşti, 1890, nr. 148, p. 200; *Documenta Romaniae Historica. B. Ţara Românească,* I, Bucureşti, 1966, nr. 5, p. 14. 这是 1372 年 7 月 16 日给其亲属 „noster cosangwineus" Ladislau de Dobca 的文件，大公在其中向圣母和这些圣人起誓，见：N. Iorga, 引文如前：p. 12. 基于此，有人推测弗拉伊库也曾皈依天主教，是个"宗教两面派"。这种说法遭到了 G·I·布勒蒂亚努的抨击，见 G.I. Brătianu, *Les rois de Hongrie et les Principautés roumaines au XIV- siècle,* (extras), Bucureşti, 1947, p. 32.

可以肯定的是，来自阿维尼翁的法国教皇们（1309—1377）
（在他们的资助下，著名的方济各会和多名我会传教士们一直走
到了起初信奉萨满教，后来又信奉伊斯兰教的蒙古人那里）对封
建和天主教思想更为执着。他们拥有前一个世纪反对阿尔比教派
异端的经验，因此比分布在巴尔干半岛、喀尔巴阡山和多瑙河之
间，以及俄国各地的东正教徒更强烈反对"宗教分裂"，此类冲突
的回响贯穿了整个 14 世纪。法国血统的阿维尼翁教廷的固执在
一定程度上受到了一个法国裔君主不妥协态度的影响，他就是安
茹王朝的路易一世。1342—1382 年间，他曾在匈牙利狂热地支持
天主教[1]，1370 年成为波兰的统治者后又将这种狂热带到了波兰，
这与他的前任，即其舅父卡齐米日三世大帝（1333—1370）形成
了鲜明对比，后者远比其宽容[2]〔路易一世在布达的王位继承者之
一，卢森堡的西吉斯蒙德（1387—1437）也更愿意与拜占庭开展
对话[3]〕。

　　1382 年后，安茹王朝日益衰落，被 1385 年后崛起的波兰—
立陶宛霸主取而代之，这标志着中欧和东欧基督徒之间宗教关系
的改变。我们可以发现，人们对教会的依附性（因为它是纯政治
属性的）远比教义之争更为重要。此外，两种信仰之间的某些相

---

[1] N. Iorga, 引文如前：p. 18

[2] Ş. Papacostea, 引文如前：p. 527.

[3] 同上：p. 532; *Evul Mediu românesc. Realități politice şi curente spirituale,* Bucureşti, 2001,
p. 63-64. 因此，还应看到西吉斯蒙德皇帝这一立场产生的反响，他努力促成了一次拜
占庭要求召开，罗马教廷却予以拒绝的会议。从"弱化希腊人"到"联合"的演变可
参见波兰人 Jan Długosz 的编年史。

近性向我们表明，我们如今在宗教问题上对某些看似不可调和的立场的阐释是多么模式化。

洗礼的奥秘就是一个具有决定意义的例子。洗礼对于一个人是否归属基督教群体是至关重要的，这是耶稣基督亲自设立的圣礼（《马太福音》28：18—19）[1]。1054 年开年伊始，拜占庭宗主教团就对拉丁教会的单浸洗礼和"吾兹为汝施洗"的说法发起攻击（他们认为这会无端凸显神父的个人身份）[2]。之后，托马斯·阿奎那在 13 世纪承认了东正教洗礼方式有效，而这种方式也被罗马教会默认为卡拉布里亚[3]地区希腊人的洗礼方式[4]（显然，拜占庭教会的风俗也反映在巴尔干天主教徒的风俗中，例如在 12 世纪末，安提瓦里—巴尔的一次会议上禁止天主教神父结婚和蓄须[5]）。

14 世纪"联盟主义"的最高光时刻无疑是 1369 年拜占庭皇帝约翰五世·巴列奥略皈依罗马公教，这一事件受到了学界高度关注。他的父亲是信奉东正教的安德罗尼库斯三世，母亲则是信奉天主教的安娜·萨沃亚（甚至已成为方济各会的"第三号人物"[6]），他本人在深思熟虑后迈出了这一步，拜占庭和西方也都为

---

① "（耶稣进前来，对他们说：）'天上地下所有的权柄都赐给我了'""所以，你们要去，使万民做我的门徒，奉父、子、圣灵的名给他们施洗"。

② C. Gianelli, 引文如前：p. 151. 从 14 世纪开始简化了洗礼仪轨，只是用圣水器将水倒在孩子头上，放弃了完全浸入的洗礼流程（见 Michel Meslin: *The Encyclopedia of Religion,* ed. M. Eliade, 2, 1987, New-York – Londra, p. 62）。

③ 意大利大区之一。——译者注

④ C. Gianelli, 引文如前：p. 159.

⑤ 同上：p. 164-165.

⑥ O. Halecki, 引文如前：p. 43.

这一举动做了充分准备。

不应忘记的是，将土耳其人引入巴尔干半岛的始作俑者，作为纯正东正教徒和神学家皇帝的约翰六世·坎塔库泽努斯参与和安茹王朝的"联合"仅仅是政治上的权宜之计。他是约翰五世·巴列奥略的死敌，支持反西方天主教的静修主义者，但与积极倡导东西方"宗教联合"的教皇克莱孟六世、英诺森六世相交甚密[1]。同样出于政治上考虑（无论今天看来是如何荒谬）的还有普世牧首菲洛修斯（他曾抨击"拉丁教会的错误"[2]），以及其东正教会同僚尼封·亚历山大，以及耶路撒冷的拉扎尔之间的"联合"[3]。他们都坚信在神学对抗中（拜占庭一直争取召开一次会议），东正教教义将证明其优越性。

为了本着十字军的精神，无条件地与"胸怀不切实际的伟大计划"[4]的西方实现联合，一些顶着东方头衔的西方人，例如塞浦路斯的彼得一世（他是皮卡尔迪亚人菲利普·德·梅济耶尔的保护者），以及被称为"君士坦丁堡的皇帝"的瓦卢瓦伯爵查理（著名的瓦卢瓦王朝的奠基人）成为拜占庭的学界和政界先锋。此外还有一个叫德梅特里奥斯·基多内斯的人（他是科卢齐奥·萨卢

---

① 同上：p. 13; pentru el, J. Meyendorff, *Society and Culture in the Fourteenth Century. Religious Problems,* în *XIV-e Congrès International des Etudes Byzantines. Bucarest (6-12 septembre 1971).* Rapports, I, Bucureşti, 1971, p. 58-59. 书中写道："对于所有拜占庭人而言，宗教联合的问题首先是一个紧迫的政治问题。"

② O. Halecki, 引文如前：p. 179.

③ 同上：p. 152.

④ N. Iorga, *Philippe de Mézières 1327-1405 et la croisade au XIV-e siècle,* Paris, 1896, p. 252.

塔蒂的联络人），还有科拉教堂的奠基者狄奥多尔·梅托基特斯[①]，更不用说约翰五世了，他早在 1355 年就向教皇乌尔班五世（就是这位教皇在十年后的 1365 年承认"希腊人"是"同一个教会的子民"[②]，尽管当时的作家彼特拉克坚信教会分立派的拜占庭人比不信教的拜占庭人更坏[③]）承诺让整个帝国皈依天主教[④]。

　　拜占庭皇帝约翰五世先后于 1366 年、1369 年访问了信仰天主教的布达（安茹王朝统治下的匈牙利成为阿维尼翁和君士坦丁堡之间的中介[⑤]）和罗马（在那里，他以纯个人名义皈依了罗马公教，成为教皇口中的"基督最亲爱的儿子"[⑥]），这预示着他的继任者曼努埃尔二世和约翰八世在下一个世纪将先后皈依罗马公教，最终达成了著名而短暂的"佛罗伦萨联合"。但 14 世纪下半叶的这次皈依与早先在里昂的发生的事情完全不同，当时米海尔八世的代表接受"和子句"、炼狱和教皇至高无上的地位并非一种"荣耀"，而仅仅是一种"裁定"[⑦]。与后来在托斯卡纳的皈依相比，两者也有很大区别。

　　巴列奥略王朝的第一位皇帝[⑧]要求让拜占庭人保留古老的仪轨和《圣经》原先的文本（不含"和子句"），在费拉拉（1438 年）

[①] O. Halecki, 引文如前: p. 48.

[②] 同上: p. 90.

[③] 同上: p. 109.

[④] 同上: p. 34-35.

[⑤] 同上: p. 116.

[⑥] 同上: p. 189.

[⑦] 同上: p. 118-119.

[⑧] 指米海尔八世。——译者注

和佛罗伦萨（1439 年）则寻求适应两种信仰的方式，即"联合方式"。正如对此问题有深入了解的一位专家所说，"这个时代（指14 世纪）的取向存在着本质差异，无论是里昂会议还是佛罗伦萨会议上的联合，其基础都是教廷对东正教仪轨的承认"[①]。

　　前面提到的阿维尼翁教廷的固执使得它在仪轨问题上不接受任何让步[②]，在 1368—1371 年间尤为突出（君士坦丁堡皇帝、阿尔巴尼亚的巴尔沙家族、摩尔多瓦的拉茨库大公，以及罗马尼亚公国的克拉拉公主以个人名义皈依罗马公教绝非偶然）。这体现出整个天主教传教运动具有攻击性[③]，多明我会派哈利奇到锡雷特传教，一直深入拜占庭帝国腹地[④]。

　　我在上文某处提到过一些东方封建王朝的"政治机会主义"（在实践中经过巧妙算计且有利可图），尤其是在第四次十字军东征之后，以及天主教咄咄逼人的教皇英诺森三世（1198—1216年）在位时期，一些人经过深思熟虑，选择与罗马公教会或一些西方联盟结盟，这同样是有利可图的。

　　这种情况在巴尔干半岛的塞尔维亚最为突出。1200 年前后，斯蒂芬二世·尼曼雅放弃了与科穆宁家族的婚约，转而与洗劫了君士坦丁堡的威尼斯总督恩里科·丹多罗的侄女成婚。1217 年，教皇使节戴着"王冠"为其加冕（因为他是"亲威尼斯"的），斯

---

① 同上: p. 204.

② 同上: p. 294.

③ R. Theodorescu, *Bizanț, Balcani, Occident...*, p. 205.

④ O. Halecki, 引文如前: p. 310.

特凡·尼曼雅同时承诺皈依[1]。此类事件也在保加利亚找到了翻版：1204 年卡洛扬·阿森通过一位红衣主教从罗马接受了王冠、权杖和"圣彼得旗"，他在一年前曾致信教皇，希望成为其教区的忠实信徒[2]。在他与可怕的英诺森三世的所有通信中，丝毫看不出东西方之间的教义分歧[3]。总的来说，那个时代巴尔干各国君主的官方文件中未出现过教义之争，甚至连一点迹象都没有。这让人有理由认为，事实上他们通过承诺皈依天主教来坚守自己的信仰[4]。这一点是有据可查的，例如：1219 年在日查成立了塞尔维亚东正教大主教管区（其领袖正是国王的亲兄弟，来自斯图代尼察的萨瓦大主教），保加利亚则在 1235 年成立了特尔诺沃东正教主教管区。后来拜占庭皇帝甚至对教皇的使者说，塞尔维亚人和保加利亚人是他"信仰上的兄弟"[5]。

甚至可以说，除了这些必要的投机取巧之外，当时的人们仍然认为基督教是一个统一体，从一个教会转归另一个教会是"教会管辖权问题，而非神学信念问题"[6]。此外，我在这里想再次援引迪米特里·奥博连斯基这位精妙的注释家的话："至少这些塞尔维亚统治者中的一些人似乎真正相信，接受教皇的管辖与忠于东正教的传统并不矛盾；当时的一些保加利亚君主也有这种想法……

---

① D. Obolensky, 引文如前：p. 239-240; cf. B. I. Bojović, 引文如前：p. 68-71.

② *Documente privitoare...*, I,, ed. N. Densuşianu, Bucureşti, 1887, nr. 10, p.11; Ş. Turcuş, 引文如前：p. 184.

③ D. Obolensky, 引文如前：p. 239.

④ 同上：p. 240.

⑤ 同上：257.

⑥ 同上：p. 240.

当时的相关文献表明，从拜占庭信仰皈依而来的巴尔干人中，直至中世纪晚期，也很少或根本没有人意识到基督教会发生了分裂。"[1] 据此，我可以重提上文说到的"精英（其中既包括社会精英，也包括知识精英）的信仰流动性"问题（社会精英，但也是知识精英）。仅举两个属于同一世纪（14 世纪）和同一地区（与罗马尼亚人生活空间密切相关的巴尔干地区）的例子。

第一位是天主教徒海伦娜王后，她的丈夫斯蒂芬·乌罗什一世大帝是上文提到过的塞尔维亚国王斯蒂芬二世·尼曼雅，即"首位加冕者"的儿子。作为那不勒斯安茹王朝国王们"最亲爱的表姐妹"，她同时管理着塞尔维亚的天主教和东正教社群，在科托尔、巴尔和斯卡达尔建立了方济各会教堂〔并在圣尼古拉修道院（后来成为本笃会修道院）修行〕，却在 1314 年被埋葬在她捐建的另一个东正教教堂，即格拉达克教堂里，且被装殓在一具塞尔维亚地区罕见的西式石棺中。在这里，这位信奉天主教的王后将拥有一个当地的东正教教派，这是由受祝福的佩奇大主教达尼洛二世亲自创建的，尽管它没有被东正教会正式认可[2]。

---

[1] 同上：仅举一例：斯特凡·杜尚 1347 年与英诺森六世商讨和罗马教会联合的事宜（O. Halecki, 引文如前：p.22）。教会联合的基础是中欧和巴尔干地区斯拉夫人共同的民族和语言属性，为此，卢森堡的查理四世在 1347 年在布拉格为一座运用斯拉夫仪轨的本笃会修道院奠基（同上：p. 16; M. Paulová *L'idée cyrillo-methodienne dans la politique de Charles IV et la fondation du monastère slave de Prague,* în „Byzantinoslavica", XI, 2, 1950, p. 174-186）。在回到塞尔维亚，还必须提一下斯特凡·杜尚的祖父米卢丁国王，他在 1308 年向教皇克莱蒙五世承诺与罗马教会联合，但是由于他在拜占庭和西方之间首鼠两端，在 1319 年被教皇若望二十二世称为"善变的国王"（B. I. Bojović, 引文如前：p. 90, 92）。

[2] 同上：p. 80-83, 176-177, 491-492, 494-495.

第二个例子是身世显赫的君士坦丁堡修道士马克西莫斯·卡洛弗罗斯·拉斯卡里斯。他在 1365—1366 年成为天主教徒，并担任教皇的联系人。尽管他是宗主教（大主教区负责人）的代理人，正如阿维尼翁的乌尔班五世在 1365 年 4 月 18 日对他的称呼"亲爱的儿子，君士坦丁堡的代理人马克西莫斯"，但同时也是拜占庭首都圣狄俄墨得斯东正教修道院的院长[①]。

在拜占庭帝国文化界，像他这样的亲西方人士即便没有生活在一种我们如今所说的"普世"精神氛围中，也离现代社会经历的剧烈变化相去甚远，因此经常缅怀过去。在这样的环境中，14 世纪的东正教变得更为"宽容"。来自东方小亚细亚和来自西方意大利、法国的政治、宗教双重压力让暮年的拜占庭帝国在政治和宗教上明显变得更为务实。众多帕拉玛斯派隐修教徒同意在政治上与罗马和阿维尼翁和解，但依然坚信自己在神学层面的正确性。而约翰五世对天主教的皈依效果似乎极为苍白，他的岳父约翰六世·坎塔库泽努斯同时也是他的政敌，后者笃信东正教，却在 14 世纪 70 年代与土耳其人结盟，并成为其附庸，随后又被自己的儿子废黜并囚禁。尽管最近有一些关于巴列奥略[②]最终放弃天主教的观点仍有待证实[③]，但可以肯定的是，1369 年约翰五世对

---

① O. Halecki, 引文如前: p. 49, 95, 294, 363.

② 约翰五世。——译者注

③ S. B. Daşkov, *Dicţionar de împăraţi bizantini,* Bucureşti, 1999, p. 393.

罗马的访问①在帝国生活中仅仅是一个意外，有人认为②它远不及
1367 年他的岳父（作为修士的名字叫约阿萨夫）与教皇乌尔班五
世的使节之间的神学对话重要。

　　另一方面，特别是对塞尔维亚的东正教而言，由于那里和亚
得里亚海沿岸的天主教教区接壤（科托尔教区与阿普利亚的巴里
相连，特雷比涅和扎胡姆列教区与拉古萨相连，巴尔大主教区则
与罗马直接关联），导致尼曼雅王朝时期的君主们非常容易受到
西方信仰的影响；在两百年间，其中三位君主承认教皇为最高领
袖，一位君主接受了天主教神父的洗礼，另一位君主在退位后改
信天主教，还有一位君主和法国天主教徒结婚③，这使得塞尔维亚
的宗教氛围与罗马尼亚人所在地区即将发生的情况更为接近。

　　如果说在罗马尼亚各公国以南巴尔干半岛的斯拉夫人世界
中，政治在 13—14 世纪的精神事务中具有如此巨大的话语权，那
么在北方喀尔巴阡山麓斯拉夫人聚居的"东正教根深蒂固"④的哈
利奇地区，情况也没有太大的不同。在这个被称为"红色俄罗斯"
或"小俄罗斯"的地区，在普鲁特河、德涅斯特河、切列莫什河
之间的加利西亚、波多里亚、沃伦及"什佩尼祖地区"，由于位置
和俄国相对较近而顽固地反对天主教（如我们所知，甚至发展到

①　承认罗马宗主权。——译者注

②　D. M. Nicol, *Byzantine Requests for an Oecumenical Council in the Fourteenth Century,* în *Byzantium: Its Ecclesiastical History and Relations with the Western World,* Londra, 1972, p. 95.

③　D. Obolensky, 引文如前：p. 250 ；这里所说的是安茹王朝的埃列娜，她信仰天主教，是西西里国王的表妹，也是乌罗什一世国王之妻，1314 年后受到塞尔维亚东正教会的供奉（B. I. Bojović, 引文如前：p. 83）。

④　N. Iorga, *Condiţiile...*, p. 15.

与"在佛罗伦萨会议上背叛"的拜占庭决裂的程度）。与此同时，上述地区还和不断扩张的天主教国家波兰相邻，两个教派之间的平衡因此变得尤为敏感。

在这里，统领着东正教徒的丹尼尔·罗曼诺维奇大公在 1253 年戴上了教皇英诺森四世送来的王冠。无独有偶，同样在这一时期，在哈利奇建起了一座纯罗马外观的，供奉着圣潘特莱蒙（关于他我会详细探讨）的东正教教堂。这座教堂拥有极具西方艺术风格门廊和方形柱头，以及东侧三间后殿的半圆柱[1]。与此形成强烈反差的是，将近一个世纪后，哈利奇大公博列斯拉夫·尤里因在 1340 年改信天主教而被贵族杀害[2]。这一时期，天主教的扩张日益活跃，方济各会在"俄国领地"传教，并在 1345 年涉足摩尔多瓦的锡雷特。哈利奇在 1349 年被并入波兰（沃伦则被并入了与鞑靼人结盟且信仰异教的立陶宛[3]）后，方济各会在波兰的支持下[4]，建立了一系列教区，包括 1352 年建立的普热米斯尔教区、1358 年建立的弗拉基米尔—沃伦教区、1359 年建立的霍尔姆教区，

---

[1] 本人在 2007 年 11 月的观察。

[2] Ş. Papacostea, *Triumful luptei pentru neatârnare: întemeierea Moldovei şi consolidarea statelor feudale româneşti,* în *Constituirea statelor feudale româneşti,* Bucureşti, 1980, p. 167.

[3] 同上：p. 188.

[4] Gh. I. Moisescu, *Catolicismul în Moldova până la sfârşitul secolului XIV,* Bucureşti, 1942, p. 59.

以及 1367 年建立的哈利奇教区 ①，最终在 1371 年建立了锡雷特教区。

天主教的等级制度恰恰是在那些原先就存在东正教教会结构的地区拼凑起来的，这一事实很容易被观察到并得到解释。要知道哈利奇作为东正教的一个古老教区，早在 14 世纪初（1303—1305）的安德罗尼库斯二世·巴列奥略统治期间就成为一个大主教区，在哈利奇、弗拉基米尔 - 沃伦、普热米斯尔、霍尔姆，以及卢茨克和图罗夫等地都设有副主教区，一些主教管区（例如在霍尔姆、普热米斯尔、弗拉基米尔和图罗夫）在 1371 年这个大主教区得以重建后（牧首伊西多尔和约翰六世统治下的拜占庭帝国于 1347 年解散了哈利奇大主教区 ②）依然存在 ③。

14 世纪下半叶，这些地区的东正教景观主要是由哈利奇牧首菲洛泰（1353—1354；1364—1376）重建的。我们知道，当时的主教安东尼成为大主教后，在其努力下，在刚刚成形的摩尔多瓦建立了教会，约瑟夫和梅莱蒂乌斯两位主教在那里被其祝圣，这个教会由此成为离佩特鲁·穆沙特统治下的苏恰瓦 ④ 最近的权威

① 在经历了匈牙利和波兰国王——安如王朝的路易六世的扩张后，天主教在俄国西部地区得以巩固（C. Marinescu, *Înființarea mitropoliilor în Țara Românească și în Moldova, extras,* București, 1924, p. 11），这个大主教区在 1375 年变得极为活跃（*Istoria Românilor,* IV, București, 2001, p. 291）。因此，教皇额我略十一世在 1372 年建立了克拉科夫主教区，作为对哈利奇地区"分立"行为的反制。

② Șt. Andreescu, *The metropolitanate of Halicz and the Bishopric of Asprokastron. A few considerations,* în „Etudes byzantines et postbyzantines", IV, 2001, p. 142.

③ *Acta Patriarchatus Constantinopolitani,* ed. Fr. Miklosich, J. Müller, I, Viena, 1860, nr. 319, p. 578-580.

④ 摩尔多瓦公国首都。——译者注

宗教机构①。安东尼之所以能够上位，是皮雅斯特王朝最后一位男性成员卡齐米日三世的要求。卡齐米日三世向君士坦丁堡发出威胁②，如果对方不能满足他的愿望，给小俄罗斯的东正教徒派一个与俄国教会没有血缘关系的牧师的话，他就会让鲁森尼亚人皈依天主教。大公会议将其视作一种机会主义的行为③。至于大公会议的构成，我们知道在 14 世纪初，原先位于基辅的大主教座堂就搬到了弗拉基米尔，然后又在 1328 年迁至莫斯科，旨在彰显弗拉基米尔－苏兹达尔大公④治下这座南部城市的威望。到 15 世纪中叶，出现了"基辅和全俄罗斯的教区"⑤，并在那里与拜占庭达成协议，形成了俄罗斯和希腊宗教领袖交替掌权的机制⑥。

在基辅有一位名叫奇普里安的大主教，他与拜占庭—巴尔干南部地区关系密切，且参加过教会联合⑦。正是由于他的存在，佩特鲁·穆沙特于 1387 年在利沃夫向刚刚按天主教仪式受洗的瓦迪斯瓦夫二世·雅盖沃宣誓效忠，后者是波兰立陶宛王国的创始人。

---

① R. Theodorescu, *Implications balkaniques aux débuts de la métropole de Moldavie. Une hypothèse,* în *Roumains et Balkaniques,* p. 230.

② *Acta Patriarchatus...,* nr. 318, p. 577-578.

③ C. Marinescu, 引文如前：p. 12.

④ 指伊凡一世。——译者注

⑤ D. Obolensky, 引文如前：p. 261.

⑥ J. Meyendorff, *Alexis and Roman. AStudy in Byzantino-Russian relations (1352-1354),* în „Byzantinoslavica", 2, 1967, p. 278-288.

⑦ 这里指保加利亚裔的奇普里安·赞布拉克，他是"基辅、立陶宛和小俄罗斯大主教"，座堂位于莫斯科。在那里，他是隐修主义的宣传者和支持者（1379-1382; 1389-1406）。参见：J. Meyendorff, *Society and Culture...,* p. 64-65; cf. Ş. Papacostea, 引文如前：p. 188; 同上：*Evul Mediu românesc...,* p. 65-66.

对于罗马尼亚人在那个时期的历史的研究，迄今已开展了一个多世纪之久。

我国史学界对最早的几位罗马尼亚大公的宗教信仰有过一些研究。有学者认为，马拉穆列什人德拉戈什（约 1347—约 1354 在位）曾依照传统兴建了一些东正教教堂，其中包括沃洛沃茨的木制教堂（可能是其埋骨之所 ①），以及同样按东正教传统修建的锡雷特石制圣三一教堂 ②（这种说法大错特错 ③）。尽管他有一位信仰天主教的妻子（按照内库尔切在《絮语》中的说法，她信仰"萨斯人的宗教"），并生了一个名叫萨斯（约 1354—约 1363）的儿子，但我们可以肯定地说，他信奉的是东方的东正教。而且我们还确切地知道，萨斯的后代巴尔克和德拉格在马拉穆列什是当地东正教的真正支柱（尽管他们在政治上受到笃信天主教的路易王朝的路易一世及其后代的庇护），且与君士坦丁堡牧首交往密切。1391 年，他们在佩里的修道院从君士坦丁堡牧首那里得到了金十字架修道院的称号，从而成为整个哈利奇地区的东正教精神中心 ④。

出身马拉穆列什东正教徒的还有来自库西亚，后来建立了摩尔多瓦的博格丹，他在家乡的时候是东正教堂的常客，死后则葬在勒德乌茨的木制教堂中，后来他的儿子佩特鲁·穆沙特将其改

---

① 同上：p. 417.

② Ion Neculce, *Opere. Letopiseţul Ţării Moldovei. O samă de cuvinte,* ed. G. Strempel, Bucureşti, 1982, p. 162.

③ 这座教堂实际上建于 14 世纪 80 或 90 年代。见：R. Theodorescu, *Un mileniu de artă la Dunărea de Jos,* p. 210-211.

④ C. Rezachevici, 引文如前：p. 420-425, cu toată bibliografia.

建为砖结构教堂[①]。但是博格丹的儿子拉茨库（约1368—1375）迫于形势皈依了天主教（当然是一种权宜之计），当时西方教会对从君士坦丁堡到摩尔多瓦的广泛地区，以及哈利奇地区发起了最猛烈的攻势。众所周知，当时在阿维尼翁和罗马之间摇摆不定的教皇乌尔班五世主持了一场更为重要的皈依活动，即约翰五世的皈依。乌尔班五世号召发起一场大规模的十字军运动，进行一次"大出征"，并要求波西米亚和波兰的主教们调查博格丹一世之子通过两名方济会使者传达"带领其位于哈利奇教区的村镇皈依"愿望是否属实。如若属实，将把其所在教区升格为主教区[②]。面对这种情况，为了避免将这一地区划归哈利奇天主教区（四年前成立），弗洛里安主教1371年3月在克拉科夫为方济会的安德鲁祝圣[③]。安德鲁曾是路易·安茹之母伊丽莎白（卡齐米日大帝的姐姐）的告解神父，他在封圣后似乎一直留在波兰，并未前往"分立"后属于自己的新教区。新的哈利奇主教区是在教皇额我略十一世在位期间设立的，直接隶属罗马教廷（教廷直接在精神上以宗座的方式存在[④]），从而避免了该教区对匈牙利产生依赖。这个教区凌驾于"摩尔多瓦的土地和君主"之上，同时也凌驾在南方名存

---

① 同上：p. 431.

② *Documente privitoare…*, I, 2, nr. 124, p. 160-161.

③ 同上：nr. 125, p.162; C. Auner, *Episcopia de Seret (1371-1388)*, în „Revista Catolică", II, 1913, p. 226-245. La ceremonie participă și un „Ludovicus Vicinensis… de ordine Minorum".

④ *Documente privitoare…* I, 2, nr. 124, p. 161. 情况类似的还有沃伦州的普热梅希尔主教区。

实亡的米尔科维亚主教区之上①。在这里，所有的方济各会士都和斯波莱托的安东尼奥一样操当地语言（据说有人懂该民族的方言），他们让所有"分立"的罗马尼亚族居民皈依天主教并接受洗礼②（"他们被称为瓦拉几亚人，按照希腊人的仪式生活。他们都是普通人，但愿意皈依和恪守真正的基督信仰"③。这段文字看似体现了安茹王朝统治下匈牙利人的热情，事实上他们仍然觊觎从阿尔迪亚尔通往多瑙河的道路。这条道路经过存在于前一个世纪的库曼主教区，理论上可以连接新设立的米尔科维亚主教管区）。

只是，这位统治了摩尔多瓦十余年的天主教大公最终还是依照东正教的习俗被安葬在了勒德乌茨的第一座教堂内④（后来被移葬到第二座教堂中，墓碑则是由其后代斯特凡大公在1480年设置的），他的名字则被收录在其曾孙善良的亚历山德鲁大公编纂的名录中，居第二位⑤。对于这种入葬方式，可能有两种理解：一种说法是，这是他信仰东正教的妻子的意愿（在拉茨库写给教皇的

① 参见 R. Theodorescu, *Bizanț, Balcani, Occident...*, p. 180 及之后的页码，其中有关于 13 世纪库曼人主教区之间区别的内容（"它们发生了融合与宗教上的同化"）（N. Iorga, 引文如前：p. 4）。米尔科维亚主教区也在之后的那个世纪发生了同样的事情，参见：V. Spinei, *Moldova în secolele XI-XIV*, București, 1982, p. 266.

② *Documente privitoare...* I, 2, nr. 165, p. 217. 教皇额我略十一世要求传教士们掌握当地语言。

③ 同上：nr. 169, p. 220-221.

④ L. și A. Bătrâna, *Mărturii heraldice cu privire la începuturile statului feudal independent Moldova*, în *Constituirea...*, p. 196-206; C. Rezachevici, 引文如前：p. 445.

⑤ 排在第一位的是博格丹：D. P. Bogdan, *Pomelnicul mânăstirii Bistrița*, București, 1941, p. 50; cf. Gh. I. Moisescu, 引文如前：p. 80, nota 1.

一封信中，他曾要求不要因自己的妻子而陷入信仰对立[①]。这位大公还向教皇询问，是否可以继续和东正教妇女一起生活[②]）。三个世纪后，多索夫泰伊主教提到这位大公妻子的名字叫安娜[③]（他们的女儿阿纳斯塔西娅也是东正教徒，1420 年葬于勒德乌茨的圣尼古拉教堂[④]）。另一种说法是，由于教皇额我略十一世将"瓦拉几亚分立分子"与土耳其异教徒相提并论[⑤]，拉茨库自己主动放弃了天主教信仰，这解释了为何他会有这样的葬礼。此外，我们还不能排除第三种假设：就像 14 世纪初海伦娜女王治下的塞尔维亚一样，14 世纪的摩尔多瓦也有一位大公虽然皈依了天主教，但依然选择长眠于东正教的墓地。

随着天主教锡雷特主教区的建立[⑥]，当安茹王朝的路易（尽管在摩尔多瓦与波兰毗邻的地区，代表他的是一位纯波兰裔的摄政女官，即伊丽莎白。她是奥坡雷大公、克拉科夫主教安茹王朝的查理·罗贝尔的第三任妻子）实现的长达 12 年的匈牙利—波兰

---

① *Documente privitoare...* I, 2, nr. 146, p. 197.

② C. Auner, 引文如前：p. 242, unde se află răspunsul papei care acceptă căsătoria în cauză.

③ C. Rezachevici, 引文如前：p. 443.

④ 同上：p. 445 şi pomenită de Ştefan cel Mare ca „străbunică". Piatra sa de mormânt a fost pusă de acesta în 1493: *Repertoriul monumentelor şi obiectelor de artă din timpul lui Ştefan cel Mare,* Bucureşti, 1958, p. 262.

⑤ 1373 年，他在阿维尼翁发布禁令，禁止向土耳其人和信仰东正教的罗马尼亚人出售兵器和铁器。（„arma, ferrum et alia（…）ipsis Turchis seu Wlachis scismaticis", *Documente privitoare...* I, 2, nr. 142, p. 207）. 当时的环境详见：J. Sýkora, *Poziţia internaţională a Moldovei în timpul lui Laţcu: lupta pentru independenţă şi afirmare pe plan extern,* în „Revista de istorie", 8, 1976, p. 1135-1151.

⑥ 需要指出的是，该教区的第一批主教来自波兰：C. Auner, 引文如前：p. 229.

个人联盟结束时，波兰对摩尔多瓦政权的保护变得愈发明显（这
也是摩尔多瓦公国的创始人，拉茨库的父亲尝试疏远匈牙利的结
果）。当苏恰瓦成为摩尔多瓦公国的政治中心后，波兰的庇护更是
显而易见。继博格丹定都勒德乌茨，拉茨库定都锡雷特之后，佩
特鲁·穆沙特在苏恰瓦登上王位（1375—1391）[①]，并成为 14 世纪
那个罗马尼亚人聚居区在位时间最长的统治者。

　　博格丹家族的继承人（最新研究表明，他是东正教徒博格丹
一世的外孙，同时也是天主教徒拉兹库的外甥[②]），很可能就像 14
世纪 70 年代那些投机取巧，甚至是昙花一现的皈依者一样，后来
也成了天主教徒[③]。我们可以参照一份可信的史料，即 1404 年小亚
细亚苏丹尼耶的天主教大主教约翰编写的《全球资料手册》。作者
是帖木儿派往西方，去协助对抗土耳其人的多明我会教士。当谈
及摩尔多瓦人时，他回忆道："他们的大公刚刚皈依我们的信仰，
他母亲玛格丽特夫人对他的影响特别大，帮助他皈依的则是一位
在当地担任总牧师的传教士兄弟。"[④]

　　佩特鲁大公回归东正教并与塞尔维亚教会建立联系之后（我
很早就提出过这一假设[⑤]），他依然保持着对天主教，特别是对多
明我会的好感，塞尔维亚教会的东正教组织形式也并不排除当时

---

① 这是在佩特鲁·穆沙特执政初期受匈牙利安茹王朝庇护的时刻（Ş. Papacostea，引文如
　　前：p. 190）.

② C. Rezachevici，引文如前：p. 447-448.

③ Ş. Papacostea, *Întemeierea…*, p. 529.

④ *Călători străini despre ţările române*, I, Bucureşti, 1968, p. 139.

⑤ R. Theodorescu, *Implications balkaniques…*, p. 227-252.

的"联合"计划。此外，佩特鲁·穆沙特大公在 1387 年在利沃夫向波兰天主教国王夫妇（瓦迪斯瓦拉夫二世和已故的路易·安茹之女赫德维加）宣誓效忠时，有一位来自哈利奇的关系亲密的东正教大主教在场 ①，这清楚地表明佩特鲁已经再次皈依东正教。

我们仍在各种假设中徜徉，但我们可以猜到，佩特鲁大公那位信奉东正教的立陶宛裔妻子与波兰国王有亲戚关系，并因此幸免于难 ②。可能是她决定将佩特鲁·穆沙特也安葬在勒德乌茨的圣尼古拉教堂（我们可以在这里找到与拉茨库落葬条件类似的地方）。这座教堂用石材搭建，比前人用木头修建的教堂更高，与西方那些举世闻名的大教堂遥相呼应 ③。

我在上文中曾经提到苏丹尼耶的约翰所撰史料的真实性。事实上，教皇额我略十一世在 1378 年 1 月就明确将一个叫"小赫利亚斯"的人任命为哈利奇和摩尔多瓦地区六座修道院的多明我会

---

① 这种关系甚至可以追溯到波兰国王将哈利奇（或波库蒂亚）质押给摩尔多瓦大公，从而在1388年从后者那里借到了 3000 银卢布（C. C. Giurescu, *Istoria Românilor*, ed. D. C. Giurescu, I. Bucureşti, 2000, p. 148），在这个哈利奇地区（我之前指出过），可以找到与苏恰瓦的穆沙特家族城堡最相似的建筑（例如卢斯科和克列梅涅茨的城堡），这个情况在波兰国王借款那年提到过：R. Theodorescu la simpozionul *Suceava 1388-2008...* *Cetatea de Scaun – 620*, Suceava, 8 februarie 2008.

② C. Rezachevici, 引文如前：p. 451.

③ R. Theodorescu, *Un mileniu...*, p. 161, 167; 关于当时西方建筑在摩尔多瓦引发的其他回响，参见：同上：p. 299, nota 50. 关于勒德乌茨教堂的碑刻内容，参见：Şt. S. Gorovei, *Observaţii privind ordinea mormintelor voievodale de la Rădăuţi*, în „Mitropolia Moldovei şi Sucevei", 9-10, 1970, p. 576. 人们一度以为佩特鲁大公的坟墓是由他建造的，位于苏恰瓦米勒乌茨的第一座都主教教堂内 (*Istoria Românilor*, IV, p. 293; pentru ea, L. şi A. Bătrâna, *Contribuţii arheologice la cunoaşterea primului lăcaş al Mitropoliei Moldovei: biserica Mirăuţilor din Suceava*, în „Cercetări arheologice", V, 1982, p. 215-224)。

总牧师。这六座修道院中包括位于"瓦拉几部分"的"塞雷特姆"修道院[1]。而这位"小赫利亚斯"可能就是小亚细亚多明我会大主教所缅怀的那位"传教士兄弟",正是他让佩特鲁大公的母亲,即穆沙塔·玛格丽特改变了信仰。我们不想用太长篇幅来讨论摩尔多瓦历史上的这位同名公主,最近有研究成果认定她就是比斯特里察家谱中的"科斯泰亚大公之妻"[2]。而且还有一种非常合理的假说:她原先的罗马尼亚东正教名字"穆沙塔"在接受天主教洗礼时变成了"玛格丽特"(这里要指出的是,汉堡大学亚历山大·罗德瓦尔德教授最近对莉亚·伯特楞纳和阿德里安·伯特楞纳夫妇在勒德乌茨墓地中发现的遗骸进行古人类遗传学考察后,帮助上述两位研究人员将博格丹—穆沙特家族的家谱梳理如下:博格丹一世生拉茨库和玛格丽特·穆沙特,二人分别生罗曼一世和佩特鲁·穆沙特)[3]。额我略十一世在 1378 年提到的"统治小瓦拉几亚的玛格丽特·德·锡雷特"[4] 在同年获得了在临终前向神父忏悔并得到宽赦的权利。从其子在 1384 年 5 月 1 日发布的一份非常著名的文献[5] 中可以看到,玛格丽特在锡雷特建造了施洗者圣

---

① I C. Filitti, *Din arhivele Vaticanului*, Bucureşti, 1914, p. 9-10.

② C. Rezachevici, 引文如前:p. 447-450.

③ 这个名字在方言表述中意味着"美丽"(*Noul dicţionar universal al limbii române*, Bucureşti-Chişinău, 2006, p. 862)。关于勒德乌茨的研究,可参见 A. Bătrâna, L. Bătrâna, *Despre ctitorul şi funcţia lăcaşului de cult de zid de la Rădăuţi în secolul al XIV-lea*, 以及 A. Rodewald, G. Cardoş, *Genealogia domnitorilor Moldovei din cea de-a doua jumătate a sec. al XIV-lea în lumina cercetărilor arheologice şi a studiilor de antropologie paleogenetică* (comunicări la simpozionul *Rădăuţii şi întemeierea Moldovei*, Rădăuţi, 3 octombrie 2009).

④ C. Auner, 引文如前:p. 240; Ş. Papacostea, *Triumful...*, p. 190, nota 96.

⑤ *Documenta Romaniae Historica. A. Moldova*, I, Bucureşti, 1975, nr. 1, p. 1-2.

约翰教堂，并将其作为自己的长眠之所："她建造了教堂和传教
场所"……"上面提到的这位夫人，我们的母亲，将那个教堂选
为自己的埋骨之地"。这座教堂几年前就已经存在了（也许是在
1372 年左右），甚至因为在这里出现过神迹而成为一个香火旺盛
的地方，并使摩尔多瓦的天主教群体（在 14 世纪末，巴亚、苏恰
瓦和罗曼等地都有这样的群体）声望大增，在多明我会主导的锡
雷特地区，天主教群体中还出现了"保安员""审判官""检察官"
等角色①。除了多明我会信众之外，锡雷特地区还接纳了该教区的
方济各会修士，但一系列混乱模糊的事件使得这些小众教派修士
书写的 14 世纪摩尔多瓦历史篇章被尘埃掩盖②。

在与其相邻的罗马尼亚公国，我们可以看到惊人的相似性和
时间上的接近性。在那里，尼古拉·亚历山德鲁的妻子克拉拉夫
人尽管在现代文学界声名显赫，其身世却鲜为人知：克塞诺波尔
说她是保加利亚人，翁丘尔说她是匈牙利人，约尔加则认为她是
阿尔迪亚尔人。约尔加的假设被认为是迄今为止我们历史学研究
中最具说服力的，克拉拉被看作多布卡家族的后裔③，其祖上是匈

---

① Şt. Pascu, *Contribuţiuni documentare la istoria românilor în sec. XIII şi XIV*, Cluj-Sibiu, 1944, p. 60.

② C. Auner, *loc. cit*; este vorba şi despre un martiraj franciscan, aşezat diferit cronologic, în 1340 sau 1378, 可参见: Gh. I. Moisescu, 引文如前: p. 91-95; Ş. Papacostea, 引文如前: p. 175. 关于 18 世纪法国人在俄国境内的行动可参见: Ş. Turcuş, 引文如前: p. 307.

③ *Istoria Românilor...*, IV, anexă planşa „Genealogia Basarabilor" (cu indicarea greşită, la indice în *Istoria Românilor...*, III, Bucureşti, 2001, p. 661-662, a localităţii „Doboca" în jud. Cluj, când în realitate este vorba de „Dobca", sat de lângă Rupea, *Documenta Romaniae Historica. B. Ţara Românească*, p. 544) şi C. Rezachevici, 引文如前: anexă planşa I.

牙利王国的高官。在上面已经援引过的弗拉迪斯拉夫一世在 1372
年 7 月 16 日发布的文件中，提到了迈凯德、亚诺什和拉迪斯拉乌
等人，但只字未提巴萨拉布家族与喀尔巴阡山另一边的官员、骑
士、潘家族存在何种"血缘关系"。克拉拉的丈夫和继子都是笃信
东正教的大公，与阿索斯山的普世牧首关系密切，她自己则生来
就是天主教徒，她的名字与阿西西圣人，以及类似方济各会的修
道会①有直接关联。她在阿尔杰什宫②的地位相当于当时君士坦丁
堡的东正教徒安德洛尼卡三世③的天主教徒妻子安娜·德·萨沃娅。
诚然，后者的儿子1370年在罗马皈依天主教时④，教皇乌尔班五世
对这位具有法国和意大利血统的拜占庭皇后所说的"你被圣灵的
光辉照耀着"这句话给我们带来了一些困扰。从语义上看，圣灵
的光辉"照耀"与克拉拉这个名字同样关联密切。这可能是想影
射在其子皈依之前的另一重要时刻，圣徒彼得和保罗从暂时被舍
弃的"有着金杯和华服"的宗教首都被派到这座大教堂中，为其
女，维丁沙皇锡什马尼德·斯拉奇米尔之妻举行皈依仪式。我无
法对教皇这番话的确切含义做出回应，只想指出教皇感谢她在多
瑙河彼岸进行"母性传教"，并建议这位瓦拉几亚大公妃让自己的

---

① M. Holban, *Contribuţii la studiul raporturilor dintre Ţara Românească şi Ungaria angevină
   (Problema stăpânirii efective a Severinului şi a suzeranităţii în legătură cu drumul Brăilei),*
   în *Din cronica relaţiilor româno-ungare în secolele XIII-XIV,* Bucureşti, 1981, p. 141.

② 瓦拉几亚王宫。——译者注

③ 拜占庭皇帝。——译者注

④ *Documente privitoare...*, nr. 122, p. 158; referindu-se la acest text papal, în conferinţa sa
   ţinută la 1 martie 1913, Nicolae Iorga scria: „ne-ar da mai curând impresia că e vorba de o
   convertire"（引文如前：p. 4）.

另一个女儿安卡，即塞尔维亚君主斯特凡五世·乌罗什之妻皈依天主教。这为我们所做的拜占庭平行对比提供了一个论据：她的两个女儿并非生来就是天主教徒，而他们的父亲作为东正教徒，非常理解她在信仰上的孤独感。与同时代摩尔多瓦大公妃的不同之处在于，这位来自阿尔杰什（这座城市十年后在乌尔班六世治下成为天主教的大主教驻地）的克拉拉是王室中唯一的教皇主义者。同样在 1370 年，乌尔班五世还在罗马敦促克拉拉的继子弗拉迪斯拉夫一世归顺使徒教会，因为他与自己的先人尼古拉·亚历山德鲁，以及公国奠基人巴萨拉布一样，都处于 [1] 分立状态（"来自你内心古老的分裂源自你的先辈"[2]）。教皇的信中隐晦地指出，由于"分立的"弗拉迪斯拉夫身边是"他的继母"，高贵的克拉拉夫人，此事就会变得更容易一些[3]。

说到这位 14 世纪入主阿尔杰什宫的第三位大公，就有必要说说这位弗拉伊库大公的两位前任。如果说尼古拉·亚历山德鲁是

---

[1] 与罗马教廷。——译者注

[2] 同上：nr. 123, p. 259; 关于尼古拉·亚历山德鲁的东正教信仰见 C. Rezachevici，引文如前：p. 71，这驳斥了尼古拉·亚历山德鲁是天主教徒的假设（D. Barbu，引文如前：p. 11-12; 19-25）。

[3] *Documente privitoare…, loc. cit.:* „ex operatione dilecte in Christo filie nobilis mulieris Clare, noverce tue, non solum catholice, sed claris dicte fidei". 尽管（从他明确的政治立场看）大家都知道弗拉迪斯拉夫不反对这样的做法，在西方教会咄咄逼人，有组织的天主教宣传铺天盖地，并在 1369 年派出阿尔迪亚尔天主教主教团特使的年代（*Documenta Romaniae Historica. B. Ţara Românească*, nr. 3, p. 12-13），他依然全力支持蒙特尼亚的东正教会。在一年后的 1370 年，他要求在匈牙利瓦拉几亚（译者注：希腊史书中对罗马尼亚公国的称呼）的"一半地区"建立第二个主教区，由安提姆·克利托波乌洛斯担任主教，驻地极有可能在塞维林，恰好位于信奉天主教的匈牙利王国之侧（R. Theodorescu, *Bizanţ, Balcani, Occident…*, p. 207 şi următoarele）。

在匈牙利瓦拉几亚大主教区（1359 年设立）的共同奠基人的话，那么认为他也皈依了天主教的观点则是没有任何史料依据的（这一假说已经遭到两位同事的彻底驳斥，其中一位是历史学家，另一位则是艺术史家[①]，所以没有必要对此多费口舌）。关于弗拉迪斯拉夫的祖父巴萨拉布一世，近年来的史学研究中也充斥着对于这位蒙特尼亚公国创始人曾被"库曼化"或"天主教化"的论调[②]。其实，也有人试图援引一份孤立的文献，但我国史学家却谨慎地未予采纳：1327 年 2 月 1 日，对方济各会素无好感的教皇若望二十二世在阿维尼翁要求保护多明我会，并帮助他们打击匈牙利王国的"异端"。为此，他给布拉索夫郡长所罗门、特兰西瓦尼亚大公托马·塞塞尼、斯拉沃尼亚潘米库德，还有山那边的瓦拉几亚大公巴萨拉布写了四封内容完全一致的信[③]。事实上，就在同一天，在同一个地方，甚至用同样的措辞，这位博学且可敬的雅克伯·迪埃塞[④]，这位因将不安分的罗马—日耳曼皇帝路易五世·巴伐利亚逐出教会而闻名于世的阿维尼翁教皇，还给一群处于基督教边缘地区的君主们写了信。这些人有一个共同点，他们都是在布达的安茹王朝的统治者查理·罗贝尔[⑤]的附庸。他们所有人都必

---

① P. Chihaia, *Despre biserica domnească din Curtea de Argeş şi confesiunea primilor voievozi ai Ţării Româneşti*, în *Tradiţii răsăritene şi influenţe occidentale în Ţara Românească*, Bucureşti, 1993, p. 18-41.

② D. Barbu, 引文如前：p. 11.

③ *Documente privitoare...*, p.600-601; *Documenta Romaniae Historica. D. Relaţii între ţările române,* I, Bucureşti, 1977, nr. 15, p. 39-40.

④ 即若望二十二世。——译者注

⑤ 即匈牙利国王查理一世。——译者注

须"在您管辖的,包括匈牙利王国在内的疆域内"行事,而且教皇给他们所有人都加上了一个堪称刻板的特征,即"一个虔诚的天主教大公"。对于这一点,西方教会的最高领袖可以欣喜地从这些人的誓词中看出("我们可以通过可靠的证据轻易看出"[1])。因此,发出的只是一个格式化的文本,不是特别针对瓦拉几亚大公的,而是针对信奉天主教的匈牙利王国治下的所有世俗君主。显然,巴萨拉布也由此被教皇自动列入其中。否则,我们将难以,甚至无法理解为何在两年前,即 1325 年 6 月 28 日,匈牙利王国天主教会的一位要员会说"山那边的巴萨拉布是个戴着王冠的异教徒"。在两年后的 1329 年 3 月 27 日,这位巴萨拉布大公就与保加利亚人、"分立教会的塞尔维亚国王",以及作为异教徒的鞑靼人联合,结成了反匈牙利和反天主教联盟,一同攻击[2]王国的边境,并团结在"真正的信仰"下("由于东正教徒的联合,我们王国的边陲不断受到敌人的侵袭"[3])。更不用说下一个十年,即 14 世纪 30 年代,波萨达战役的胜利者更是坚决无悔地以"分立者"的形象示人(对于信奉天主教的匈牙利王室和教廷而言,这在道德上并无不妥)。更何况,巴萨拉布的东正教属性还充分体现在他在阿尔杰什苑及肯普隆格兴建的建筑上,其中一些在其任内完工,另一些却不了了之。他和其子尼古拉·亚历山德鲁的墓地都在那里(当然,出于谨慎,我还想补充一句:我并不排除这位大

---

① 同上: nr. 16, p. 37-38.

② 匈牙利。——译者注

③ 同上: nr. 18, p. 41.

公在其执政之初，短暂地以教皇信徒身份示人的可能性。尽管我们完全忽略了这种情况，但正如我们所见，这种情况可能引发上面提到的动荡，甚至可能导致一个世纪的精神波动）。

我从一开始就指出（这是自然而然的），在文字资料中，特别在通过传教扩张的教廷史料中，东南欧和中东欧地区社会精英和知识精英的宗教立场被描述为成千上万放弃东正教皈依天主教者。但是我们知道，这只是一种夸张的评价，也能够理解为何作者会这样写。这一时期，几乎所有天主教文献在提到多瑙河南部或罗马尼亚人生活地区的皈依活动时，都会采取这种方式，要么提到 1366 年的巴尔干事件[①]，要么提到在拉兹库统治下的摩尔多瓦，其中"首领和民众"[②]的说法暗示这位来自锡雷特的大公在其政治和宗教冒险中得到了臣民的追随，我们知道事实并非如此（即便约翰五世也未能得到拜占庭人的拥护）。不过可以肯定的是，这种集体心态表现出来的是一种与西方建立联系的倾向，摩尔多瓦的情况便是如此。从佩特鲁·穆沙特统治到斯特凡大公统治的几十年间，尽管当地教会的主教们毫无疑问忠于东正教，但他们同样对教会"联合"的想法怀有好感（希腊大主教达米安就是这样，他是受普世牧首委派参加佛罗伦萨大公会议的。此外还有受约翰八世·巴列奥略派遣到阿加索波利斯担任大主教的约阿希姆[③]）。总体而言，可以说摩尔多瓦地区和西方、和天主教的亲

① *Documente privitoare...*, nr. 91, p. 132-133.

② 同上：nr. 105, p. 162. 这里所说的"民众"指"有组织的罗马尼亚人群体"，见 Ş. Turcuş, 引文如前：p. 160-163.

③ N. Iorga, *Istoria bisericii româneşti*, I, Bucureşti, 1929, p. 85; *Istoria Românilor*, IV, p. 816.

近关系从中世纪或前现代时期就已经开始了 ①。

可以肯定的是，在西方充斥着骑士精神和十字军东征计划的世纪 ②，为改变一些东正教高层人士的信仰（他们认为这样就可以保护自己不受伊斯兰教徒、蒙古人或奥斯曼帝国的攻击）而进行了零星但有效的尝试。14 世纪 60 和 70 年代是一个非常特殊的时期，多位教皇、一位欧洲君主和东方的统治者在此期间开展了联合行动，这些东方的君主或是生来就是基督徒，或是后来皈依了基督教。

在 1362—1378 年的十余年间，两位来自阿维尼翁的法国教皇相继实行了严苛的统治，他们分别是威廉·格里莫阿尔德（后来成为乌尔班五世）和博福尔的伯多禄·罗热尔（后成为额我略十一世）。二人都反对宗教分立，支持宗教统一。前者在任期间，约翰五世和拉茨库皈依天主教；在后者在位期间，则有一些克里特岛上的东正教徒皈依天主教 ③。在此期间，具有法兰克—那不勒斯血统的匈牙利国王拉约什一世的权力达到顶峰。他和法国国王是堂兄弟，1370 年在克拉科夫加冕波兰国王，从而得以统治一个从维斯瓦河到亚得里亚海的"安茹帝国" ④。他坚信自己应无愧为法国贤王路易九世的后代，担负起传播天主教的使命 ⑤，并在君士

---

① R. Theodorescu, *Despre prima modernitate a românilor*, în *Academia Română. Discursuri de recepție*, IX, București, 2006, p. 193-198.

② J. Huizinga, *Amurgul Evului Mediu*, Ed. Univers, București, 1970, p. 118 及其后。

③ O. Halecki, 引文如前: p. 312-313.

④ B. Hóman, *Gli Angioini di Napoli in Ungheria. 1290-1403,* Roma, 1938, p. 284 și următoarele.

⑤ 同上: p. 414.

坦丁堡和教皇直接充当调解人，旨在让前者臣服教皇。甚至有人说他怀有一种安茹王朝的"宗教仇恨"，特别是在 1365 年的维丁战役之后[1]，他在保加利亚建立了隶属匈牙利的"巴纳特"[2]，旨在将其作为拉约什大帝进行"巴尔干伪十字军东征"的桥头堡[3]。另一方面，通过对拉茨库大公在摩尔多瓦的政策进行分析可以发现，1362—1372 年间匈牙利是如何在喀尔巴阡山脉东部恢复了影响，而曾经被天主教化的拉茨库大公又是如何通过直接隶属教皇的锡雷特主教区来避免对匈牙利教会产生依附关系的。在此过程中，来自波西米亚少数民族省份和波兰本土的波兰方济各会成员（从主教到教士）极力为其斡旋[4]。

在这样的中东欧宗教史环境下，也许我们可以更好地理解摩尔多瓦的两位女士（克拉拉和玛格丽特）的行为，以及拉茨库为何从东正教徒变为天主教徒（也许目的是再次成为东正教徒），并理解佩特鲁·穆沙特为何由东正教皈依天主教，又在摩尔多瓦从所谓"安茹铁钳"中脱身后回归东正教。最重要的是，我们能够理解先人们在一个多世纪前所说的：在我们这里，所有在 1370 年皈依天主教的行为都有其政治原因，或至少有其政治"背景"。正因为此，有时谈论是否"东正教的反击"是没有根据的，因为当时作为东正教核心的普世牧首会在政治上也赞成与教廷"联合"。

---

① M. Holban, *Contribuţii la studiul raporturilor dintre Ţara Românească şi Ungaria angevină (Rolul lui Benedict Himfy în legătură cu problema Vidinului)*, în *Din cronica...*, p. 124.

② 即"潘"的辖区。——译者注

③ 同上：p. 178.

④ J. Sýkora, 引文如前：p. 1144-1145.

梅尔基塞德克·斯特凡内斯库是一位可敬的主教、部长和学者，他曾在基辅接受严格的东正教教育，以反天主教立场闻名。1874年，他用一种明显夸张的笔法写道："无论是拉茨库还是其他摩尔多瓦人，都没有被天主教化。"尽管有失偏颇，但他凭借非凡的历史直觉补充道："摩尔多瓦的大公们从未对教皇的传教士们抱有希望，他们对天主教宣传做出热情回应，只是为了获得教皇的强力庇护，是出于对政治利益的考量。"[①] 1889年，亚历山德鲁·迪米特里耶·克塞诺波尔对这一观点做出了回应，他坚信拉茨库当时选择皈依天主教只是"在形式上回归了西方信仰"，只是"在脸上戴上了天主教的面具"，他"假装接受这种宗教，以便和匈牙利人更好地相处"[②]。

即使我们今天知道事情并不完全如此，即使我们知道天主教教士卡罗尔·奥内尔曾在布加勒斯特与两位杰出的摩尔多瓦人进行过非常主观，却十分自然的论战[③]，在对于摩尔多瓦中世纪历史这个特定问题而言，此类探讨是有启发性的。

正如我们所见，我们如今所做的阐释也许必须从13、14和15世纪拜占庭、巴尔干、罗马尼亚和俄罗斯西部东正教的"政治机会主义"入手，并将其与或多或少相邻的西方天主教关联起来。我在《"欧洲一体化"，一项半个千年的计划》一书中指出（也许只是一家之言），天主教对于基督教世界而言更为安全。我

---

① *Chronica Romanului şi a episcopiei de Roman*, I, Bucureşti, 1874, p. 45.

② *Istoria Românilor din Dacia Traiană*, II, Iaşi, 1889, p. 134-135.

③ 引文如前：p. 232-233.

在书中写道："……五百年前的'联合'以失败告终，而（用今天的话来说）'欧洲一体化'则是一个无法实现的虔诚心愿。因为在欧洲大陆的两个部分，公众舆论都是在一种排外的，至少是含有偏见的精神中被培育起来的，而时间的推移似乎对其并无太大的影响。"[①]

答案将由那些冷静的，且善于认真分析新旧史料的人给出。

---

① R. Theodorescu, „*Integrarea europeană*", *un proiect semimilenar*, în *Picătura...*, p. 87.

罗马尼亚公国的两座门廊（14—15 世纪）

我承认，有时回顾自己年轻时的研究成果，对其进行细微调整和补充，并得出与几十年前基本相同的结论，是一件令人欣慰的事情。我在这里提出的看法也是如此，这些看法涉及奥尔特尼亚和蒙特尼亚中世纪的两处著名的古迹（即科齐亚修道院的教堂，以及阿尔杰什苑修道院的教堂）的前殿。步一些可敬的前辈之后尘，我不止一次研究过这两处古迹。

30 多年前，在修复科齐亚修道院前殿的这幅壁画时，证实了一个通常不为人所知的情况：这座礼拜室在 14 世纪最后 25 年间建成时完全没有窗户（如今位于南侧的两扇窗户是 1706—1707 年修复时开凿的，这要归功于时任祭酒和宰相的谢尔班·康塔库济诺·默古雷亚努。后来，中殿原先的窗户也被扩大，使采光条件在前现代的布伦科维亚努统治时期大为改善）。借此机会，我对自己关于老米尔恰大公目的的结论做以下补充："六个世纪前，在这里，前殿（直至今日仍绘满了古意盎然的壁画，其色彩极为

精致，在小型圣像组合中散发着不朽的气息）与整座修道院教堂
保持着一致的风格。光线从设置在顶部的圆形花窗投射下来，照
进了大公为自己准备的这间晦暗的埋骨之地。这种超现实的，不
同凡俗的光线巧妙地营造出一种修道院和葬礼特有的氛围。而这
都要归功于在建筑学和场景设置方面的一次不同寻常的实验，即
取消了通往这个礼拜堂的所有窗户。"[1] 科齐亚教堂的前殿从一开
始就具有墓室的功能（关于这一点我们将稍后再讨论），这意味
着（除了这个礼拜空间特有的圣像之外，我首先想到的是"礼仪
书"）在前殿和中殿之间的墙上有两个很深的壁龛，专门用于悼念
逝者[2]。更重要的是，我们知道《辛纳克萨》[3]（尽管这座前殿中的
绘画在风格上更接近于拉瓦尼察修道院，但科齐亚修道院模仿的
却是位于代查尼，由斯特凡·乌罗什三世在 40 年前修建的塞尔维
亚修道院[4]）中涵盖了所有 237 个标志着基督教殉道者纪念日的场
景，这些死亡的场景[5]象征着他们在基督中诞生，他们将从神性的
神秘视角永恒地凝望这个世界[6]。

---

[1] R. Theodorescu, *O epocă de statornicire culturală în Ţara Românească la 1400,* în *Marele Mircea Voievod,* Bucureşti, 1987, p. 460; 我的著作 *Un mileniu de artă la Dunărea de Jos,* Bucureşti, 2002, p. 230, nota 171. 第二版中也曾提到这些观点。

[2] C. Moisescu, *A avut pronaosul Coziei un nivel superior?* în „Revista muzeelor şi monumentelor. Monumente istorice şi de artă", 1, 1982, p. 43.

[3] 圣徒传记汇编。——译者注

[4] P. Mijović, *Les ménologes en Roumanie et en Serbie médiévale,* în *Actes du XIV-e Congrès International des Etudes Byzantines, Bucarest, 6-12 septembre 1971,* II, Bucureşti, 1975, p. 583 及其后。

[5] 同上：p. 582.

[6] 同上：p. 582-583.

当我们注意到科齐亚教堂的前殿（图 1）最初是没有窗户
的，就会发现在那个世纪，多瑙河以南此类建筑的特点与拜占
庭—巴尔干地区 14 世纪隐修主义特有的仪轨密切相关。人们可能
认为，这是一种与上帝精神融合的祈祷[1]，以修道士为主的信徒可
以通过这种祈祷得到净化和重生。这是一种仿照格里戈雷·帕拉
玛斯模式确立的身心合一的祈祷模式，信徒须祈求"圣主耶稣基
督，上帝之子，怜悯我吧"，并结合特有的体态和冥想，从而进入
"入定"状态。在半明半暗的祈祷室中，仅有房顶圆形花窗的光线
勉强透入（图 2、3），仿佛能让人看到塔沃尔山修道院中未造之
光的异象[2]。

显然，我多年前写过的关于 1400 年前奥尔特尼亚地区的隐修
气氛在科齐亚修道院也能得到很好的印证。在同一间前殿中，《礼
仪书》旁边的《圣母祭坛》以其丰富的文字和简洁的图画再现了
君士坦丁堡绘画模式[3]，展现了隐修思想中的圣母观[4]。壁画的下部
绘有二十多位著名隐士和僧侣不苟言笑的形象，其中可能包括东
方修道会的创始人圣安东尼、阿索斯山大修道院的创始人圣亚他
那修，以及圣斯图狄乌斯隐修院的圣狄奥多尔。奥尔特尼亚的蒂
斯马纳修道院（其创始人也许是来自阿索斯的安蒂姆·克里托普

---

[1] J. Meyendorff, *Teologia bizantină*, București, 1996, p. 90-91.

[2] R. Theodorescu, *Bizanț, Balcani, Occident*, p. 234 și următoarele.

[3] G. Babić, *L'iconographie constantinopolitaine de l'Acathiste de la Vierge à Cozia (Valachie)*, în „Zbornik Radova Vizantološkog Instituta", XIV-XV, 1973, p. 173-189. 参见：eadem în *Zidno slikartva manastira Dečana*, ed. V. I. Djurić, Belgrad, 1995, p. 149-158.

[4] D. Barbu, *Pictura murală din Țara Românească în veacul al XIV-lea*, București, 1986, p. 62, 64.

洛斯，也有可能是瓦拉几亚修道会的创始人，塞尔维亚人尼科迪姆）透露出同样的隐修气息，壁画上除了徽章之外，还题写着帕拉玛斯隐修会特有的关键词，例如"光""光明""生命"等 [1]。

当我在一部文集中首次记录科齐亚修道院的建筑特点时，我已故的同事克里斯蒂安·莫伊塞斯库在同一本研究文集中发文指出，在邻国塞尔维亚，更确切地说，在摩拉瓦河谷（我们知道，这个地方的很多传统风格在奥尔特河谷产生了回响），是不存在前殿不开窗的情况的。作者因而将科齐亚修道院作为个案列出 [2]，并将其与 [3] 克鲁舍瓦茨的拉扎里卡修道院进行类比，人们常常认为后者与老米尔恰大公出资建造的教堂有相似之处。但我要提醒大家的是，拉扎尔·赫雷别利亚诺维奇大公修建的宗教场所是一座宫廷小教堂 [4]，而不是一座修道院的教堂。这在类型上存在重大差异，因为静修方式是拜占庭、巴尔干、罗马尼亚公国和东斯拉夫地区的修士所独有的。

我曾经详细阐释过平面图呈三叶状的修道院教堂是如何通过阿索斯山和塞尔维亚，通过来自希兰达尔的以赛亚、来自沃迪察和蒂斯马纳的尼科迪姆，通过黑山和科索沃，由南向北在乌格里沙和拉扎尔大公的疆域内传播开来的 [5]。这种形制确实也见于塞尔

① R. Theodorescu, 引文如前：p. 338-339.

② C. Moisescu, *Arhitectura epocii lui Mircea cel Mare, în Marele Mircea...*, p. 501.

③ 塞尔维亚的。——译者注

④ A. Deroko, *Monumentalna i dekorativna arhitektura u srednjevekovnoi Srbiji,* Belgrad, 1962, p. 176, 233, 375.

⑤ R. Theodorescu, *À propos du plan triconque dans l'architecture du Sud-Est européen au Haut Moyen Âge,* în *Roumains et Balkaniques*, p. 163-175.

维亚的宫廷小教堂，但只要看一看 14—15 世纪的塞尔维亚建筑，就会发现这里的情况截然不同：我们在修建于 1388 年左右的科齐亚修道院教堂前殿发现的东西，同样可以在塞尔维亚摩拉瓦地区的修道院教堂中见到（而且只有那里才可以见到）。

在戈尔尼亚克修道院（约 1349）[①]、韦卢切修道院（1377—1378）[②]、内乌帕拉修道院（1382）[③]、西索耶瓦茨修道院（14 世纪最后 25 年）[④]、帕夫洛瓦茨修道院（1410—1425）[⑤] 和莱佩内克修道院（1413—1417）[⑥] 都发现了无窗的前殿。

在我看来，这种迄今为止尚未被研究过的建筑形制隐含着隐修派的仪轨（在教堂前殿这样的晦暗丧葬空间中进行祈祷），在 14 世纪最后 25 年间既存在于奥尔特尼亚地区，也存在于塞尔维亚的摩拉瓦河谷地区，这是毋庸置疑的。

至于为何几乎只有塞尔维亚的修道院教堂才有这种特殊性，有一个可能的答案（尽管由于缺乏对整个巴尔干地区的研究，现在给出答案还为时过早）。

通过分析塞尔维亚的君主崇拜（这在中世纪的东南欧是独一无二的）、当地王室墓葬的神圣性、萨瓦大主教（他是拉什卡统治者的子弟）在 1200 年后缔造的尼曼雅王朝意识形态，以及将塞尔

---

① A. Deroko, 引文如前: p. 232, fig. 374.

② 同上: p. 233, fig. 376.

③ 同上: p. 234, fig. 378.

④ 同上: p. 237, fig. 389.

⑤ 同上: p. 239, fig. 395.

⑥ 同上: p. 235, fig. 383.

维亚人视为"新以色列人"的观点可以发现,"君主—僧侣—圣人"三位一体是这一王朝的思想核心。无论是他们历史上的苦修主义还是尼曼雅人的苦行,都是多瑙河南部斯拉夫民族的典型特征。在后科索沃时代的塞尔维亚,拉扎尔大公成为"殉道君主"的典型[①]。从13世纪起,塞尔维亚建造的具有陵墓功能的修道院教堂的礼拜空间就极具神秘感。典型的证据有弗拉迪斯拉夫国王在米勒雪瓦为塞尔维亚首位大主教萨瓦·尼曼雅修建的陵墓的前厅[②](完全没有采光,殿中绘有《最后的审判》中的场景)、14世纪初修道士国王斯特凡·德拉古廷在圣乔治支柱修道院的陵墓[③],以及斯特凡·乌罗什三世(斯特凡·乌罗什四世皇帝之父)在德尼查修道院中殿的永久安息之所[④]。

无论是在阿索斯山(那里有马其顿时期和科穆宁时期的大教堂,教堂中设置双前殿的情况在那里并不罕见[⑤]),还是在俄罗斯,我们都未曾见到过在建造时就设置好的半晦暗的礼拜室。在君士坦丁堡,隐修派鼎盛时期最引人注目的例子是位于帝国首都的科拉修道院的教堂。它由狄奥多尔·梅托基特斯(即著名的卡里耶·贾米)在14世纪早期捐资修建,就像在阿索斯圣山一样,有两个前殿,其中只有靠里的那个在顶部有窗户可供采光[⑥]。据我

---

① D. Popovič, *Pod okriljem svetosti. Kult svetih vladara i relikvija u srednjovekovnoi Srbiji*, Belgrad, 2006, p. 332-333.

② 位于前殿之前开放或封闭的空间。——译者注

③ D. Popovič, *Pod okriljem...*, p. 343.

④ 同上:p. 345.

⑤ H. Brockhaus, *Die Kunst in den Athos Klöstern*, ed. a II-a, Leipzig, 1924, p. 15, 17, fig. 2.

⑥ P. A. Underwood, *The Kariye Djami*, II, New York, 1966, p. 14-16, 20.

们调查，13—14 世纪，希腊（阿尔塔的圣尼古拉教堂）或保加利亚（例如特尔诺沃的圣杜米特鲁教堂、内塞伯尔的圣帕拉斯切瓦教堂，以及波加诺沃的圣约翰·博戈斯洛夫教堂）都有带封闭式前殿的教堂的记载。当然，这种特殊性未来还需要放在国际视域内进行更为系统的研究。

　　在讨论最后一个问题之前，让我们再回到科齐亚修道院：众所周知，这是瓦拉几亚的第一座修道院教堂，它是一座仿照塞尔维亚模式修建的大公陵墓[①]，在风格上与塞尔维亚最重要的修道院，以及拉扎尔大公统治期间的封建王室小教堂（1375—1377 年建成的拉瓦尼查教堂，位于克鲁舍瓦茨的拉扎里卡教堂修道院）存在渊源。1938 年，按现代方式在教堂的前殿中（距南墙 1 米，距中殿的隔墙同样也是 1 米）竖立了一块创始人的墓碑。这块墓碑曾在 1917 年德军占领期间被损毁，成为两块高 0.35 米的残片（图 4），1931 年被维尔吉尔·德勒吉恰努发现[②]。我们所说的是一种在术语上被称为"纪念碑"的中世纪墓碑，主体呈阶梯状金字塔形，其下方的地下墓室中有一具人形石棺[③]。如果说后一种殡葬元素在 12—15 世纪的西方哥特式建筑中很常见，那么金字塔形的墓碑则与 12—13 世纪塞尔维亚君主的大理石棺椁非常相似。从斯

[①] R. Theodorescu, *Bizanţ, Balcani, Occident...*, p. 304.

[②] V. Drăghiceanu, *Mormântul lui Mircea-Vodă cel Bătrân,* în „Buletinul Comisiunii Monumentelor Istorice", 24, 1931, p. 24, fig. 9. 科齐亚修道院的修士在 18 世纪末设立了一块带教会斯拉夫文铭文的墓碑，但上面记载的历史事件存在谬误，19 世纪的档案和作家都对此进行过讨论：C. Bălan, *La pierre tombale de Mircea l' Ancien (Quelques contributions)*, în „Revue Roumaine d'Histoire", 1-2, 1986, p. 45-51.

[③] R. Theodorescu, 引文如前：p. 325, nota 176.

图代尼察修道院的斯特凡·尼曼雅墓 ①，到米勒雪瓦修道院的弗拉
迪斯拉夫墓②、索泼查尼修道院的斯特凡·乌罗什一世墓③、格拉达
茨修道院的安茹王朝海伦娜王后墓④，再到代查尼修道院斯特凡·乌
罗什三世及其来自巴列奥略家族的王后玛利亚（她是拜占庭皇帝
安德洛尼卡二世的曾孙女，宰相狄奥多尔·梅托基特斯的孙女）
的墓地 ⑤，莫不如此。

老米尔恰大公西式风格的墓葬也和塞尔维亚的情况一样，墓
上并无碑文，只是盖着一块早期尼曼雅风格墓碑的复制品，在我
国几乎是独一无二的。不过，我想再提一下另一个与塞尔维亚共
有的特点：在 13 世纪的拉什卡，王室墓葬的周围绘有死者的肖
像，但在摩拉瓦河谷那些与科齐亚修道院同时代的教堂中，墓穴
的位置与死者肖像的位置毫无关联。例如埋葬着拉扎尔大公的拉
瓦尼查教堂⑥，那里和埋葬米尔恰大公的科齐亚教堂一样，大公的
肖像远离其墓穴，位于相邻的中殿，我们如今可以见到 1700 年后
重新绘制复本。

我在上文中提到，科齐亚教堂建立者的墓碑形式在我国古代

① D. Popović, Srpski vladarski, pl. 1, pl. 2.

② 同上：pl. 9.

③ 同上：pl. 12.

④ 同上：pl. 14.

⑤ 同上：pl. 17. 另见：B. I. Bojović. *L'idéologie monarchique dans les hagio-biographies dy-nastiques du Moyen Age serbe,* Roma, 1995, p. 626, nota 89.

⑥ D. Popović, 引文如前：p. 194.

艺术中"几乎是独一无二的"。早在 1965 年，霍里亚·特奥多鲁 [1]
在不了解塞尔维亚存在相似的王室墓葬（除了一个微不足道的墓
葬）的情况下，就凭借准确的直觉单刀直入地指出，在迪亚卢修
道院教堂的前殿中有弗拉迪斯拉夫二世的墓碑 [2]（图 5）。这块墓
碑来自此前拉杜大公修建的教堂（有人甚至认为其来自米尔恰大
公时代），其形制可以让人联想到科齐亚教堂的那块墓碑（我想补
充的是，迪亚卢修道院的风格只是对科齐亚修道院的重复，创新
之处仅仅存在与前殿，它被一个双拱门分割为大小不一的两个隔
间 [3]）。还有一块在我们这里"不太常见"，被称为"石棺盖"的石
板 [4]。但我强烈怀疑它是 15 世纪中叶之后复制的，在尼亚果耶·巴
萨拉布统治时期由克拉约维斯库家族放置在那里，以表达对这位
德内斯库家族重要成员的敬仰。他是丹一世（老米尔恰大公的兄
弟）的曾孙，后来被德拉库拉家族著名的成员弗拉德·采佩什
所杀 [5]。

　　不管怎么说，迪亚卢修道院的这块石板（从类型上看，可以

---

[1] *Mormântul lui Mircea cel Bătrân*, în *Omagiu lui P. Constantinescu – Iaşi cu prilejul împlinirii a 70 de ani*, Bucureşti, 1965, p. 642.

[2] C. Moisescu, *Târgovişte. Monumente istorice şi de artă*, Bucureşti, 1979, p. 128, fig. 187. 这块墓碑位于"后来将代替科齐亚教堂的陵墓"中。(N. Iorga, *Mormintele Domnilor noştri*, în *Istoria Românilor în chipuri şi icoane*, Craiova, 1921, p. 7).

[3] Gr. *Ionescu, Istoria arhitecturii în România*, I, Bucureşti, 1963, p. 278-279.

[4] C. Rezachevici, *Cronologia domnilor din Ţara Românească şi Moldova*, p. 100.

[5] 同上：p. 98 及其后。另见：N. Iorga, *Inscripţii din bisericile României, I*, p. 100. 其中提到这块"棺状的"石块，写道："这块石板是在尼亚果耶·巴萨拉布时期，由潘巴尔布和大臣珀尔伏及其兄弟设立的。后者是克拉约瓦的尼亚果耶之子，弗拉迪斯拉夫大公使其成为贵族"。

认为与科齐亚修道院中罗马尼亚公国首位大公的墓葬一脉相承）的由来，也许可以解释为奥尔特尼亚的弗拉迪斯拉夫家族成员在塞尔维亚有亲戚，因此会如此熟悉塞尔维亚人的习俗和古迹；也可以解释为特尔戈维什泰附近的第一座修道院教堂（后来成为弗拉迪斯拉夫大公的陵墓）与几十年前的奥尔特河谷修道院教堂之间存在联系。

　　老米尔恰大公的陵墓同时回响着西方和塞尔维亚风格，其西巴尔干成分与此前的风格大相径庭。先前的代表性墓葬元素有：阿尔杰什苑圣尼古拉王室教堂中殿里一些巴萨拉布家族成员（他们是米尔恰一世的祖先）的棺椁和卧像；特尔诺沃查雷维茨村圣帕拉斯切瓦教堂中殿的伊凡·亚历山大沙皇卧像；米利和波波瓦克教堂中殿里的波斯尼亚国王墓碑[1]。这些元素都位于教堂中殿的位置[2]，因此被认为与西方的天主教存在某种渊源，也可以解释为安茹王朝统治下的匈牙利与罗马尼亚公国、波斯尼亚较为亲近。

　　到目前为止，我已经多次提到塞尔维亚那些君主陵寝与其所在空间之间存在某种关联。对这一主题的深入研究[3]揭示了拉什卡和摩拉瓦有趣的丧葬习俗，并将12世纪末的斯图代尼察修道院和15世纪初的雷萨瓦修道院关联起来。事实上，依照尼曼雅王朝

---

① D. Popović，引文如前：p. 195.

② *Tombeaux des souverains dans les pays balkaniques du Moyen Âge*, în *Pour une grande histoire des Balkans des origines aux guerres balkaniques*, III, ed. AIESEE-UNESCO, Paris, 2009, p. 156-158.

③ D. Popović，引文如前：passim.

创始人斯特凡·尼曼雅 ① 确立的传统，国王、皇帝和大公的石棺应
该被无一例外地安放在（礼拜空间内）中殿的西南角。这是个欧
洲中世纪特有的体现王朝崇拜的位置，是王室意志的具体表现。
正如我们所说的那样，这种意志与修道院的生活有效结合在了一
起 ②。从这个意义上说，这座教堂的原型来自 1186 年后修建的斯图
代尼察的圣母教堂，它是斯特凡·尼曼雅（他将阿索斯山的修行
方式带到这里，并成为第一位塞尔维亚圣人）的葬身之所 ③。斯特
凡·尼曼雅亲自在中殿西边靠南的位置选择了一个地方来安放自
己的灵柩。后来，弗拉迪斯拉夫国王也将自己的墓穴设计在米勒
雪瓦修道院升天教堂中殿完全相同的位置〔这是第一处独立于斯
图代尼察修道院尼曼雅家族陵墓的墓葬，标志着从这个家族的第
三代起，每位君主都为自己单独建造教堂以供身后之用（这让人
在某种程度上联想起蒙特尼亚公国和摩尔多瓦公国罗马尼亚君主
的情况）〕 ④。墓穴设置在相同位置的还有 13 世纪初乌罗什一世位
于索泼查尼修道院圣三一教堂的陵寝 ⑤、13 世纪中后叶格拉达茨修
道院报喜教堂中海伦娜王后的陵寝 ⑥、14 世纪上半叶代查尼修道院
耶稣像教堂中斯特凡·乌罗什三世及其拜占庭王后的陵寝 ⑦。在这
座 14 世纪的教堂中，由于受西方影响，石棺第一次不再靠近墙

① 原著中为斯特凡·西梅翁，疑为笔误。——译者注
② 同上：p. 199.
③ 同上：p. 25, fig. 4.
④ 同上：p. 49, fig. 12.
⑤ 同上：p. 62, fig. 16.
⑥ 同上：p. 79, fig. 25.
⑦ 同上：p. 101, fig. 35.

壁，而是位于中殿的中部。再往后，到更靠近科齐亚修道院的年代，即 14 世纪中叶，还有普里兹伦附近圣天使教堂中斯特凡·乌罗什四世皇帝的陵寝（上面刻有西方式的死者卧像），以及拉瓦尼察修道院升天教堂中拉扎尔大公（他和老米尔恰是同一时代的人，也是首位为了捍卫基督教信仰而献身的塞尔维亚君主，因此有圣殉道者之称）的陵寝①。拉扎尔的遗孀米莉察大公妃后来被安葬在柳波斯尼亚修道院的圣母安息教堂②，他的儿子专制大公斯特凡·拉扎列维奇则被安葬在雷萨瓦的圣三一教堂③。这座教堂的历史可以追溯至 1418 年，那一年老米尔恰大公逝世，并被安葬在科齐亚另一座以圣三一为名的教堂前殿中。由于他的陵寝不在教堂中殿，在丧葬方面与塞尔维亚的相似之处便到此为止了。如果说在两百多年的时间里，君主墓葬的固定位置就是在中殿的西南方〔前殿或是为王后准备的（例如尼曼雅王朝第一位君主之妻安娜·阿娜塔西娅在斯图代尼察的陵寝④，以及斯特凡一世之妻安娜·丹多罗在索泼查尼修道院的陵寝⑤），或是在 1300 年之后为其他贵族预留的⑥〕，那么我们可以看到在瓦拉几亚的科齐亚（在比那里早几十年建成的阿尔杰什苑的教堂，大公的陵寝依然在中殿），则首次把大公的永久安息和凭吊之地设置在了教堂的前殿

① 同上：p. 123, fig. 44, p. 194.

② 同上：p. 127, fig. 45.

③ 同上：p. 130, fig. 47, p. 194-195.

④ 同上：p. 190.

⑤ 同上：p. 64, fig. 16.

⑥ 同上：p. 193.

中。在某种意义上，这似乎是这个地方的一项创新，并将被后世
传承。即便我们对 15 世纪的蒙特尼亚知之甚少，也能从大公的陵
墓（唯一的、局部的例外可能是上面提到的弗拉迪斯拉夫二世的
墓碑。它也许是一件 16 世纪初的复制品，是仿照大约 70 年前的
另一块墓碑设立的，被安放在迪亚卢教堂前殿的南部。但从修道
院所处地形及建筑类型上看，依然是科齐亚修道院的延续。）中了
解到这种丧葬方式一直流传到尼亚果耶·巴萨拉布 1500 年之后在
阿尔杰什苑修建的修道院教堂。

　　正如大家所知，这座教堂的前殿（有赖于我的导师埃米尔·勒
泽雷斯库 [①] 的贡献，这里曾是重要的研究对象）于 1517 年完工，
由两部分相互延伸的空间构成：较小的那个部分夹在两根柱子之
间，发挥着前殿原有的作用，较大的那个部分则用作"新巴萨拉
布家族"的墓室。正如刚才提到的那位令人难忘的学者所言 [②]（我
也曾指出过 [③]），这开创了一种罗马尼亚公国特有的建筑传统，并
一直延续到 18 世纪初，且仅有在明确宣告王朝成立时才会如此
（图 6）。

　　令我们吃惊的是，我们已经知道 12—15 世纪塞尔维亚王室
墓葬仅位于教堂中殿的西南角，但尼亚果耶·巴萨拉布家族的所
有墓葬都位于前殿的西南角。要知道，我们讨论过一个王族的陵
寝，其创建者来自阿尔杰什，妻子是布兰科维奇家族，即塞尔维

---

① *Biserica mânăstirii Argeşului*, Bucureşti, 1967, p. 24-26, fig. 4.

② 同上：p. 141.

③ R. Theodorescu, *Câţiva „oameni noi", ctitori medievali*, p. 58-62.

亚王族之后；讨论过一座绘有死者及其所有同处埋葬的家族成员画像（这一点也和塞尔维亚一样）的王族陵墓[1]；讨论过拉扎尔·赫雷别利亚诺维奇（他和戴斯皮纳·米莉察夫人是远亲，因此也将其拉瓦尼察陵寝的设计图带到了尼亚果耶的陵寝中[2]）的彩绘肖像。由于拉扎尔大公是尼曼雅王朝的后裔，塞尔维亚王族圣人西梅翁和萨瓦的形象作为尼曼雅家族成员的代表呈现在阿尔杰什教堂前殿壁画中，正对着描绘科索沃战役英雄的壁板[3]。

当然，除了与塞尔维亚有如此亲密的关联（塞尔维亚的妻子、亲戚、圣人）之外，我们还应认识到在拉什卡，从 14 世纪初的米卢丁[4]国王统治时期开始，用死者的肖像来装饰石棺就已经成为一种缅怀先祖的传统[5]。

之后，尼亚果耶的两个孩子安盖丽娜和扬（1518）、另一个儿子佩特鲁（1520）、女婿阿富马齐的拉杜（1529）、女儿斯塔娜〔摩尔多瓦公国大公妃，后来步其母普拉托尼达修女[6]后尘，成为索芙洛尼亚修女〕（1531）也相继被顺理成章地埋葬在尼亚果耶大公墓旁（1521 年落葬，也和塞尔维亚一样采用大理石墓体）[7]。这种王

---

[1] C. L. Dumitrescu, *Pictura murală din Ţara Românească în veacul al XVI-lea,* Bucureşti, 1978, p. 48, pl. 23.

[2] 同上：p. 47.

[3] 同上：p. 49.

[4] 即斯特凡·乌罗什二世。——译者注

[5] D. Popović, 引文如前：p. 201.

[6] 即米莉察王后。——译者注

[7] C. Bălan, *Inscripţii medievale şi din epoca modernă a României. Judeţul istoric Argeş (sec. XIV-1848),* Bucureşti, 1994, p. 217-229.

室陵园（埃米尔·勒泽雷斯库敏锐地觉察到）只是对尼曼雅王朝理念的仿造，其中还反映出很多西方陵墓的影子。在当时的历史背景下，借用塞尔维亚宫廷的理念在尼亚果耶统治时期，以及 16世纪的瓦拉几亚公国已成为一种常态。

对于巴萨拉布·采佩卢什的亲生儿子、丹一世的玄孙[1]（他是老米尔恰的兄弟）而言，我认为将墓地设置在前殿是延续了 100年前在科齐亚的另一座修道院教堂中形成的传统。而为自己的新巴萨拉布家族在教堂中殿的西南角选定墓址，则让人想起了塞尔维亚将陵寝设置在中殿的传统。

基于这些证据，我现在相信在土耳其王国时期，罗马尼亚公国的统治者在 1500 年后的前几十年对巴尔干半岛的南斯拉夫文明有过短暂但明确的传承（首先是沿着科齐亚这条线流传下来的风格和仪轨；其次则是通过尼亚果耶家族和克拉约维斯库家族与南方的联系流传下来的政治理念和意识形态），这是中世纪东南欧最重要的王国传统。

现在可以明显地看到，在修道院教堂的前殿安葬大公的做法源自科齐亚教堂米尔恰一世墓葬的传统。迪亚卢修道院第一座教堂的情况很可能也是如此，那里在 15 世纪安葬了弗拉迪斯拉夫二世，在第二座教堂的"前廊"则是拉杜大公的大理石墓（正如加夫里尔·普罗图尔所言[2]）。后来，1557 年，善良的帕特拉什

---

① C. Rezachevici, 引文如前：p. 87, 95, 111.

② "你看，拉杜大公的遗体就安葬在迪亚卢修道院教堂的门厅里"：*Viaţa şi traiul Sfântului Nifon patriarhul Constantinopolului,* ed. Tit Simedrea, Bucureşti, 1937, p. 14. 另见：*Dicţionarul limbii române*, Bucureşti, XI, 2, 1982, p. 269.

库大公（他是拉杜大公的孙子）也被安葬于此[①]。此外，这里还有一系列其他墓葬〔1512 年拉杜大公的同父异母弟弟小弗拉德的坟墓；一年前，即 1511 年开国大公的妹妹卡普拉的坟墓；1601 年，拉杜·布泽斯库将拉杜大公曾孙勇敢的米哈伊大公的首级安葬于此（图 7）。1535 年起，在梅内迪克的布泽乌修道院教堂里埋葬了弗拉德·文蒂勒大公（长期以来也被认为是拉杜大公的儿子）[②]，并在墓前立了一块大理石碑〕。当然，此前我们已经讨论过尼亚果耶家族在阿尔杰什苑下葬的情况。

问题是这种做法是何时停止的（特别是在前殿被扩充过的修道院教堂），因为依照尼亚果耶家族兴建教堂的传统，这是在以建筑形式宣誓王权。但是在接下来的那个世纪，我们面临的现实却发生了变化：所有留存至今的大公墓葬都在中殿，就像在中世纪的塞尔维亚一样（当然，两者间并无关联）。

在科特罗切尼修道院教堂，1688 年竖立的谢尔班·康塔库济诺的大理石墓碑位于中殿的南部[③]。在已经消失的沃克雷什蒂修道院教堂，同样在中殿的右侧，有 1730 年竖立的尼古拉·马弗罗科尔达特的墓碑[④]。这位大公敕令建造的宏伟教堂终结了两百多年前始于阿尔杰什苑的建筑传统。

---

① C. Razachevici, 引文如前: p. 242.

② V. Drăghiceanu, *Mânăstirea Vîntilă-Vodă (Buzău)*, în „Buletinul Comisiunii Monumentelor Istorice", XXVI, 1933, 169-171. 关于此人可参见: C. Razachevici, 引文如前: p. 186.

③ *Inscripţiile medievale*, nr. 85, p. 235-236; Gh. Cantacuzino, *Mânăstirea Cotroceni*, Bucureşti, 1968, p. 26.

④ *Inscripţiile medievale*...nr. 489, p. 436-437.

另一个问题仍然悬而未决：在登博维察河畔的新国都 [1]，阿尔杰什教堂开创的墓葬形式在圣十字架米赫内亚教堂（后被称为拉杜大公教堂）会是什么样的情形呢？

我们现在看到的这座教堂是 17 世纪初重建的，似乎更符合新世纪的特点：从 1626 年起，米赫内亚·土耳其图尔之子，同时也是这座教堂首位出资人亚历山德鲁二世·米尔恰的之子拉杜·米赫内亚（他本人是重修这座教堂的出资者）的陵寝开始转移到从中殿去往前殿的通道偏南方 [2]（图 8）。在前殿还有两块来自第一座教堂的大理石碑，其中一块是 1589 年亚历山德鲁二世·米尔恰之女埃琳娜的墓碑 [3]，另一块则是 1590 年土耳其图尔的另一个儿子弗拉德的 [4]。这里的情况就比较复杂了，因为该修道院的第一座教堂（它把阿尔杰什的建筑方案带到了布加勒斯特，并在那里发扬光大）仍保存着一块 1577 年的白色大理石残碑 [5]，它的主人即上文提到的首位出资人亚历山德鲁二世·米尔恰，他是科齐亚教堂创始人的第六代孙。他的陵寝也和 16 世纪其他大公的墓地一样，位于布加勒斯特圣十字架教堂的前殿中（与老米尔恰大公，以及尼亚果耶·巴萨拉布大公的墓地处于同一条直线上）。就像在第二座教堂一样，这里也设有两块墓碑，一块是他女儿的，另一块则

---

① 布加勒斯特。——译者注

② 同上：nr. 318, p. 346.

③ 同上：nr. 316, p. 345, 863.

④ 同上：nr. 317, p. 345, 925.

⑤ 同上：nr. 624, p. 513-514; cf. N. Iorga *Piatra de mormânt a lui Alexandru-Vodă Mircea,* în „Buletinul Comisiunii Monumentelor Istorice", XXII, 1929, p. 161.

是其侄子的。德拉库拉家族后裔这两块墓碑的形制是否完全复刻
了阿尔杰什苑已经消亡的德内斯库家族旁支"新巴萨拉布"家族
的样子呢？阿勒颇的保罗所说的话也许可以解释这一点。他在 17
世纪中叶，即在新教堂建造几十年后，看到了"在教堂南侧几位
大公的墓葬，墓前有白色大理石碑，上面盖着装饰用的织物"[1]（严
格意义上讲，这只可能是亚历山德鲁二世·米尔恰及其后辈至亲
的墓碑）。这意味着他在中殿通往前殿的通道处不仅看到了留存至
今的拉杜·米赫内亚的墓碑，还看到了从 16 世纪末那座教堂迁移
到这里的其祖父的墓碑。确切的答案不得而知，我们也永远无法
知道将大公安葬在前殿的传统是否至拉杜大公一支而止，或者恰
恰相反，它可以被看作是在中殿落葬的开端。也许，将拉杜·米
赫内亚的墓碑设置在中殿的最顶头并不是一种完全不同寻常的做
法，这么做只是为了与前殿中那些墓葬（仿自阿尔杰什教堂）的
队列相衔接而已。这可以被看作一种妥协，但我们无法理解在仪
制上有何意义。

　　毫无疑问，在礼拜场所的某一特定空间（如前殿）竖立墓
碑，为死者或殉道者祈祷，必然有其仪礼内涵。这可以追溯到 14
世纪隐修派及老米尔恰大公的科齐亚教堂特有的氛围，此后又受
到《巴萨拉布家训》及通过祈祷与神灵合一思想的影响[2]。在尼亚
果耶·巴萨拉布统治时期，在阿尔杰什苑和其他地方的所有 16

---

[1] *Călători străini despre ţările române*, VI, 1976, p. 229. 在上述段落中，我们可以看到对
　　"教堂前部"的描述，这与前殿有着更明确的呼应（信息由 Ioana Feodorov 博士提供）。
[2] D. Zamfirescu, *Neagoe Basarab şi Învăţăturile către fiul său Theodosie*, Bucureşti, 1973,
　　p. 165, p. 289.

世纪修道院教堂中，正如我们所见，所有葬礼都在神圣的方位进行。在那里，"天使般"的光辉将永远守护逝去的君主，修士为死者进行的祷告也有着我们所知的厚重感。此外，我还注意到在罗马尼亚公国采取这种墓葬方式的同时，15—16 世纪的摩尔多瓦则用截然不同的方式解决处理墓葬空间。那里，在中殿和前殿之间修建了墓室（仅仅在修道院教堂中），此类墓葬方式出现在 1407 年前比斯特里察的首座教堂、1465 年前普罗博塔的首座教堂、1469 年普特纳的首座教堂，以及 1497 年尼亚姆茨那座著名的教堂（仅靠两扇小窗为室内提供晦暗的光线 [1]，与丧葬气氛极为一致，让人联想起更古老一些的蒙特尼亚教堂前殿）中 [2]。教堂（主要是修道院教堂）的前殿被赋予了神学内涵，在那里举行的葬礼和洗礼喻示着灵与肉在祭坛上的轮回，祭坛四周装饰性的圣像则讲述着（中殿里的壁画主人公）获得救赎之前的种种事迹。在这里，人们还可以读取圣人的生平，14 世纪的"典籍"让人们了解到为何要缅怀死去的修道士，为何要在举行"亡灵小祷"或"小厅祷告"仪式，为何要在周五晚间游行 [3]、谦卑地祈祷和忏悔 [4] 或举

[1] Gr. Ionescu, 引文如前: p. 253.

[2] L. Bătrâna, A. Bătrâna, *O primă ctitorie şi necropolă voievodală datorată lui Ştefan cel Mare: mânăstirea Probota,* în „Studii şi cercetări de istoria artei. Seria artă plastică", 24, 1977, p. 210, 213, 218; C. Moisescu, M.A. Musicescu, A. Şirli, *Putna,* Bucureşti, 1982, p. 14-15.

[3] E. Branişte, *Liturgica specială,* Bucureşti, 1985, p. 557.

[4] 同上: p. 431.

行葬礼 ①。

在奥尔特尼亚特有的隐修氛围中②，第一座成为大公陵寝的修
道院教堂的创始人（我们知道，依据拜占庭和东南欧东正教地区
的传统，他们的特权包括在教堂内落葬，并在那里绘制肖像）③被
安葬在其半身像前，由修士们永久缅怀，在我们看来是合乎逻辑
的。1418 年的这种情况与几十年前阿尔杰什圣尼古拉教堂的情况
完全不同。在那里，米尔恰大公的直系祖先们遵循另一些规则，
被安葬在一座不属于修道院的教堂中。

始于科齐亚教堂前殿的这种规则也存在于罗马尼亚公国的不
同地区，并持续了近两百年（事实上一直延续到 17 世纪，当时的
宗教氛围已截然不同）。我们此时此地探讨的话题可能同时引起艺
术史家、教会史家、建筑学家和神学家的兴趣。如果对整个巴尔
干和多瑙河以北地区的王室殡葬礼仪进行拓展研究的话，我相信
会得到充满新意和收益的成果。

① 同上：*Liturgica specială*, ed. a II-a, București, 1993, p. 295 (tot aici despre iconografia pronaosu-
lui ilustrând dogma Întrupării).

② R. Theodorescu, *Bizanț, Balcani, Occident...*, p. 234-256.

③ V. V. Munteanu, *Organizarea mănăstirilor românești în comparaţie cu cele bizantine (până
la 1600),* București, 1984, p. 52. 14 世纪，尼古拉·卡巴斯拉斯在《圣礼诠释》中提到，
死者也会通过其"脱离肉体束缚"的灵魂分享神圣的礼物，"他们不仅比大多数活在
肉体里的人更渴望、更有资格得到救赎，而且比他们自己（如果他们还在肉体里的
话）也更渴望、更有资格得到救赎"（Scrieri, București, 1989, p. 96）。

图 1　科齐亚修道院
教堂　无窗前殿外景

图 2　科齐亚修道院
教堂　顶部花窗

图 3　科齐亚修道院教
堂前殿　原先的花窗和
后来增设的窗户

图 4　科齐亚　老米尔
恰大公墓碑残片

图 5 迪亚卢修道院教堂前殿 弗拉迪斯拉夫二世墓碑

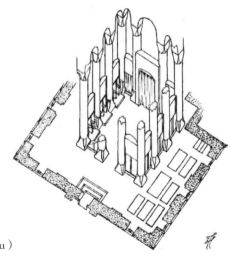

图 6 阿尔杰什苑修道院教堂
前殿 复原图（见 E. Lăzărescu）

图 7　迪亚卢修道院教堂前
殿　墓碑

图 8　布加勒斯特拉杜大公
修道院教堂　前殿通往中
殿的景象

18世纪沃尔恰的主教和教堂捐建者

　　在整个罗马尼亚公国，王公贵族捐资修建教堂最密集的地方当数沃尔恰（在第一次现代化到来之际，无论是传统主义者还是革新派，包括中世纪的大公和贵族们，都争先恐后慷慨解囊。但捐资建造教堂者也不乏属于"第三等级"的小地主、神父和农民）。这个地方深深吸引着我。大家都知道，在学生时代，甚至更早的时候，我就试图说明"在罗马尼亚文化中存在一种沃尔恰精神"①。

　　需要澄清的是：这里涉及的包括从拉杜大公治下，前牧首尼封1503年对教会进行改组到1939年建立奥尔特尼亚大主教区的四百余年间，曾经隶属于新塞维林主教区的南喀尔巴阡地区，即奥尔特河右岸的五个县份——梅赫丁茨、多尔日、戈尔日、罗曼纳茨和沃尔恰。我们要详细说明的，则是教堂最具代表性的沃尔

---

① 本文选自本人在勒姆尼库沃尔恰的 Almarom 出版社 2001 年出版的著作。

恰县。

　　我希望以后能有机会展示除了沃尔恰之外，勒姆尼库教区其他地区的特点。尽管那些地方也有很多引人入胜的古迹，但教堂的密度和多样性远不及洛特鲁山、托波洛格山谷、奥尔泰茨山谷、罗马尼亚平原等地。

　　18 世纪是"启蒙"的世纪，同时也是民俗大发扬的时代，其中心正是沃尔恰。从某种意义上说，这些民间传统正是 19 世纪后资产阶级现代化的根基 [1]（我曾经提出，罗马尼亚自由主义在民间的前奏可能源于乌尔沙尼的沃尔恰风格教堂）。那时候，勒姆尼库令人敬畏的新塞维林主教区是一个文化中心，书籍和圣像从那里向泛罗马尼亚地区传播。那里的高级教士大多是罗马尼亚人，而在同一时期的布加勒斯特，法纳尔大公任命的主教们都是希腊人。需要说明的是，从来自高加索伊维鲁的安提姆到来自巴尔干杰阿诺格鲁—莱斯维达克斯家族的内奥菲特，在将近一个半世纪（1705—1840）的时间里，先后担任勒姆尼库主教的十一人中有五位登上了登博维察河畔 [2] 的大主教宝座 [3]。

　　被载入教会史册及罗马尼亚史书的有："教员"达马斯金，他来自登博维察的莫什内尼家族，曾将布泽乌合勒姆尼库的宗教书

---

① *Popular şi ţărănesc în arta de la 1800*, în R. Theodorescu, *Civilizaţia românilor*, p. 196 şi următoarele.

② 布加勒斯特。——译者注

③ *Sfânta episcopie a eparhiei Râmnicului Noul Severin în trecut şi acum*, Bucureşti, 1906; D. Sandu, *Eparhia Râmnicului şi Argeşului*, I-II, Râmnicu Vâlcea, 1976; G. Cristea, *Istoria eparhiei Râmnicului*, Râmnicu Vâlcea, 2009.

籍"罗马尼亚化";克利门特,他是来自彼得拉里的沃尔恰农家
子弟,与阿尔迪亚尔的罗马尼亚神职人员交往甚密;来自索科泰
尼的贵族子弟,反法纳尔政权的格里戈雷;来自哈莱普利乌家族,
饱读法兰西《百科全书》的凯萨里耶;同样值得我们怀念的还有
一些希腊主教,包括菲拉莱特(他曾为迪奥尼西耶·艾克莱西亚
尔胡尔,以及纳乌姆·勒姆尼恰努提供支持)、莫雷奥·内克塔里
乌斯,沃尔恰由神职人员和贵族捐资修建的教堂在其主管期间在
数量上达到顶峰,以及他的侄子兼继任者加拉克提翁,他在逃往
锡比乌后向梅特涅控诉法纳尔大公亚历山德鲁·苏祖。

在沃尔恰的教堂捐建者中有一个特殊的群体(这在整个18世
纪和19世纪的头几十年中仍然是一大特点),那就是神职人员。
正如我们所见,其中包括条件较为优渥[①]的主教[②](例如在1804年
捐建科珀切尼教堂的谢尔班·科珀恰努,他的肖像也被绘制在前
殿中)、教士(负责忏悔和代领圣餐的神父——在喀尔巴阡山弓外
的罗马尼亚人居住区,并不总是在受封后立即领圣餐)、教堂的座
堂和修道院的司祭。

毫无疑问,对这种情况的第一种解释是勒姆尼库主教区发挥
着重要作用并有极高的威望。第二种,也是非常重要的一种解释
是,他们的经济条件比其他村民更优越,因为他们可以享受免税
待遇[③](奥尔特尼亚成为"奥地利的瓦拉几亚"时期除外,这让

---

① D. Furtună *Preoțimea românească în secolul al XVIII-lea. Starea ei culturală și materială*,
  Vălenii de Munte, 1915, p. 64.

② I. Popescu-Cilieni, *Biserici, târguri și sate din jud. Vâlcea*, Craiova, 1941, p. 136 及其后。

③ I. Popescu-Cilieni, 引文如前: p. 48-49.

达马斯金这样的主教极度不满[①]）。有些在主教区周边工作的神父条件较好[②]，一些人甚至拥有"庄园"[③]。尼古拉·约尔加在其著名的演讲《法纳尔人统治下的罗马尼亚文化》中有一句非常著名的话，尽管人们对其理解各不相同：这些"朴素且不起眼的农民神父"是"如此贫穷，以至于他们当了地主之后还穿着靰鞡鞋做法事"[④]，这确实是一个绝佳的隐喻。

　　当然，由于神职人员的队伍不断壮大，并不是所有人都有这样的物质条件。进入 19 世纪后，整个罗马尼亚公国的僧侣数量越来越多，1780 年约有 3500 人，1790 年后增至约 5850 人[⑤]，到 1830 年约有 9000 名牧师和执事[⑥]（甚至有人提出实际数字应为 11000 人）。但我们可以看到，沃尔恰地区的教堂数量与这个极为民主的社会文化群体的规模成正比增长关系。

　　来自多罗霍伊的神父杜米特鲁·富尔图讷教授是一位令人尊敬的现代研究者，他在描述自己的先辈，即这些 18 世纪的神职人员时写道："在他们之中，我们会发现有很多小学者、画匠和圣像制作者，还有众多装订工和抄写员。"[⑦]我们最感兴趣的一点是，即便这些教士未能以捐资者的身份出现，也为自己能"在教堂建设过程中积极参与、四处奔走、筹集捐款，并略尽绵薄之力"而感

---

① 同上：p. 99.

② 同上：p. 81.

③ 同上：p. 86.

④ 引文如前：Bucureşti, 1898, p. 38.

⑤ D. Furtună, 引文如前：p. 53.

⑥ 同上：p. 53, nota 7.

⑦ 同上：p. 7.

到欣慰①。我的感觉是，他们所做的其实更多，我会稍后说明原因。

第二个社会类别我一般统称为非神职人员，可分为小地主（大地主罕见，只在 18 世纪初的布伦科维亚努、斯特凡·康塔库济诺和前几位法纳尔大公统治时期偶有出现），这些乡村贵族中的一部分人成为大公的执行官（例如奥勒内斯库、伯贝亚努、奥泰泰利沙努、索科泰亚努、拉霍瓦利等家族②），以及农民出身的庄园总管（典型的例子是前面提到的约安·波佩斯库，又名乌尔沙努）、潘杜尔军队的军官、拥有土地的自耕农，沃尔恰正是一个以自耕农众多而闻名的地方。

所有这些人以及前面提到的神父们虔诚地设立了成百上千的石碑和十字架（十多年前，我已故的同事康斯坦丁·伯兰在一本关于沃尔恰地区碑刻研究的力作中将其刊印了出来，着实令人敬佩③），它们不仅雄辩地证明了信仰和团结，还记载了那些社会地位崇高的捐资者。当地的主教和来自布加勒斯特的王公贵族经常被提及，但偶然出现的一些地方性或普遍性的历史细节同样引人入胜。有些碑刻中还呈现出一种令人感动的机会主义色彩，这种机会主义后来甚至变成了一种真正的"民族特色"。在外族占领期间，他们会向"奥地利宗主国"和"莫斯科宗主国"派来的基督教君主致敬，或向"奥斯曼宗主国"的胜利者们致敬。在 18 世纪30 年代的勒姆尼库，依诺泰斯库家族墓地和克里默内斯库家族墓

① 同上：p. 46.

② I. Popescu-Cilieni, 引文如前：p. 132 及其后。

③ *Inscripţii medievale şi din epoca modernă a României. Judeţul istoric Vâlcea (sec. XIV-1848)*, Bucureşti, 2005.

地的十字架上刻有向哈布斯堡王朝最后一位男性后裔查理六世致敬的文字。到 18 世纪 70 年代的 1774 年 8 月，在奥尔泰祖村多布鲁沙教堂的十字架上写着向"我们的女皇"叶卡捷琳娜二世（也许还有其孙，沙皇亚历山大·巴甫洛维奇）致敬的话语 ①，是年俄军刚刚大胜拿破仑。

就沃尔恰地区宗教建筑的变化而言，我所说的这一时期（勒姆尼库教区的鼎盛时期）对于文化史学家、艺术史学家，以及罗马尼亚前现代时期思想史研究专家有着极大的吸引力。从一个主教到另一个主教，从一个十年到下一个十年，历史背景不断变换，这种动态变化让我们看到了文化的创新与卓越，以及不同社会群体间的合作。在 18 世纪和 19 世纪初的蒙特尼亚和奥尔特尼亚，我们对这样的合作已经习以为常 ②。

如果说 17 世纪的最后 20 年是康塔库济诺—布伦科维亚努艺术风格的"黄金时期"，当时捐建教堂者不是拥有王室血统（例如康斯坦丁大公和他来自胡雷济的家族成员），便是大贵族或大主教〔例如特奥多西耶大主教 1680 年在勒姆尼库沃尔恰修建的切德祖亚教堂；瑟勒契内什蒂的斯特凡主教 1687 年建造的教堂（外墙上的壁画由其继任者达马斯金完成，见图 1）；大公的近亲，后来在帕霍米耶出家成为修道士的使徒帕帕·珀尔什科维亚努 ③ 在 1689—1691 年间修建了莫讷伊列什蒂教堂〕，那么三名修道士 1700—

① 同上：II 609, p. 440.

② R. Theodorescu, 引文如前：p. 201-202.

③ N. Stoicescu, *Dicționar al marilor dregători din Țara Românească și Moldova. Sec. XIV-XVII*, București, 1971, p. 226.

1701 年间在彼得雷尼建立的"四十四泉"隐修院则标志着 18 世纪的到来。三人分别是比斯特里察隐修院的住持斯特凡，以及埃皮法尼耶、尼科迪姆。从此往后的整整几十年间，我们会看到沃尔恰的教士们，无论是神父还是修士，都为建造教堂做出了巨大贡献，在古老的罗马尼亚文化中留下了浓墨重彩的一笔。

从 1705 年春到 1708 年春，斯纳戈夫修道院前院长安蒂姆·伊维莱亚努尔在其短暂而富有成效的任期内完成了重大的教堂修建工程（两项杰出的工程分别是：1706 年在布伦科维亚努大公之妻玛丽亚夫人支持下修建的苏尔帕泰莱教堂；更早一些时候，即 1704—1705 年间对科齐亚大教堂的壁画进行了重新绘制，并增加了一些建筑元素。后面这项工作是在大公的亲戚，御酒官谢尔班·康塔库济诺·默古雷亚努的建议下开展的，他还在几年后的 1710 年为比斯特里察小教堂增建了门廊）。时至今日，人们仍怀着崇敬的心情缅怀他〔例如，在戈沃拉教堂的前殿中（图 2），他的形象依然在向我们致意〕。我们还知道，在他的任期内，教士们是可以享受免税待遇的[1]，使得这一非常活跃的社会阶层拥有了较好的物质条件，因而捐资修建了越来越多的教堂。从 1708 年春到 1725 年底，上文提到的达马斯金（图 3）开始了他漫长的任期，他出生于登博维察县，曾在布泽乌任教职，后任勒姆尼库主教，教堂数量在其任内继续缓慢增长。诚然，除了斯特凡·康塔库济诺大公在 1715 年修建的独木修道院[2]之外，其他教堂都是由高级

---

① N. Iorga, *Istoria bisericii românești*, II, p. 58.
② 整座建筑的材料取自同一棵树的木料。——译者注

教士（例如 1711 年帕伊西耶牧师重建的戈沃拉教堂；1714—1715
年间由科齐亚修道院院长塞拉菲姆捐建的克利黙内什蒂的圣大公
教堂；1725 年盖尔曼修道院院长和佩特罗尼耶捐建的舍加尔恰教
堂）或当地的小地主（如斯特凡总管和他的妻子伊丽娜 1715 年在
博尔博泰什蒂 - 沃特谢什蒂修建的教堂，以及 1718 年建成的奥勒
内什蒂的圣尼古拉教堂）捐资修建的。早在 1718 年 7 月 20 日的
碑刻中，就出现了关于西方贵族的信息[1]。彼时刚刚签订了《波扎
雷瓦茨和约》，奥尔特尼亚被划归哈布斯堡帝国治下。相关画作则
创作于 1725—1726 年间，那时奥地利的统治已经在当地得以确
立，画中与沃尔恰当地贵族并肩而立的"斯坦维尔将军"[2] 不是别
人，正是斯蒂芬·冯·斯坦维尔伯爵。1739 年签订的《贝尔格莱
德和约》将"这部分瓦拉几亚"[3] 重新划归罗马尼亚公国后，他的
画像也被替换了下来。

　　1726—1727 年间担任主教的是斯特凡，他由塞尔维亚大主教
从遥远的贝尔格莱德选派，并经奥地利皇帝从更遥远的维也纳确
认批准。他的任期仅有一年，且未被授予圣职，只给我们留下了
一处名胜，那就是由米哈尔恰·利泰拉蒂在奥克内莱马利捐建的
采伊卡修道院教堂。博学的米哈尔恰·利泰拉蒂是大臣凯拉·博
耶斯库之子，后者被土耳其人亲切地称为"亚齐吉爵士"[4]。米哈尔
恰·利泰拉蒂的继任者，曾任莫特鲁修道院和布伦科维尼修道院

---

① C. Bălan, 引文如前：VI 79, p. 167.

② 同上：VI 80, p. 169.

③ 奥尔特尼亚。——译者注

④ 同上：XI 1166, p. 728.

院长的伊诺肯蒂耶在 1725—1735 年担任主教期间修建了更多的教堂，为这些教堂捐资的奠基人往往在世俗界拥有较高的社会地位[①]（1729 年，依照拉杜·弗勒代斯库的遗孀玛丽亚·奥勒内斯库的遗嘱，爵士拉杜·奥勒内斯库的帮助下完成了弗勒代什蒂修道院工程。1734 年，普雷达·扎特雷亚努爵士又捐资修建了扎特雷尼修道院）。另有一些教堂的捐建者来自社会中层，例如：修道院院长伊拉利翁 1729 年修建了位于戈沃拉修道院内的施洗者圣约翰教堂；1731 年，奥勒内什蒂的牧师约瑟夫·布勒内斯库之子特奥多西耶神父捐建了布达—奥克内莱马利教堂；1735 年，修道院院长尼古拉修建了泰尤舒教堂。

下面，我们即将迎来沃尔恰地区教堂建设史上最重要的时期之一，即克利门特担任主教的时期。他是一位当地出身的主教，曾任比斯特里察修道院院长，1735 年夏至 1749 年春在勒姆尼库任主教，并于 1749 年春宣布放弃主教职位。作为勒姆尼库的教堂捐建者，克利门特与那个时期的其他主教们有很大不同，他更像是与其同时代的另一类捐赠者，即以其为楷模的当地小地主们。1742 年，他和他的兄弟，村公所文书西米翁和米哈伊（出家后更名为马卡里耶教士）在自己的家乡修建了皮耶特拉里教堂[②]，重建了在 1737—1738 年奥—俄—土战争期间被毁的主教官邸（在官邸

---

① 关于掌剑大臣米哈伊尔·康塔库济诺更早时候在蒂蒂雷丘建造教堂的信息似乎是约安·乌尔萨基耶神父在那一时期（1729 年）编造出来的（T. Simedrea, *Mânăstirea Titireciu*, în „Glasul bisericii", 5-6, 1963, p. 468-501）。

② C. Bălan, 引文如前：I, 233, p. 246.

的一块石碑上刻着"土耳其人向德国人发起了战争"[①])以及那里的教堂[②]。1745 年和 1749 年，兄弟三人还在这里先后修建了名为圣尼古拉的大小两座教堂，教堂的碑文明确指出修建者是"这个村的人"（1749 年，他和他的侄子，比斯特里察修道院院长安东尼耶、来自米胡尔的神父伊拉里翁、格里戈雷和尼古拉一起修建了博得什蒂—博尔博泰什蒂的教堂）。

沃尔恰的小地主们[③]以主教为榜样，在 18 世纪 40 年代修建了大量教堂。1743 年，面包师乌德雷亚·泽特雷亚努在布克沙尼捐建了一座教堂（文献中记载他在西里尼亚萨的宅子有一间"带石拱顶的半地下室"[④]）；1744 年儒般康斯坦丁·马拉凯和谢尔班·弗勒杜恰努在弗勒杜切尼修建了教堂；1746 年，地方官康斯坦丁·费奥图尔和儒般夫人卡桑德拉率一众女眷在奥克内莱马利修建了一座带有"布道坛"的圣母升天教堂[⑤]；同年，儒般马泰伊·莫楞格拉维在谢尔班内什蒂修建了一座教堂；次年，即 1747 年，地方官弗拉德·罗曼内斯库的遗孀珀乌娜在斯特勒钦什蒂修建了教堂；在同一时期，位于勒姆尼库的王家报喜老教堂（在之前的战火中被毁，有文字记载"曾经被德国人掌控，土耳其人向德国人发起战争并击败了他们，从其手中夺走五个县"）也被大臣拉杜·勒姆

---

① 同上：XX 1417, p. 853.

② 同上：I 1243, p. 765.

③ 同上：IX 1138, p. 715；同上：VI 1323, p. 803.

④ N. Iorga, *Hârtii din arhiva mânăstirii Hurezului. Studii şi documente cu privire la istoria românilor*, XIV, Bucureşti, 1907, p. 54-55.

⑤ G. Bălan, 引文如前：I 1086, p. 694.

尼恰努捐资重建，碑文上称其为"当地人"①（可见，无论是和他同时代的人还是当地的主教都很看重这一身份）。这是为了有别于其他共同捐资者，其中包括儒般约安·摩尔多维亚努、来自锡比乌的儒般格里戈雷，此外可能还有一些来自蒙特尼亚的法纳尔人，当时奥尔特尼亚地区反对法纳尔人的情绪正日益高涨。

曾任科齐亚修道院院长的格里戈雷·索科泰亚努同样也是一位勤勤恳恳的捐建者，他曾在1749—1764年间任职15年之久。我们知道，他在1750—1751年间建造了勒姆尼库主教区的小教堂（图5、图6）（我曾在其他论著中②指出，他在25年后将布加勒斯特达尼耶尔大主教区"与圣徒同在"教堂中的先哲圣像及文字搬到了这里的外墙壁画中）。此外，他在勒姆尼库还启动了"众圣徒"教堂的建造，这座教堂于1765年在帕尔泰尼耶主教（图7）的主持下完工。后者被称为"格里戈雷神父的爱徒和继承人"③，他与上文提到的哈吉·康斯坦丁·马拉凯，以及多布鲁沙修道院院长特奥多尔一起"分担了开销"。

这位出家修道的沃尔恰小地主在任期间持反希腊④的立场〔他反对康斯坦丁·拉科维察大公（1753—1756年在位）的立场世人皆知〕，这一点体现在沃尔恰地区修道院的领导人大量捐资建造教堂上（例如比斯特里察修道院院长安东尼耶1750年在乔罗贝

---

① 同上：II 1296, p. 789.

② Histoire et prophétie dans l'art valaque de la première moitié du XVIII-e siècle în *Roumains et Balkaniques*, p. 415-417.

③ C. Bălan, 引文如前：XIV 1384, p. 837.

④ 反法纳尔人。——译者注

什蒂—科斯泰什蒂修建的教堂；胡雷济修道院长寿的院长迪奥尼西耶二世·博勒切斯库 1753 年在布伦科维亚努大修道院修建的一座带有精美凉亭的教堂）。一些身份较普通的教士也参与其中，例如 1755—1756 年间克莱门特在布德勒什蒂与当地村民一起修建的教堂，以及安东尼耶和他的儿子们 1762 年在佛克伊修建的教堂。他们得到了当地小地主、小贵族们的踊跃追随，当时的影响力堪比主教。这些小贵族的贡献有：约安·斯勒维泰斯库和儒般夫人，内务大臣基尔卡·罗什亚努之女博拉莎 1750 年在斯勒维泰什蒂建造的教堂；1758 年"博格德内什蒂的格奥尔基"村长在古拉瓦伊建造的教堂[①]；又如 1761 年"洛维什蒂驻军长官，儒般阿列克塞"捐资对科尔内图老教堂内的祭坛进行了重新粉刷[②]。

1770 年和 1771—1772 年，约安·戈尔戈特神父和阿塔纳西耶修士、米哈伊尔修士等沃尔恰地区的神职人员尽自己绵薄之力，先后在格勒维莱—戈尔戈泰什蒂和卡科瓦修建了木制教堂。在战争和外族占领的困扰下，帕尔特尼耶主教（他是当地神父的亲戚[③]，在 1764—1771 年担任主教之前曾任蒂斯马纳修道院院长[④]）担任沃尔恰主教期间旗帜鲜明地反对法纳尔大公，从而巩固了罗马尼亚人的民族感情，并在希腊人菲拉雷特 1780 年 3 月至 1792 年 9 月担任主教期间，在勒姆尼库掀起了捐建教堂的高潮（在亚

---

① 同上：725, p. 502.

② 同上：484, p. 379.

③ D. Sandu, 引文如前：p. 127.

④ 在此期间，1769 年修建了格伊内尼马里的教堂。这座教堂位于阿尔迪亚尔边境，出资的两位儒般在巴尔干地区享有盛誉，分别是佩特鲁·佩特科和斯托然·尼古拉。

历山德鲁·伊普斯兰蒂的请求下，他获得了伊斯坦布尔普世牧首
授予的大主教头衔）。当地小教士参与修建教堂，可被看作对法纳
尔人统治的一种回应。例如在 1780 年，扬·策维莱伊·珀乌谢斯
库执事和拉杜·布勒内斯库执事、拉杜·弗勒杜恰努神父（是一
位曾担任大臣的小贵族），以及扬·策维莱伊·珀乌谢斯库的女婿
珀特鲁一起修建了珀乌谢什蒂—黙格拉什—基丘拉教堂。后来，
在 1783—1784 年间，萨瓦神父在他人的帮助下捐建了奥勒内什
蒂—古尔古雅塔教堂；1788 年，来自比斯特里察的另一名神父捐
资重新绘制了茨格尼亚附近教堂的壁画。小地主和自耕农相互合
作，使他们变得更为团结。1784 年，由"马林和村子里的其他人"
一起在穆耶雷亚斯卡修建了教堂[1]；1790 年，儒般格奥尔基·黙尔
德雷斯库及其家族所有成员一起修建了默尔德雷什蒂教堂；一年
后，我们又在博格德内什蒂看到了一次堪称典范的合作，阿加[2]普
雷达·布若雷亚努、儒般萨姆菲拉凯、一位叫格奥尔基的神父，
以及一个叫"约尔丹施主"的人合作修建了一座教堂[3]。

　　从 1773 年冬至 1780 年冬，在精通多门语言的学者型主教凯
撒利耶（图 8）（他曾为著名的《日课经文月书》作序）任职期
间，很多平凡的小教士崭露头角，例如：德拉戈米尔和拉杜教士、
达尼尔和约安教士，神父扬、约安和康斯坦丁，以及其他众多教
士、神父、教堂执事和自耕农。他们在 1774 年捐资修建了多布

---

[1] C. Bălan, 引文如前：1064, p. 643.

[2] 官名。——译者注

[3] 同上：p. 249-250, 254-255.

鲁沙教堂；1775 年修建了多布里切尼—格鲁耶鲁教堂、克利内什蒂—布雷佐伊教堂和米耶尔列什蒂—博尔博泰什蒂教堂；1776 年修建了瓦雷亚马雷—贝尔贝什蒂教堂；1777 年在凯亚的圣米哈伊尔教堂和皮耶特拉里的圣尼古拉教堂，在数量上明显超过了由沃尔恰地区小地主和商人提议修建的教堂，例如 1774 年儒般夫人阿尼察·奥泰泰利尚卡及其"子弟"膳食官谢尔班、中层贵族康斯坦丁、营帐官约尼策、司务官德勒吉奇在奥泰泰利什修建的圣大公教堂 [①]；1774 年 9 月后，管家约安·塔林、"上校"德勒吉奇·钦格、"斯丹·阿尔马舒之子普雷达神父"，可能还有阿罗马尼亚人，"来自鲁梅利奥伊村的"儒般纳努·格雷库（顺便提一下，还有两个"来自马其顿的希腊人"赫里斯泰亚·阿塔纳修和阿塔纳西耶·塔舒将在 1811 年出资修建上文提到过的勒姆尼库的大天使教堂 [②]）等人在奥泰沙尼—米罗内什蒂修建的教堂。最后，我要提一下伯贝尼教堂，"保安团副团长"马泰伊·博贝亚努和他全家一起在 1778—1779 年间帮助建造了这座教堂 [③]。

在 1848 年革命之前的那半个世纪，沃尔恰地区布施活动异常活跃，令人难忘，人们为修建和美化教堂付出的努力达到了一个顶峰。在三位黎凡特主教（他们三人都是罗马尼亚教士，或者更具体一些，除了菲拉雷特之外都是奥尔特尼亚教士的后裔）的任期内，开工建造的教堂数量惊人。在我看来，这可以证明两个

---

① 同上：I 1207, p. 748.

② 同上：I 1199, p. 744；关于这位异族捐建者的其他信息可参见同上注：I 1292, p. 786. 另见 A. Paleolog, *Pictura exterioară din Ţara Românească*, Bucureşti, 1984, p. 18.

③ C. Bălan, I 38, p. 149.

非常重要的社会背景：其一，1800 年前后，"第三等级"的社会规模迅速增长，大批农民（记载中有名无姓）、神父、工匠、商人和小地主进入瓦拉几亚南部。其二，喀尔巴阡山麓平原地区的平民百姓依然态度积极，那里没有什么达官贵人和大地主（几十年前，在一篇专门讨论"奥尔特尼亚地区主义"的论文中，提到"有一种积极的民主氛围使这里与众不同，很多小地主感觉自己与农民一般无二"[1]）。彼时法纳尔人的统治已近尾声，他们在那里的代表希腊主教内克塔利耶的任期有 20 年（从 1792 年 9 月至 1812 年 12 月），之后 10 年（从 1813 年 1 月至 1824 年 4 月）则由其侄子加拉克提翁主教接管。

出资捐建教堂的教士名单很长，但极具说服力：1793 年，教士安德烈和约纳什，神父谢尔班、米哈伊、凯拉、拉杜同儒般迪努·卢普一起，在切特采亚瓦、梅雷谢什蒂—卡普皮斯库卢伊、布罗什泰尼—奥克内莱马里等地修建了一批小教堂，其中一些是木制的。当时，胡雷济的大公修道院院长帕霍米耶让人在教堂门廊的卷轴状铭文上绘制了一幅图画，为我们提供了珍贵的历史信息："1789 年，当时国内非常需要德国人和土耳其人，一位奥斯曼统帅率军来此，并在这座修道院中驻扎了一年。"[2]

尽管受到诸多限制，教堂的建设仍然保持着较高速度：1796年，约安神父、格奥尔基执事和尼基弗尔修士共同出资绘制了奥尔泰尼小教堂的祭坛（另一位名叫马林的神父在 34 年后与瓦西丽

---

[1] N. Iorga, *Regionalism oltean*, în „Arhivele Olteniei", I, 1922, p. 8.

[2] C. Bălan, 引文如前：IX 822, p. 560.

卡修女一同在这里修建了一个"装饰有壁画的钟龛"[1]）；1797 年，马泰伊·默纳斯蒂雷亚努神父在杰努内尼修建教堂；1798—1799 年，司祭克尔斯泰亚建造了戈鲁内什蒂—伯尔切什蒂教堂；1800 年，约安·普什卡舒神父修建了乌尔索瓦亚教堂；1802 年，奥普雷亚·阿默勒斯库神父和约安执事修建了阿默勒什蒂的木制教堂；一年后，比斯特里察修道院院长在瑟格图里—科斯泰什蒂建造教堂；1804 年，上文提到的司祭谢尔班·科珀恰努在科珀切尼修建教堂，普雷达·斯卡约沙努则在斯卡约什修建教堂；同年，迪奥尼西耶·艾克莱西亚胡尔重新绘制了勒姆尼库圣杜米特鲁老教堂的壁画，教堂的碑刻中提到"这座教堂遭到奥斯曼军队的严重损毁"[2]；1807 年，司祭，同时也是祭文作者[3]马林·普莱硕亚努出资修建了普莱硕尤教堂；1811—1812 年，司祭弗洛雷亚伊兹沃鲁波佩什蒂建造木制教堂；1812 年，司祭多布雷及其妻约安娜捐建的帕迪纳教堂完工。这一大批由教士捐资建造的教堂都是在内克塔利耶主教的任期内竣工的。在这一时期，小地主的人数虽然较少，但同样活跃：1793 年，管家斯丹在"其他小地主和商人"的帮助下在德勒格沙尼建造了圣母安息教堂[4]；1800 年，杜楚·沃伊切斯库大尉在中沃伊切什蒂捐建教堂；同年，胡雷济平原著名的管家约安·波佩斯库在乌尔沙尼修建了教堂。与他共同出资的一些小人物的肖像被绘制在教堂前殿南墙、西墙和北墙上，包括 37 位村民。这些村民按大公规定的顺

① 同上：XX 87, p. 737.
② 同上：XI 1369, p. 828.
③ 同上：I 1275, p. 779.
④ 同上：I 622, p. 447.

序排列，其余人等未能列入其中，对于这幅施主群像我曾多次评论。大施主约安·破佩斯库在 1801 年捐建了戈鲁内什蒂—维奥雷什蒂教堂，1807 年和康斯坦丁·科弗雷亚一起捐建了霍雷祖集市教堂；1808 年，礼宾大臣雅纳凯·彼什泰莱伊在克泽内什蒂修建教堂；1812 年，御酒官扬·格内斯库与其家人在格内什蒂捐建教堂，并在教堂前殿的壁画上将内克塔利耶主教与自己的先人绘制在了一起。

随着加拉克提翁的离世，法纳尔大公统治时期，即"漫长的 18 世纪"也宣告结束。这个时期的宗教基调与此前大致相同，但侧重点略有差异：非教士捐建群体的数量超过了神职人员。1814 年，巴尔布·普莱硕亚努和礼宾大臣扬捐建了米赫耶什蒂教堂，该教堂在一份分类表中被列入"克勒希勒式"教堂[1]；1819 年，御膳大臣康斯坦丁·博勒内斯库其妻"安卡·博勒尼亚斯卡"以及他们的女儿"埃列娜·博勒尼亚斯卡"、中层贵族尼卡·弗勒德斯库共同捐建了波若吉—切尔纳教堂[2]；1820 年，奥勒内什蒂也建成了几座教堂。其中一些位于科尔默谢什蒂，由地主格奥尔基·布勒内斯库和他的兄弟巴尔布，以及神父约瑟夫·瑟勒契内斯库捐建[3]；另有几座位于卡塞河谷，由管家亚历山德鲁·奥勒内斯库和另一位教士，司祭扬·阿尔默恰努共同捐建[4]。这一系列建设活动在图多尔·弗拉迪米列斯库起义那一年[5]迎来了尾声，最后一座教

---

[1] 上：p. 659.

[2] 同上：I 1278, p. 781.

[3] 同上：V 72, p. 164.

[4] 同上：VII 89, p. 175.

[5] 1821 年。——译者注

堂是当年由久拉大尉捐建的 [①]。1823 年，泰托尤—沃若耶什蒂教堂由御膳大臣弗勒杜茨·泰托亚努的后代修建完成 [②]，保安团长乌德雷亚·锡内斯库捐建的锡内什蒂教堂也宣告竣工。

在另一类教堂中，我们只想提一下 1819 年由两位名叫约安的神父（他们分别是安德罗尼耶和西马的儿子，碑文中称其为"相亲相爱的堂兄弟" [③]）在内吉内什蒂修建的教堂，以及 1823 年由格奥尔基神父之子尼古拉神父、康斯坦丁·斯特楞贝亚努，以及斯特凡神父之子杜米特鲁执事一起修缮的耶尔纳泰克—博尔博泰什蒂教堂 [④]。

至于 1824 年至 1840 年间布加勒斯特人内奥菲特（他是一位杰出的大主教）任期内发生的事，我们并不是很感兴趣，因为我们已经进入了一个新的历史时期。如果我们对奥尔特尼亚这个最为活跃地区的教堂捐建情况做一个总结的话，会发现一个明显的变化过程：1700 年之前，来自布加勒斯特和勒姆尼库的教士或来自贵族家庭（例如珀尔什科维亚努家族）的修士扮演着主要角色（彼时康斯坦丁·布伦科维亚努和王室正引领者独树一帜的风格）；到 18 世纪前 25 年，当地贵族和（比斯特里察、戈沃拉、科齐亚等地）一些历史悠久的修道院的院长开始脱颖而出；到 18 世纪中叶，两位本土主教（克利门特和格里戈雷）、一些高级教士和沃尔恰当地的小贵族继续承担这一任务，零星也有普通神父参与其中；

---

① 已经开工的工程仍在继续。——译者注

② 三年前，在同一个地区，司祭康斯坦丁·泰托亚努及其妻子鲁克桑德拉建造了圣康斯坦丁和埃列娜教堂（同上：II 1583, p. 938）。

③ 同上：1071, p. 687.

④ 同上：I 113, p. 187.

从 1770 年到 1820 年，神父、司祭、教士、执事、普通农民、庄园的管家（很多人出身富农），以及《组织法规》时期在军事系统中任职的军官在捐建者中占据了大多数。

法纳尔大公统治结束后，在安东·潘恩时期的沃尔恰，依然有着众多"为了上帝"（1829 年，在莫洛杰什蒂，一篇献给司祭斯特凡和教士沃伊库的祭文中这样写道[1]）而修建的木制或砖结构教堂。捐建者多为"村里有头有脸的人物"[2]、神父、工匠和商人（例如在阿尼诺瓦萨—格勒维莱的教堂就是由"粗呢商人拉杜和菜贩迪努"捐建的[3]）。其中一些人被简单地称作"郊县人"[4]（1836 年）或"村里人"[5]（1841 年），但也有各个层级的教士（必要时，他们可以和皮袄匠合作。例如 1834 年"地主和商人"共同建造了德勒格沙尼的圣伊利耶教堂[6]）。正如 1848 年 6 月 10 日[7]弗勒西内教堂的碑刻中所言，所有人都生活在"悲惨的时代"，因此（如果把我们放到更宏大的历史背景下）在伊斯拉兹集会之后、布加勒斯特革命前夕，在离布加勒斯特不远处的勒姆尼库森林，首次唱响了《觉醒吧，罗马尼亚人！》[8]。

历史研究者们都深知勒姆尼库主教区意味着什么，并且希望能

---

[1] 同上：1048, p. 677.

[2] 同上：II 414, p. 342.

[3] 同上：8, p. 129.

[4] 同上：II 1286, p. 784.

[5] 同上：1000, p. 655.

[6] 同上：V 633, p. 452-453.

[7] 同上：644, p. 457-459.

[8] 后成为罗马尼亚国歌。——译者注

够对教堂建设最具成效的那个世纪的捐献活动变化加以研究，用那些或许已经消失的古迹、那些经常被人以往的"小人物"来重温约尔加的描述[①]，再现奥尔特尼亚最活跃地区的文化景观。我们不应该忘记的是：首先，勒姆尼库的宗教中心对于相邻的阿尔杰什主教区意味着什么？那是古老的罗马尼亚公国最新设立的一个主教区，在我们讨论的那个世纪末，即1793年10月才出现[②]。不知我们是否还记得那里的第一位教士约瑟夫，他是沃尔恰一位神父的儿子，在勒姆尼库接受教育。他的后人之一，格里戈雷·勒姆尼恰努主教同样如此。因此，在阿尔杰什地区的教堂（例如阿尔杰什苑的古老的比萨拉比亚人教堂，以及贝里斯勒维什蒂、贝尔乔尤、斯克乌耶尼等地的教堂）捐建者[③]中，不止一个是来自科齐亚的修道院院长。

在古老的罗马尼亚文化中，沃尔恰人和沃尔恰的地位已被载入史册，在学术界无人不知。对艺术史而言，规模宏大的捐建教堂活动在社会层面极大丰富了1700年后罗马尼亚首次现代化的内涵，使我们在民俗的基础上步入（我在20多年前就提出过这一看法，现在再次提出这一看法，且比以往更为坚定）"之后的'经典'时期和'现代'时期"[④]。

---

① *Istoria ţerii prin cei mici*, în „Revista istorică", 1-3, 1921, p. 26-62.

② D. Sandu, 引文如前：I, p. 146 şi următoarele.

③ 关于他们，请见 C. Bălan, *Inscripţii medievale şi din epoca modernă a României. Judeţul istoric Argeş (sec. XIV- 1848)*, passim.

④ *Civilizaţia românilor...*, II, p. 215.

图 1 瑟勒契内什蒂教堂 帕霍米耶主教、斯特凡主教、达马斯金主教、萨瓦主教和斯特雷哈亚修道院院长

图 2 戈沃拉教堂 匈牙利瓦拉几亚大主教和前勒姆尼库主教安提姆·伊维雷亚努

图 3　戈沃拉
达马斯金主教

图 4　勒姆尼库沃尔恰教区的小教堂　克利门特主教

图 5　勒姆尼库沃尔恰教区的小教堂　格里戈雷主教

图 6　勒姆尼库沃尔恰众圣
徒教堂　格里戈雷主教

图7 多布鲁沙教堂 帕尔泰尼耶主教、达尼尔教士、来自德托伊列什蒂的德拉戈米尔教士

图8 多布鲁沙教堂 多布鲁沙修道院院长伊萨亚赫教士、斯特凡主教、凯撒利耶主教

1800 年后罗马尼亚民间
评述中的俄国和俄国人

一个半世纪前，一位罗马尼亚科学院荣誉院士、法兰西学院教授（我称他为埃德加·奎奈）写下了如下感言："对罗马尼亚人来说，俄国人的友谊比所有其他民族的敌意加起来更致命。"这位杰出的亲罗人士，同时也是格奥尔基·阿萨基的女婿表达了西方人，尤其是法国人在克里米亚战争期间的观点。在 19 世纪下半叶，罗马尼亚政界和学界的部分知识分子们也持同样的观点，他们对失去整个比萨拉比亚（尤其是这个支离破碎的省份的南部三个县），对《组织法规》（与当时的人相比，如今我们认为它重要得多）以及对斯拉夫帝国在普列文战役胜利者面前表现出来的傲慢耿耿于怀。

然而可以肯定的是，在之前那个世纪，从坎特米尔到最后几位法纳尔大公，特别是在那个世纪的下半叶，从库楚克—开纳吉到亚得里亚堡（也就是我们所说的"漫长的 18 世纪"），在罗马尼

亚人生活的地区对俄国有过完全不同的态度。那是一个信仰东正
教的基督教强国，只有它才能抵挡奥斯曼帝国的势力扩张。1768
年后，俄国通过其东部政策，以及叶卡捷琳娜二世著名的"达契
亚方案"中为罗马尼亚各公国赢得了空间[1]。反对法纳尔大公和反
对奥斯曼统治的贵族们[2]将请愿书送往俄国，并向圣彼得堡派遣代
表团（他们参与了在福克沙尼等地举行的俄土谈判，康塔库济诺
家族成员作为俄方亲信签署了著名的"投降条约"，其中还有一些
人，例如杜德斯库家族、菲利普斯库家族、博莱亚努家族、肯皮
亚努家族甚至举家迁往俄国[3]）。最终，罗马尼亚贵族还与骄傲的
俄国贵族联姻（如斯图尔扎家族、久库莱斯库家族，以及上面提
到的康塔库济诺家族，还有罗塞蒂—罗兹诺瓦努家族），为其效力
（当然，这完全是为了"基督教"大业），并从非贵族的各个社会
阶层招募潘杜尔志愿军。

　　尽管有些军事指挥官极为严厉（例如 18 世纪初驻扎雅西的
克里斯托弗·安东诺维奇·明尼希将军[4]），但似乎所有罗马尼亚
人都欢迎俄国人，将其看作唯一的救世主（这完全是出于宗教原
因。在这里的奥地利人同样也是罗马尼亚领土的占领者，甚至劫
掠者，他们无法为蒙特尼亚人或摩尔多瓦人扮演救世主的角色）。

　　诚然，这种具有强烈宗教色彩的情感主要是在与中下层教士
相关联的社会环境中得到认同，在那里我们会看到一些拙劣的

---

[1] *Istoria Românilor*, VI, Bucureşti, 2002, p. 615 şi următoarele.

[2] 同上：p. 518.

[3] 同上：p. 516.

[4] 同上：p. 515.

"晚期"评述，其内容则主要取材于民间 ①（西方文化史学家称之为"大众文化"或"匠人文化"②），且相关群体的文化水平差强人意。主教座堂瑙姆·勒姆尼恰努来自阿尔迪亚尔，这位希腊语作家是奥尔特尼亚司祭之子 ③，显然不在此列。更不必提斯特凡·伏努策 ④，他是布加勒斯特商会领袖之子，受过很好的教育，与奇洛特·罗马努尔等神父是亲戚，并曾讲述 1806—1812 年间"俄国人与土耳其人交战" ⑤ 的故事。按照他的说法，"库图佐夫用慈父般的光芒照耀着这个邪恶的国家"⑥。此外，谢尔班·安德罗内斯库也不是位拙劣的作者，他是布加勒斯特一位神父之子，后来成为一位小贵族，官至御膳大臣和宫廷总监。他的记述较为中立，善于用近乎农民的视角展现民俗风情细节。例如，他在记述 1789 年一位宰相之死时写道："这是闻所未闻、见所未见的，因为他们除了其他东西之外，还吃了很多西瓜。"⑦ 他对沙俄帝国发生的事同样保持着密切关注，曾详细记述了哥萨克人埃米利安·伊万诺维奇·普加乔夫起义（他仿佛为几十年后列奥尼达伯爵所讲述的加里波第的故事作了序言）：普加乔夫自命彼得三世，谎称自己是彼得大帝在德国的外孙，普鲁士公主索菲亚·德·安哈特－采尔布斯

---

① 同上：p. 804.

② R. Theodorescu, *Civilizaţia românilor*, II, p. 216-217, nota 3.

③ 关于他可参见 C. Erbiceanu, *Cronicarii greci carii au scris despre români în epoca fanariotă*, Bucureşti, 1888.

④ Zilot Românul (Ştefan Fănuţă), *Opere complete*, ed. M.D. Ciucă, Bucureşti, 1996.

⑤ 同上：p. 79.

⑥ 同上：p. 87.

⑦ I. Corfus, *Însemnările Androneştilor*, Bucureşti, 1947, p. 41.

特（东正教洗礼名为叶卡捷琳娜）的丈夫，而真正的沙皇彼得三世已被奥尔洛夫伯爵阴谋赶下王位，并被囚禁在一座要塞中，直至 1762 年在那里离世。安德罗内斯库是这样描写的："但俄国人留了下来，并继续统治摩尔多瓦。在 1770 年 5 月，他们放弃了布加勒斯特返回国内，因为有个叫普加乔夫的西伯利亚人谎称自己是叶卡捷琳娜大帝的丈夫彼得，并纠集起一支大军，要求拥有政权。当愚昧的人们打算对其顶礼膜拜时，军队集结到他所在的地方，战胜并活捉了他，把他关进铁笼子里游街，从而打消了众人的怀疑。"[①]

18 世纪的罗马尼亚人正处于第一次现代化进程中，但这一进程被沙俄、奥地利和土耳其这东南欧三大帝国在多瑙河北岸发起的一系列战争打断，继之而来的是沙俄、奥地利和奥斯曼军队对蒙特尼亚、奥尔特尼亚和摩尔多瓦的军事占领。

从 1736—1739 年的俄奥土战争，到 1768—1774 年的俄土战争，再到 1787—1792 年的俄奥土战争，直至 1806—1812 年和 1828—1829 年的俄土战争，经过一个世纪的对抗[②]，其中的赌注已不再像中世纪那样是宗教层面的，而是完完全全的政治扩张。这种扩张始于彼得大帝统治时期（后被叶卡捷琳娜二世继承）的圣彼得堡，以及利奥波德一世统治时期（后被玛丽亚·特蕾莎继承）的维也纳。

这些冲突同时也是在罗马尼亚历史上留下印记的重大国内和

① 同上：p. 43.

② G. Bezviconi, *Contribuții la istoria relațiilor româno-ruse*, București, 1962, p. 141-212.

国际事件。尤其是喀尔巴阡山与多瑙河之间的地区，那里紧邻奥斯曼帝国的军官区和帕夏管区，成为 1800 年前后军事行动最为频繁的战场。在罗马尼亚人的集体记忆中，从大公、大臣、法纳尔大贵族到小市民、小教士和普通农民，这些事件都被作为最重要的大事铭记于心，世代相传，在叙述中往往带有鲜明的个人主观立场和东正教色彩，字里行间透露出记录者的个人经历和教育背景。我在这里主要指的是那些历史评述、韵文故事和叙事作品，在这些文本中，俄国和俄国人的形象被塑造为笃信东正教的斯拉夫民族解放者。如果说那些来自贵族阶层的作者立场可能发生摇摆，其中一小部分人是奥斯曼人的拥趸〔例如来自吉库雷斯库家族的侍从官杜米特拉凯 [1] 在描写《库楚克—开纳吉和约》（1774年）签署之前发生的事件时便是如此〕的话，我们可以在小教士阶层中看到一种截然不同的态度：出于"正信"之名，俄国对东正教的虔诚无时无刻不被期待、称颂和庆贺。在摩尔多瓦斯拉蒂纳 1777—1800 年间落成的一座三联圣像屏中，有一联就是专门向"俄国皇帝们"致敬的。除了沙皇和沙皇太子的名字之外，上面还写着格里戈里·亚历山德罗维奇·波将金的名字。他是女沙皇著名的情人，是"宠臣中的宠臣"，最终死在比萨拉比亚的草原上，1791 年被葬于雅西的戈里亚修道院 [2]（葬礼上，一位名叫格奥尔

---

[1] *Istoria literaturii române*, I, Bucureşti, 1964, p. 697- 701.

[2] *Inscripţiile medievale*, nr. 284, p. 325. 关于这位著名的皇家宠臣之死，可参见 *Cronici şi poezii româneşti versificate (sec. XVII-XVIII)*, ed. D. Simonescu, Bucureşti, 1967, p. 291。此人最终结局可参见：S. Sebag Montefiore, *Prince of Princes. The Life of Potemkin*, Londra, 2000, p. 7, p. 492.

基·纳库尔的人用民间诗歌的笔调写道："伟大的人……/ 属于伟大的俄罗斯 / 在这个时代 / 他让人们心怀敬畏。"）久而久之，在俄国、土耳其和奥地利之间不断的冲突中，在教堂的碑刻中提到叶卡捷琳娜二世、亚历山大一世和尼古拉一世·巴甫洛维奇的名字，在日历上标注沙俄皇室人员的生日或俄国人的胜利日逐渐变成一种惯例 ①。

在摩尔多瓦的尼亚姆茨修道院，很多修士自然而然地对俄国的东正教产生了崇敬之心，他们在受到了 18 世纪末乌克兰波尔塔瓦修道士派西耶·韦利科夫斯基的后人的极大影响。一个叫维塔利的人在谈及 1812 年的胜利时写道，胜利属于"伟大的罗斯，即莫斯科，属于以强大和勇敢著称的基督教帝国"，它也因"被粗俗且嫉恨心强的波拿巴及其军队摧毁的" 670 座俄国教堂而闻名。那位法国皇帝（简单说一句，他在当时的罗马尼亚大众心中占据着特殊的篇章，更像是童话中的恶棍） 1814 年再次参战，"但胜利依然属于俄国人"（那位尼亚姆茨的修士满怀激情地写道 ②），在维塔利看来，那个科西嘉人失败的原因之一是其与自由思想家弗朗索瓦·马利·阿鲁埃（又名伏尔泰）交往过密（否则他应该与"北方的塞弥拉弥斯"叶卡捷琳娜大帝立场一致 ③），因为拿破仑是"不信任何上帝的伏尔泰的鼓吹者和忠实信徒"，那个"不信上帝

---

① R. Theodorescu, *Despre prima modernitate*, p. 24.

② I. Corfus, *Un vag ecou al războaielor lui Napoleon la mânăstirea Neamțului*, în „Revista istorică română", XV, II, 1945, p. 222.

③ A. Camariano, *Spiritul revoluționar francez și Voltaire în limba greacă și română*, București, 1946, p. 15-16.

的波拿巴"和"伏尔泰门下众多的恶徒一起"杀死了他们的皇帝①。

那些来自民间，热爱大众文化（并非乡村文化）的受众对于那个伟大的东方东正教帝国中发生的一切事情都满怀兴趣。人们甚至对一些"极地鲁滨逊"，即那些抵达北冰洋的俄国水手的故事津津乐道。经过文人讲述后，"1743 年在斯皮殡贝格岛受尽寒冬折磨并患上坏血病"的四个水手的故事在罗马尼亚被加工成了一起重要事件②，而那些与罗马尼亚相关的故事就更值得关注了。我们这里至少有三篇历史评述，其共同点是作者均来自一个地位卑微却越来越有发言权的社会阶层，而且均处于罗马尼亚公国的宗教环境中。他们都活跃在 1800 年至 19 世纪 30 年代，有时也会对前一个世纪下半叶的事件发表评论。为了更好地平衡那个时代民间层面的观点，我还想补充说明一下，上述三个人中有两人（一个是出身沃尔恰农民，后来成为勒姆尼库主教区教士的迪奥尼西耶③，他同时也是抄写员、书法家和插画家；另一个是约安·多布雷斯库，他是布加勒斯特巴蒂什泰教堂的一名教师，同时也是皮袄匠和商人④）都公开表示亲俄立场，而第三位，来自登博维察的

---

① I. Corfus, 引文如前：p. 223; cf. R. Theodorescu, *Voltaire, Napoleon și alți „eretici"*, în *Picătura de istorie*, București, 1999, p. 202-209. 布加勒斯特巴蒂什泰教堂的教师约安·多布雷斯库也和维塔利持同样的观点。他认为当时从国外进入罗马尼亚的风气中，也包括伏尔泰的学说，那是"仇恨上帝的异端邪说，但异教徒们却将其奉为上帝"。见 I. Corfus, *Cronica meșteșugarului Ioan Dobrescu (1802-1830)*, extras, București, 1966, p. 341.

② *Cărțile populare în literatura românească*, ed. I.C. Chițimia, D. Simonescu, II, 1963, p. 221-233.

③ *Hronograf (1764-1815)*, ed. D. Bălașa, N. Stoicescu, București, 1987.

④ I. Corfus, 引文如前：passim.

神父伊利耶 ① 则没有表现出对沙皇俄国的好感。

迪奥尼西耶教士的文本语言优美，且信息相对丰富（他可以
"从报纸的说法"中了解信息），主要关注"俄国人的战争"，也就
是他所处那个时代东方巨人发动的战争，尤其关注他所崇拜的帝
国自叶卡捷琳娜二世掌权和 1772 年第一次瓜分波兰〔"他们将波
兰的第三个部分纳入俄罗斯帝国的治下"②〕起"通过俄国人的秘
诀"取得的胜利③。为了表达他作为罗马尼亚人和勒姆尼库教堂教
士的感恩之心，他在 1769 年写道："（上帝）垂怜那些信奉他的大
众，便赐予了俄国军队力量和胜利，让他们进入（我们）国家参
加大战。"④还值得一提的是，在谈及同一事件，当俄国人从土耳其
人手中夺取霍廷军管区的时候，有一篇韵文体的评述用诙谐讽刺
的笔调表达了罗马尼亚人的喜悦之情："霍廷啊，霍廷啊 / 好好准
备吧 / 因为俄国人要来啦 / 这下你可遭殃啦 / 高兴地跳起来吧 / 因
为俄国人快到啦！"⑤同年，俄国人进入布加勒斯特，拥护亲俄贵
族康塔库济诺家族的民众同样通过一篇韵文体评述，用笨拙却真
诚的方式表现出一种集体的愉悦，以及对俄国君主的敬意："圣叶
卡捷琳娜生日那一天，/ 为了女皇的芳名，/ 人人笑开颜。/ 在山上
的大主教堂，/ 向其致以美好的祝愿，/ 并像俄国人一样饮宴。/ 如

---

① V. Andronescu, *Contribuţiuni istorice*, I, Constanţa, 1901.

② 同上：p. 34.

③ 同上：p. 44 şi următoarele.

④ 同上：loc. cit.

⑤ *Cronici şi povestiri româneşti...*, p. 106.

果有人想跳舞，/ 就从桌边起身走向前。"①

同样是为了纪念 1769 年的这一时刻，还有一份被称为《加拉茨的苦难》或《加拉茨苦难史》的文本②。无名氏作者得知"俄国人在谢尔贝什蒂大败土耳其人（并在久尔久列什蒂大败土耳其人的盟友鞑靼人）"时欣喜万分，认为是他们"拯救了多瑙河畔这座繁荣的城市"。他还提到陆军元帅彼得·阿列克山德罗维奇·鲁米扬采夫在普鲁特河、多瑙河上的战斗"有了一个美好的结局"③，使雅西能够"世世代代长治久安"④。

让我们回到迪奥尼西耶。的确，有些事件是他杜撰的，例如叶卡捷琳娜加冕成为"克里米亚女皇"⑤（这位女沙皇只是在 1783 年吞并克里米亚时发表了一份宣言而已⑥）。他甚至虚构了各国帝王的聚会，实际上可能只是听说了约瑟夫二世和叶卡捷琳娜二世 1787 年在克尔松的会晤⑦。他还对女皇的"情人"波将金有所了解，称其为"令人厌恶的人"⑧，因为据说他从土耳其人那里拿了好处。此外，他还提到了在伊斯梅尔取得胜利，令作者欣喜万分的"苏瓦罗将军"，并对其后召开的"大会"⑨（事实上，所谓"大会"

---

① 同上：p. 136-137.

② 同上：p. 120 şi următoarele.

③ 同上：p. 141 şi următoarele.

④ 同上：p. 157.

⑤ *Hronograf*, p. 41.

⑥ 同上：p. 133.

⑦ 同上：loc cit.

⑧ 同上：p. 49.

⑨ 同上：p. 56.

是指 1791 年与奥地利人在斯维什托夫进行的和谈，以及 1792 年与俄国人在雅西进行的和谈），以及"法国佬"在"米西尔"的战役进行了描述（指拿破仑 1798—1799 年间在埃及进行的战役）。在谈到"全体贵族和主教向俄罗斯帝国提交申诉书"时，混淆了沙皇保罗一世及其继任者亚历山大一世[1]，尽管他知道法纳尔人康斯坦丁·伊普西兰蒂在 1806 年逃到了沙皇亚历山大的宫廷[2]："因为他的父亲保罗死于非命了。有人说是那些狡诈的大臣深夜潜至其卧榻之侧，把他杀死了。"（这些传言都被教士记录了下来，与事实出入不大，因为沙皇保罗于 1801 年 3 月遇刺，继承大位的皇子称其死于中风[3]）

这位教士的亲俄情绪也表现在他看到土耳其人屡屡被"俄国的哥萨克骑兵"打败时的满足感。在他笔下，哥萨克人就像"敏捷的猎人"[4]，他们拯救了当时人们所说的"邪恶的土耳其人管区"，即罗马尼亚人的村落："就算土耳其人想留下来抢劫，也没有机会了，因为俄国人正在驱赶着他们。"[5] 这让罗马尼亚人"欣喜异常……以至于相互踩踏，奔走相告"[6]。即便有些史料清楚地显示俄国人对两个公国[7]的占领异常困难[8]，但在迪奥尼西耶眼

---

① 同上：p. 153.

② 同上：p. 87-88.

③ 同上：p. 157.

④ 同上：p. 91.

⑤ 同上：p. 90.

⑥ 同上：p. 91.

⑦ 瓦拉几亚和摩尔多瓦。——译者注

⑧ 同上：p. 168-169.

中，俄国人的一切都是玫瑰色的：沙皇亚历山大当然是"笃信基督的善良的皇帝"①，其麾下的将军伊萨耶夫和卡门斯基（他觉得有必要将其名字翻译出来：在罗语中"卡门斯基"意味着"石头"或者"像石头一样"②）也同样值得称赞。对个别将军，他是持批判态度的，例如伊万·伊万诺维奇·米凯尔逊将军和安德烈·西米翁诺维奇·米洛拉多维奇将军。伊普西兰蒂大公曾向圣彼得堡方面抱怨"他们只是来参加舞会，吃喝玩乐的"③。此外还有那个起了个德国名字的泽斯将军，正直的作者直截了当地评价道："这是个坏人，有人说他根本不是信仰基督教的俄国人。"④即使俄国在 1812 年通过《布加勒斯特和约》占领比萨拉比亚之后，我国的作者们依然满足于以东正教之名实现的团结："因此，俄罗斯帝国强化自己并不断扩张遵从的是上帝的旨意，因为那是个基督教帝国。"⑤他还记述了拿破仑被俄国人打败的消息，称皇帝火速渡过了"一条叫波罗蒂纳的河流"⑥（显然是指白俄罗斯境内第聂伯河支流别列津纳河），这与其他亲俄史料中的叙述如出一辙，例如约安·多步雷斯库的城市专栏就是如此，而且细节更为丰富，点评也更有趣。这个布加勒斯特的皮袄匠娶了一个做灯笼裤的裁缝的女儿，1812 年在科兰迪纳目睹了这一切：库托佐夫"向老老少少

---

① 同上：p. 97.

② 同上：p. 104.

③ 同上：p. 101.

④ 同上：p. 107.

⑤ 同上：p. 111.

⑥ 同上：loc. cit.

告别，从这里出发和邮车一同前往俄罗斯。那时我就在现场，看着他们向布加勒斯特走去"[1]。

　　后一位作者同样很受欢迎，他的语言丰富多彩，并能够将基督教道德观融入其中，这与他作为贫民窟教堂教师的身份十分相称。除了自身经历外，他还从报纸和公告中获取信息。这位俄国崇拜者描述的画面带有美国西部片风格（例如："哥萨克骑兵中……有一个人独自干掉了17个土耳其人……包括16个土耳其人和一个俄国车夫"[2]），点评幽默感十足（例如在提到被哥萨克人抓住的摩尔多瓦大公斯卡尔拉特·卡里马基时，他说："他们又捅了他两刀，因为他还在耍小性子，不愿投降。"[3]），在描写1810年巴尔干半岛上的战斗时更是提供了诸多细节，表示每次俄国人取得胜利后，在布加勒斯特都会"张灯结彩"。在他的笔下，俄国人无论在何处都像"狮子一样"，而"信奉异教的土耳其人则像狗一样死去"[4]。我们可以从多布雷斯库的笔下看到俄国军队特有的生死观，他在谈及巴尔干北部的战斗时写道："这个时候，土耳其人其实就应该投降了，因为他们还没有看清俄国人的实力。他们以为俄国人会被吓跑，但我深知他们只会把死亡看作一种永生，越多的人倒下，他们就会越发勇敢。这并不是吹嘘，如果死了500人，他们也会说成是死了1000人。"[5] 说到这里，我不由想起多布

---

[1] I. Corfus, 引文如前：p. 332.

[2] 同上：p. 323-324.

[3] 同上：p. 326.

[4] 同上：p. 331.

[5] 同上：p. 328.

雷斯库谈到俄国人的死亡观后的半个世纪，扬·克良格 1878 年 4 月 1 日在《文学谈话》上发表了关于俄国人的著名文章"不死的伊万"。这是我国文学作品中被最广泛阅读的故事之一，文中提到"用俄国人的方式把那些装在干粮袋里的小鬼一顿毒打"[①]。

这位布加勒斯特贫民窟出身的作者还从"公报"中得到了"法国佬"想让拿破仑成为"全世界的皇帝"，并为此像罗曼诺夫王朝发起攻击的消息。他指出：不过"俄国人……像杀猪那样杀死了他们，像猎狗撵兔子一样追逐他们。更幸运的是，上帝用严寒杀死了他们，把他们连人带马冻得像铁一样"[②]。真正能够唤起对那个波澜壮阔的时代回忆的，是戈特弗里德·布格[③]关于德国男爵卡尔·弗里德里希·西耶罗尼穆斯·冯·孟乔森的故事。这位男爵 1730 年前后曾在俄国战斗过，从而被载入了欧洲的民间传说之中[④]。约安·多布雷斯库的讲述中也提到了这个人物：1813 年 1 月，当"波拿巴离开莫斯科"时，"一支六万人的法国军队连同他们的马匹一起被冻僵在了俄国。他们站在那里，就像是活着一样，但你无法移动他们，也不能从他们手中拿走任何东西。所有看到这种前所未有的景象的人们都叹为观止，以至于皇帝下令，对于任何想要目睹这一奇观的人，皇室都可花钱让其去一探究竟"。这样的事真的发生了，那位摇身一变成为商人的男爵用令人难以置信的直言不讳的方式说道："布加勒斯特的一些商人特别

---

① I. Creangă, *Opere*, ed. D. Corbu, Iaşi, 2007, p. 116.

② I. Corfus, 引文如前：p. 334-335.

③ 德国民谣诗人。——译者注

④ R. Theodorescu, *Voltaire, Napoleon...*, p. 209.

想去领略一下这一神迹，于是他们就去了……"①显然，正如上文所述，他们花的是沙皇的钱，就真的像一些信奉东正教的游客一样。至于其他方面，约安·多布雷斯库还了解很多俄罗斯军队在波斯、比萨拉比亚、塞尔维亚和希腊的事迹，以及关于迈萨洛吉这座城市（显然，这里指的是拜伦勋爵治下著名的迈索隆吉翁）、关于各位俄国将军〔包括谢尔盖·卡门茨基和尼古拉·卡门茨基兄弟、布雷佐洛夫斯基、伊萨耶夫、萨瓦洛夫（这里说的是著名的亚历山大·瓦西列维奇之子阿尔卡迪）〕、关于"国会主席基塞莱夫"②、关于"俄国领事米察凯"③（不是别人，正是马特维伊·利奥韦维奇·明茨亚基）的故事，且总是表现出对俄国及俄国人的好感。

在此类问题上，第三位评述者，即伊利耶神父的态度有所不同。他是一位出身贫寒的教士，尽管他自认为是个"跟在牛屁股后头犁地的罗马尼亚人"④，却精通希腊语，而且在其记述的1791—1836年间经常与本土或希腊贵族为伍。尽管他和迪奥尼西耶及约安·多布雷斯库一样出身平民，而且都为教会服务，伊利耶神父却对俄国毫无好感。他体现的是另一种观点（当时也不在少数），认为和东正教徒相比，我们的国家可以更好地适应异教徒。

当谈到维丁的帕斯万托格鲁时，他特别指出："由于俄国的存

① I. Corfus, 引文如前: p. 343.

② 同上: p. 397.

③ 同上: p. 378.

④ V. Andronescu, 引文如前: p. 15.

在，国家变得日益荒凉，山林枯萎，道路人迹罕至。"①他还借大臣格里戈雷·菲利佩斯库之口无比清晰地对那个东正教大帝国及其扩张政策进行评价："俄国曾多次与土耳其作战，但当缔结和约后仍把我们留在土耳其治下，导致我们遭受了巨大而沉重的苦难。"他还说："现在，俄国想用我们的手去抓蛇，一旦我们倒下了，他们就会来救我们，从而让我们依附于沙俄帝国。"②此外，在1820年（大约在图多尔·弗拉迪米雷斯库起义前后），伊利耶神父还让一个所谓的本土贵族对一个替沙皇辩解的希腊贵族这样说（我忘了，我们当时正处在矛盾临界点）："回你自己的国家去和土耳其人打仗吧！滚回希腊人那里去当哥萨克吧……让我们和土耳其人一起厮混好了。"③

有时，伊利耶神父也会进行极为尖刻的指责，例如在回忆起1821年土耳其人绞死普世牧首时，他的叙述与同时代的两位作者大相径庭："又一次，那个伟大而强大的俄罗斯，那个自称基督教世界之父的东正教国家，当了缩头乌龟。"④而他对俄国人在1828年后的角色所做的结论更是反映了19世纪罗马尼亚人的普遍看法："俄国人在摩尔多瓦和瓦拉几亚建立了听命于俄国将军们的最高国会，并给我们造成了严重的损失。"⑤

正如我在25年前所言，这些不一定属于严格意义上的文学性

① 同上：p. 6.
② 同上：p. 13.
③ 同上：p. 14.
④ 同上：p. 16.
⑤ 同上：p. 19.

的文本，许多陈述"在写作手法上毫无艺术感可言"[1]，但都体现了集体意识，且具有丰富的风格变化[2]。

这种民间评述以其多彩性、自发性、即时性和口头性征服了人们，在其自成一体的报道中摇摆不定，既有大量精确的数据，也有近乎童话的虚构[3]，反映了民族文明史上的一页（对于从18世纪到19世纪头几十年间在罗马尼亚舞台上扮演最重要角色的外国玩家，既有热情洋溢的赞颂，也有审慎的保留和批判）。无论是现在还是将来，我们的文明都正在经历，而且仍要经历深刻的变化。在从1750年到1950年的两百年间，这些变化主要体现为地区性的、流于表面的激情，而非普遍性的批判。这些变化最终沉淀为两句仅包含两个单词，却满怀空洞希望的话语，有时它们被高声呐喊出来，有时又被窃窃私语传递，一句是"Vin ruşii（俄国人来了）"，后来又出现了一句"Vin americanii（美国人来了）"。因此，如果可以从人类学角度对这种意象学探索做一个总结的话，我想要在罗马尼亚人已知的美德上再加一条：期待。

---

[1] *Civilizaţia românilor*, II, p. 203-206.

[2] E. Negrici, *Imanenţa literaturii*, Bucureşti, 1981, p. 65.

[3] R. Theodorescu, 引文如前：p. 197.

米哈伊尔·斯图尔扎大公捐建的
一座鲜为人知的教堂

　　2004 年 7 月 8 日，在等待了半个世纪之后，《罗马尼亚官方公报》更新了国家历史遗产名单。在专家们普遍的、可以理解的热情中，这份文件的签署者，当时的文化和宗教事务部长（也就是说，签署这几行字的人）扮演了备受质疑的角色。

　　我们自然要对此表示感谢，将这 29927 处遗址和古迹汇总起来，要付出巨大的努力。正如俗话说的，我们无法提前一天知道将会迎来何种惊喜。

　　几个月后，我的预言完全应验了。我们抵达了摩尔多瓦南部边境与乌克兰接壤处，发现博托沙尼县米赫伊列尼村从前的集市如今已经是一个宁静的乡间小镇。残留的大规模城市遗迹告诉我们，那里就是在《组织法规》时期由米哈伊尔·斯图尔扎大公创建的定居点。1792 年，在亚历山德鲁·莫鲁济大公统治时期，这里被称为弗勒德尼集，曾经是"一些犹太商人和外国商人"聚集之所，所谓"外国商人"指的是奥地利帝国辖区内加利西亚的商人，在与之相邻的布科维纳被并入奥地利帝国版图后，加利西亚成为重要的移民来源地。到米哈伊尔·斯图尔扎大公统治时期，应其领主，大臣特奥多尔·巴尔什的要求，弗勒德尼集在 1835 年更名为米赫伊列尼集[①]，并被转让给刚刚登基的摩尔多瓦公国大公。这种溜须拍马的行为在这个地区并不鲜见，就像此前一年，蒙特尼亚人也用《组织法规》时期的另一位大公——亚历山德鲁·吉卡的名字命名了位于泰莱奥尔曼县的亚历山德里亚集。

在这个现已被遗忘的镇子里，首先映入眼帘的就是一座气势恢宏的新古典主义风格的教堂。当我走向那扇古老的铁门时，我的目光落在了门口的铜牌上，上面清楚地印着米哈伊尔·斯图尔扎大公的名字（图 8）。诚然，依据当地的传统和一些勤勤恳恳的科普工作者的说法[②]，我们知道大公和他的妻子斯马兰达·沃戈里德夫人是这座教堂的捐建者。纯粹是出于务实的动机，我立即询问（作为我国这个角落的议员，我想为修缮教堂的屋顶争取一点补贴）这座教堂在最新公布的名单里在什么位置，代码是多少。但得到的答案让我回到了前一天对部长的质疑中：这座教堂不在名单上！

我马上想到，也许在此类情况下，可以有以下借口：一个多世纪前，尼古拉·约尔加从奥地利的锡雷特集来到这里，曾在边

---

① D. Ciurea, *Moldova sub domnia lui M. Sturza. De la convenţia de la Petersburg (1834) la convenţia de la Balta-Liman (1849)*, Iaşi, 1947, p. 187-188.

② Între ele, F. Rusu, *Istoricul târgului Mihăileni*, în „Moldova literară", VI, 7-8, iulie-august 1932; N. Zahacinschi, *Mihăilenii de altădată*, Bucureşti, 1981.

境上这个被称为"米赫伊列尼"的地方逗留，他提心吊胆、惜字如金（此访使这位历史学巨匠备受抨击，人们认为米赫伊列尼混杂的人口构成是一种"亚洲式恐怖"）地点评道："大教堂位于一座花园里，那里和公共的花园相邻。"然后就开始谈论"这座美轮美奂的教堂里的神父"[①]。也许有这样的介绍，对后人来说就足够了。

起先，这座集市是专门为犹太移民而建的，由于地处奥地利边境，很快吸引了大量来客。正因为此，这里和当时该地区的其他集市（从布尔察到布恰，再到弗尔穆什卡有无数集市）有所不同，马弗罗丁、卡尔科恩特拉乌尔、披索斯基、霍尔班、马尔科奇、乔玛尔坦、斯塔福拉特和阿达姆等大大小小的贵族都在此建有宅邸，此外还有信仰基督教的本土商人和工匠。大公作为米赫伊列尼的"教父"，在其提议下，这里将建起一座新的教堂（此前也有一座教堂，但现在我们对其一无所知），正如我们所见和所知，大公将委托贵族们来监督教堂的建造。

关于米赫伊列尼教堂的信息严重匮乏，我对此很不满，于是开始研究档案。博托沙尼档案馆中关于 20 世纪的情况仅有一些无足轻重的材料，我一度以为可以在雅西的档案馆中找到答案，因为我在那里发现了一份关于在米赫伊列尼建造教堂的俄文和罗马尼亚文双语文件。但我很快放弃了这份文件，因为这张欠上尉工程师萨乌德尔价值 7001 银卢布的凭条上写的日期是 1849 年 6 月，

---

① *Neamul românesc din Bucovina*, Bucureşti, 1905, p. 193-197.

正是斯图尔扎大公退位的时间，而建设工作则是 1850 年 1 月在
比萨拉比亚地区"米哈伊尔·斯图尔扎大公"的领地上开始的，
所以这里指的很可能是位于巴尔蒂的另一个叫米赫伊列尼的小集
市 ①。对罗马尼亚科学院的登记册和文献（这些文件 30 多年前被
移交给首都的国家档案馆，最近又被交还给科学院）进行研究后
发现，米赫伊列尼教堂仅有一次从历史的尘埃中显露出来。也许
正是由于这个原因，它没有被列入摩尔多瓦地区和全国的遗产名
单中。

在几个月的时间里，我从关于这座教堂几乎空白的文字材料
中寻找蛛丝马迹，一步一步地探究这个宗教场所是如何被设计和
修改，并最终交付的。例如，我找到了一份 1838 年 9 月 9 日在
雅西签署，包含 12 个"条款"的原始合同，佩特鲁·阿萨基据
此向大公承诺建造该教堂 ②（图 1）。顺便说一下，我记得这个人
物在斯图尔扎大公的第二个任期内十分活跃，他是大司祭拉泽尔
之子，和著名的格奥尔基·阿萨基是亲兄弟。他并不是像"考古
学家"锡翁认为的那样，是来自波多里亚的亚美尼亚人，而是阿
尔迪亚尔人的后裔 ③。他和他的兄弟一样，在曾在维尼亚明·科斯
塔基的资助下赴敖德萨和维也纳学习，掌握了"德语、希腊语、

---

① *Arhivele Statului Iaţi. Colecţia Documente*, pachet 861 / 55.

② *Arhivele Statului Bucureşti. Fond Academia Română (ASB. FAR)*, MDXXIV/12. 其中关于
教堂的文献由我的同事约安娜·康斯坦丁内斯库博士摘抄，在此向其致以谢意。

③ Paharnicul Costandin Sion, *Arhondologia Moldovei*, Ed. Minerva, Bucureşti, 1973, p. 6 (cu
comentariile lui Şt. S. Gorovei).

俄语、法语，乃至拉丁语"①。他是大公身边的宠臣②，负责处置
"违法乱纪之事"，身兼副官、侍从、阿加③和礼宾大臣等职，曾和
大公一起去过伊斯坦布尔，而且还要为其赴维也纳公干。

　　可以肯定的是，根据其中一份文件，他也居住在博托沙尼，
而且在那里有一栋宅子。他是当地"审判庭的主席"④，这也解释了
为何他离米赫伊列尼这个地方很近，米哈伊尔·斯图尔扎大公为
何要任命他来负责修建教堂。我们可以从合同中看到，佩特鲁·阿
萨基希望"怀着良好的意愿在米哈伊尔大公陛下的集市上修建起
一座神圣的教堂，出于崇高的想法和迫切的意愿，我愿意承担起
在同一座集市的圆形广场前修建教堂的责任"。其中提到的集市是
米哈伊·斯图尔扎大公在 1835 年 10 月 10 日修缮加固的，据此我
们有理由相信至少在三年之前就开始了对城镇的系统规划⑤。

　　之后是合同的具体"条款"，其中包括："教堂连同祭坛和门
廊总长 8 斯腾壬⑥，中部宽 4 斯腾壬，含外墙厚度，内部高 4 斯腾
壬"。实际上，由于我们马上就要分析的原因，现在我们看到的那
座教堂要大很多，而不是只有 18 米 × 9 米的主体和 27 米 × 14 米

---

① 同上：p. 7.

② 同上：p. 307.

③ 官名。——译者注

④ 参见 D. Ciurea, 引文如前：p. 50, nota 3. 他和他的兄弟，知名学者格奥尔基是大公最重
　要的合作者。担任这一职位的还有财政大臣尼古拉·康塔（后被特奥多尔·斯图尔
　扎取代）和司法大臣卢普·巴尔什。（同上：p. 64-67）.

⑤ *Documente privitoare la istoria economică a României. Oraşe şi târguri 1776-1861.*
　Moldova. Seria A, II, Bucureşti, 1960, nr. 126, p. 200-209.

⑥ 旧长度单位，约合 1.96—2.23 米。——译者注

的门廊。

下面的条款涉及"基座应为石制的，厚 1 斯腾壬"……"墙壁和门廊上方的钟楼，一直到窗户以下的位置均应由石材砌成，上部按建筑要求的比例用精心烧制的大砖 ① 和品质优良的厚灰泥修砌"。此外还有"要修一座笔直的天棚，而不是一座穹顶"。好吧，从这里我们就能看到捐建这座教堂的大公融入了自己的品位，使得这座建筑得到了另一种效果。所以，阿萨基在 1843 年 3 月 20 日（恰巧在同一天，这位礼宾大臣完成了建造这座教堂开销的"摘要"）对这份合同进行了备注（图 5），从艺术角度做了一个非常有趣的说明："尊敬的大公有令，这座教堂应该造得尺寸大一些，应该有穹顶，塔楼上包覆白铁皮，再建一条带柱子的大门廊。"而且对开支进行了澄清和补充："陛下多次提供担保，所有合同中未涉及的增建费用将以现金支付……"回想一下 1839 年和 1843 年米赫伊列尼可能发生的事情，我有如下推测：那里之前有一座木制教堂（当地口耳相传，这座教堂是在 1792 年为原先被称为弗勒德尼的集市修建的，捐建者可能是贵族康斯坦丁·马雷什），之后有了阿萨基合同（图 6）中所说的用砖石修建的教堂，

---

① 无论在摩尔多瓦还是在罗马尼亚公国，当时这种工艺经常会在合同中被提及 (N. Stoicescu, *Cum se construiau bisericile în Țara Românească și Moldova în secolul al XVII-lea – prima jumătate a secolului al XIX-lea,* în „Studii și cercetări de istoria artei", 1, 1968, p.78 及其后)。

因为占用了马弗罗丁家族的土地，他们也扮演了捐资者的角色[1]。在"条款"9中，格奥尔基·阿萨基的兄弟表示："这座教堂的内部和外部形制，都是由我自行处理和选择的，我有责任使其坚固持久、赏心悦目"。结果是他设计了一座三殿式的教堂，门廊两边各有一间耳房（图 10），但传统教堂的方案似乎并未让米哈伊尔·斯图尔扎大公觉得"赏心悦目"。为什么呢？我试图找到一个答案。1836—1839 年，修道院院长伊瓦萨夫重建了雅西的弗鲁莫阿萨教堂，两层高的中殿有双拱门，西侧有标志性的高柱廊，由四根多利安柱支撑着三角楣[2]。这座新建筑对大公产生了极大的视觉冲击，成为其灵感的来源。原因有三：其一，被重修的这座教堂曾经是其外曾祖父格里戈雷二世·吉卡（其女鲁克桑德拉是米哈伊尔·斯图尔扎的祖母）捐建的；其二，1833 年，即他登基的前一年，他在这里安葬了自己的父亲——宰相格里戈雷·斯图尔扎，并希望为其修建一座新古典主义风格的陵墓；其三，似乎大公本人也想把这里作为自己的埋骨之所[3]，只是命运的大潮把他从弗鲁莫阿萨带到了巴登巴登。

　　因此，据我推测，米赫伊列尼的圣尼古拉教堂是在 1838 年 1

---

[1] 在新教堂开工建设两年之前，御膳大臣米哈拉凯·马弗罗丁之父被安葬在老教堂里。我们在阿加弗顿修道院 1691 年（译者注：疑原文时间有误）印制的一本书中也可以找到佐证，这座修道院也属于一个与卡纳讷乌家族、马弗罗丁家族有亲缘关系的家族："1839 年 12 月 27 日家父卢普尔·马弗罗丁离世，被安葬在米赫伊列尼集的老教堂中。"（apud „Revista Moldovei", 5-6, 1926, p. 27）此外，根据合同，阿萨基还曾建议由其重修老教堂的石台基。

[2] Gr. Ionescu, *Istoria arhitecturii în România,* II, Bucureşti, 1965, p. 371-372.

[3] D. Ciurea, 引文如前：p. 193.

月 11 日地震后不久修建的，最初是依照雅西和博托沙尼的小贵族佩特鲁·阿萨基的品位设计的，后来应大公要求，被建造成了一座新古典主义风格的教堂（图 6、图 7、图 9），以配得上"王室教堂"的地位（文献中对此也有提及）。因此，这座教堂用穹顶代替了原先"笔直的顶棚"，即天花板，矩形的外墙上镶有壁柱，弗鲁莫阿萨教堂中的多利安柱和三角楣也被照搬到了这座位于奥地利边境摩尔尼察河畔的小教堂中。

1838 年 9 月的合同还提到"教堂和钟楼的屋顶应该用瓦片鱼鳞状覆盖"，但我们看到大公要求使用另一种覆盖材料，"楼梯和地面应该用石板覆盖，壁炉和濯足盆（周四礼拜时洗脚用的容器）则应用砖砌成"。

在 7 个月后，即 1839 年 4 月 15 日，斯图尔扎大公的"想法"在另一份合同中得到了贯彻①。这份合同是佩特鲁·阿萨基与瓦西里·米哈伊缔结的，后者是来自博托沙尼的御酒官兼壁画师，合同内容是制作一座圣像台（图 2）。在这个万事无常的国度，这座圣像台前几年竟莫名其妙地消失了，我只有幸得见其中一些局部〔幸亏博托沙尼县国家文化和遗产局的同事拍了几张照片（图 12）②〕。我现在只能说，这件作品有着与建筑一致的新古典主义外观，可以让人联想起该地区同一时期其他类似的宗教摆设，例如在瓦尔拉姆家族捐建的博托沙尼沃维德尼亚教堂（1834 年）、迪

---

① *ASB.FAR*, MDXXIV/14.

② 感谢丹娜·皮耶特拉鲁女士提供的照片，以及主任建筑师米哈伊·米赫伊列斯库先生提供的教堂平面图。

马克—米克莱斯库捐建的迪马凯尼教堂（1834 年）、米克莱斯库捐建的克利内什蒂教堂（1838 年）、莫鲁奇家族捐建的泽沃利什泰亚教堂中均有此类物件。

按照阿萨基签署的第一份合同中的日期（"我承诺在明年，即1839 年春天开始建造这座教堂，并在同年秋天完工"），教堂开工了。彼时这位阿萨基刚刚与那位来自博托沙尼的画师签订了合同："我要按照博托沙尼这里的帕拉斯切瓦教堂中圣像台的样式，给米赫伊列什蒂正在建设中的教堂制作一座圣像台。"

因此，这是按照当时的习惯将所有要求记录下来，并将其添加到与石匠、雕刻工、画工签订的合同中。这个案例中参照的模型来自一座 1816 年建成的教堂中的圣像台，该教堂由一位教士和几位集市上的人共同出资建造的，圣像台则由瓦西里·米哈伊制作完成。

在 150 多年前摩尔多瓦北部艺术界鲜为人知的这个人物究竟是谁呢？他是个画匠，和很多人一样，因我们无从得知的某种功勋而获得了贵族头衔，但我们发现他在几年后，即 1844 年 4 月20 日，与阿列库·库扎、格奥尔基·瓦尔拉姆等贵族一起签署了一份博托沙尼民众的请愿书，要求在这里每周举办三次大集，并将此事在加利西亚和布科维纳公布 ①。

关于博托沙尼这位有贵族头衔的工匠，在 1839 年 4 月的合同中还有什么信息呢？合同第 4 条指出：

---

① *Documente privitoare...*, nr. 194, p. 289.

"我必须使用干木料来制作，工艺干净利索，胶合紧实"，还要在米赫伊列尼制作"一把主教座椅；两个用于摆放《圣经诗篇》的经书台，还有一个位于教堂中央，用于摆放《福音书》；两面幡旗；一块石碑和一个大十字架；十二个圣像架和一个主保圣人专用圣像架"。第 2 点和第 3 点很重要，是对于宗教摆设（很不幸，未能留存下来）的要求："整座雕花圣像台，所有柱子、窗台、柱头、圣像架和教堂内部的此类摆设都应用上等的黄金包覆，不得掺杂其他金属；地面应刷上令人愉悦的颜色"；"所有关于君主、宗教节日、使徒、先知的圣像，以及教堂中的成套装饰物都必须精心制作，就像我为博托沙尼其他教堂所做的一样"。为此，御酒官瓦西里·米哈伊得到了 40000 列伊"及定量食品，提供给工人的食物将另册记录"。除此之外，在 1840 年 4 月 12 日、1841 年 5 月 31 日、1842 年 3 月 16 日及 5 月 27 日、11 月 2 日还签订了该合同的其他补充条款，直至"补贴了礼宾大臣佩特鲁·阿萨基的所有开销"。

让我们从这份关于圣像台的合同转向另一份建筑合同，会发现阿萨基需要支付很多人力和材料费用，包括"劳工""粉刷""铁制品""唱诗台""屋顶上的十字架"（因此，我们可以把斯图尔扎大公的这位手下看作第二位捐建者），而大公作为首要捐建者，需要"提供其他设施，例如法衣、净瓶、书籍、长明灯、大小烛台、多头烛台、马灯、大钟等"，为此他资助了 800 荷兰金币，并按照传统历法在当年，即 1839 年的圣格奥尔基日和圣杜米特鲁日之间交付。

　　如果说对于这座教堂建造之初而言最重要的文件是佩特鲁·阿萨基1838年9月9日签订的合同的话，那么到竣工时最重要的文件就是在五年后，即1843年3月20日签订的上文提到的《圣尼古拉王室教堂开销一览表》。曾经的阿加，后来的礼宾大臣以精准的账目使最初授权其建造教堂的米哈伊尔大公对其加倍青睐，并委托他在其"博托沙尼村"的领地上完成其他任务："陛下命令我将教堂建设事宜委托给御膳大臣米哈拉凯·马弗罗丁，他是米赫伊列尼的领主。我遵令把钱节省出来，按照马弗罗丁大人提供的单据把钱付给他派来的专员。"我凑巧在档案馆发现了七张这样的票据，金额分别是14599列伊、100枚金币和2800索罗科沃茨[①]，马弗罗丁在1839年3月17日[②]、1839年4月10日[③]、1839年7月9日[④]、1840年10月29日[⑤]、1841年4月7日（图4）[⑥]、1841年7月1日[⑦]和1842年1月14日[⑧]将这些票据交给阿萨基。

　　就这样，继斯图尔扎大公、阿萨基、瓦西里·米哈伊之后，第四位主人公登场了：他就是上文提到的全知全能的西翁，出身于"多

①　一种旧时的银币。——译者注

②　*ASB.FAR*, MDXXIV/17.

③　*ASB.FAR*, MDXXIV/23.

④　*ASB.FAR*, MDXXIV/16.

⑤　*ASB.FAR*, MDXXIV/21, după ce la 24 iulie în acelaș an ceruse 100 galbeni (*ASB.FAR*, MDXVIII/189).

⑥　*ASB.FAR*, MDXXIV/26.

⑦　*ASB.FAR*, MDXXIV/27.

⑧　*ASB.FAR*, MDXXIV/22.

罗霍伊地区的自耕农家庭"①，是一个"学习工程学的米哈拉凯·马弗罗丁"（这就是为何雅西的大公需要他）。后来，西翁成为约尼策·桑杜·斯图尔扎手下的御膳大臣和格里戈雷·吉卡手下的潘，他在这里租赁了王室领地，成为德尔斯卡的领主，并在米赫伊列尼修建了宅邸（就在原先集市的地方，离教堂很近）。1856年4月7日离世时，他的岳父，出身博托沙尼黎凡特贵族家庭的格里戈雷·卡纳讷乌悲痛万分："他是个学者，满腹经纶，很多人都需要他。"②

　　斯图尔扎大公也同样一刻都离不开他，在建造其统治时期摩尔多瓦北部这座与众不同的新古典主义风格的教堂（和巴尔什家族捐建的达拉巴尼教堂、吉库列斯库家族捐建的马克苏特教堂、卡里马凯家族捐建的斯登切什蒂教堂、罗塞蒂–罗兹诺瓦努家族捐建的什蒂乌贝尼和伊博内什蒂教堂相比）时，佩特鲁·阿萨基也对其产生了间接的需要。

　　我们发现，如果从1841年10月20日的《王室修道院所有开销内容摘要》③（只有他用了"王室修道院"这个说法）来评价的话，米哈伊·马弗罗丁对会计知识有很好的掌握和应用。 这份摘

---

① Costandin Sion, 引文如前: p. 173. O altă familie Mavrodin, din Vaslui, era „duşmanul" personal al paharnicului arhondolog: „greci fanarioţi de cei mai spurcaţi".

② 我想补充一条非常珍贵的信息，那就是御膳大臣米哈伊·马弗罗丁（被米哈伊尔·斯图尔扎的王位继承人提拔为潘），他是豪门之女玛丽亚的丈夫。玛丽亚出生于尤拉什库家族，是御膳大臣瓦西里·尤拉什库之女，她姐姐拉鲁卡·尤拉什库的丈夫是格奥尔基·埃米诺维奇 (A.Z.N. Pop, *Noi contribuţii documentare la biografia lui Mihai Eminescu, Bucureşti,* 1969, p. 32, 49, 82, 91, 242 – arbore genealogic)。因此，在米赫伊列尼教堂建设过程中最积极的参与者之一就是我们民族诗人（译者注：指米哈伊·埃米内斯库）的舅舅。

③ *ASB.FAR*, MDLXXX/139.

要中不仅有阿萨基给他的资金，如材料"运输费用"、材料费用和"交付给我的现金"（共计 34253.3 列伊），还有马弗罗丁自己采购石料、石灰、沙子、木料、铁制品、"聘请各类工匠"（36465.15 列伊）等的费用，"除去既没有付款也没有建造的石板路面""除去给他（指阿萨基）买的 142 列伊的蘸水笔"，此外还有从"塞雷提乌集市"购买的"几磅进口烟草"①。

在阿萨基评注过的"摘要"中还提到了米赫伊列尼工地上的另外两个人物。我们知道，到了"快竣工的时候"，资金被交给了"御酒官大人阿列科·帕拉斯基夫"（我们从西翁的记述中得知，这个人是他的远亲，其父哈吉·帕拉斯基夫是一位来自罗曼的保加利亚裔酒馆老板，阿列科曾在罗曼当过很短一段时间的地方官②）。阿列科还负责"为教堂配置家具"并管理祭祀的费用，大公提供的"银器"（如今还留存了几件）"是由阿纳塔西耶·盖拉西姆打制"的，但关于这位工匠我们没有查到任何信息。

最后，第七位参与建设这座教堂的是位泥瓦匠，当时在摩尔多瓦也被称为"石匠"③。1840 年 7 月 4 日在博托沙尼，有个叫"石匠扬库"的人在一份单据（图 3）上按了手印，以代替签名。单据上写着"我又从阿萨基阿加那里收到了"500 列伊，用于"修建米赫伊列尼集的王室教堂"，我应"在今年夏天之前完工"④。在此之前十天，阿萨基"曾经的手下"马弗罗丁从米赫伊列尼给"仁慈的主

---

① 当然，与文献中提到的"摩尔多瓦烟草"相比，质量要好得多。

② *Arhondologia...*, p. 205.

③ N. Stoicescu, 引文如前：p.85.

④ *ASB.FAR*, MDXXIV/19.

人"阿萨基写信，确认他收到来信，并获悉"陛下大约会在 8 月 20 日前后到米赫伊列尼这里，因此我要抓紧建造教堂的工程"①。

就在两个月之前，他还给阿萨基写了一封信：

"谨向您回复，希望您能够看在上帝的分儿上尽力帮助我们完成它。同时我要告知您，您给我的钱已经用完了，我甚至还欠了债，请您再慷慨地给我寄来，或者我亲自去取一百枚金币，并希望借此渡过难关。请您不要生气，因为如果我自己有钱的话，我都会捐出来的，但您知道最近我花了多少钱吗（？）我把小麦都卖了，已经身无分文。"

这种哀叹似乎也传染了米赫伊列尼的工地。在对花销进行结算后，阿萨基（我们已经看到马弗罗丁是怎么向其抱怨的了）仍然有 1100 枚金币和 16.34 列伊的"亏空"。正如他 1843 年 6 月 16 日在雅西记录②的那样，他因为大公无法如约对他进行补偿而火冒三丈，这种愤怒和我们所知的君臣间的亲密格格不入。他指出："在接手这份工作之后，我不敢松一口气。"阿萨基给了我们一系列闻所未闻的新信息，他叫苦连天："陛下没有为此向我表示感谢，甚至没有给我已经垫付的花费，对我五个月来在家里（推测是在博托沙尼的家里）款待莱奥·布劳恩、格奥尔基·特里菲斯库、科斯塔基·巴亚尔迪、科斯塔基·布劳恩和托德里策·布劳恩等人之事，陛下也不闻不问。"根据最新的研究③，他一笔带过的

①　*ASB.FAR*, MDXVIII/189.

②　În cuprinsul documentului de la nota 13.

③　M. R. Ungureanu, *Convertire şi integrare religioasă în Moldova la începutul epocii moderne,* Iaşi, 2004, p. 170 şi următoarele.

巴亚尔迪出身"在斯卡尔拉特·卡利马基大公统治时期来到摩尔多瓦的一个工程师家族"①（实际上，他是雅西 1819 年第一份城市规划的作者朱塞佩·巴亚尔迪的长子）。这位科斯塔基·巴亚尔迪出身"国外的工程师家族"，是博托沙尼的测绘师。1842 年，他开始为米哈伊尔·斯图尔扎大公效力②，并和他兄弟一起皈依了东正教。他们在阿萨基家里住了好几个月（当然是在博托沙尼），同行的还有布劳恩家族的三个成员，他们也是工程师，其祖上路德维希·冯·布劳恩曾设计了赫尔勒乌庄园的规划（西翁的资料中有对这个日耳曼家族的详细描述），这座庄园是卡利马基大公的产业："一个叫布劳恩的工程师在罗曼定居后生了很多孩子，并教导他们所有人子承父业……在实行《组织法规》后，国内的所有工程师都得到了任命，并被米哈伊尔·斯图尔扎大公授予爵位。"③

因此，在 1838 年和 1843 年之间的某个时候，在阿萨基位于博托沙尼的宅邸住着几位工程师（其中一些是外国裔的），他们在为建设和治理一座"符合欧洲规范的集市"而工作（和他们一起被任命的还有那位 1835 年被提到的佚名的"城市建筑师"，以及 1842 年被提到的一位名叫巴尔贝利茨的工程师）。从阿萨基的控诉中似乎可以看出，他们也许是在一起设计那座教堂。正如我们现在所知，这项工程始于 1839 年春天，应于同年秋天完工，但 1840 年 8 月仍在进行，大约到 1842 年才竣工。在此期间，遵

① Costandin Sion, 引文如前: p. 31-32.

② M. R. Ungureanu, 引文如前: p. 187.

③ Costandin Sion, 引文如前: p. 36.

照王室"教父"的旨意，米赫伊列尼已经成为多罗霍伊地区的首府，以及从奥地利边境通往繁华的加拉茨港的起点 [1]。

在罗列了关于这些建设者的新信息后，阿萨基暂时停止了内心的哀叹："我不再对这些费用多说什么了，但我对下面的景象倍感自豪：在教堂的祝圣仪式之后……我将本摘要和附件中的证明呈陛下御览，陛下命我将所呈的合同移交给王宫有关部门，同时责成负责其账目的大臣托德拉什·斯图尔扎付钱给我。"过了一阵子之后，"我被一个突如其来的回复惊醒了，我什么都没有拿到……我所有的请求都是徒劳的，而且无人可以诉苦。我在此立字为证，陛下为修建米赫伊列尼教堂截留了我壹仟壹佰枚金币，拾陆点叁肆列伊……此外还有陆拾斯腾壬的木料，正如我在这本摘要中记录的"。

我就写到阿萨基这儿吧。不久前，我对捐建这座新古典主义风格教堂的大公有一些模糊的了解。如今，档案资料正帮助我们了解这项工程的成本，以及哪些小贵族（包括格奥尔基·阿萨基的兄弟和米哈伊·埃米内斯库的叔叔）参与其中、谁是那座圣像台（如今已经消失了）的作者、泥瓦匠是谁、谁制作了银质法器等信息。唯一的遗憾是这座教堂未被列入历史遗产名单。我希望上面所写的这一切可以成为文化主管部门的证据，以纠正不公正的结果。在我看来，如果追根溯源的话，这种不公正的结果是绝对不能被容许的……

---

① *Arhivele Statului Iaşi. Fond Secretariatul de Stat al Moldovei*, nr. 1434, p. 5-7.

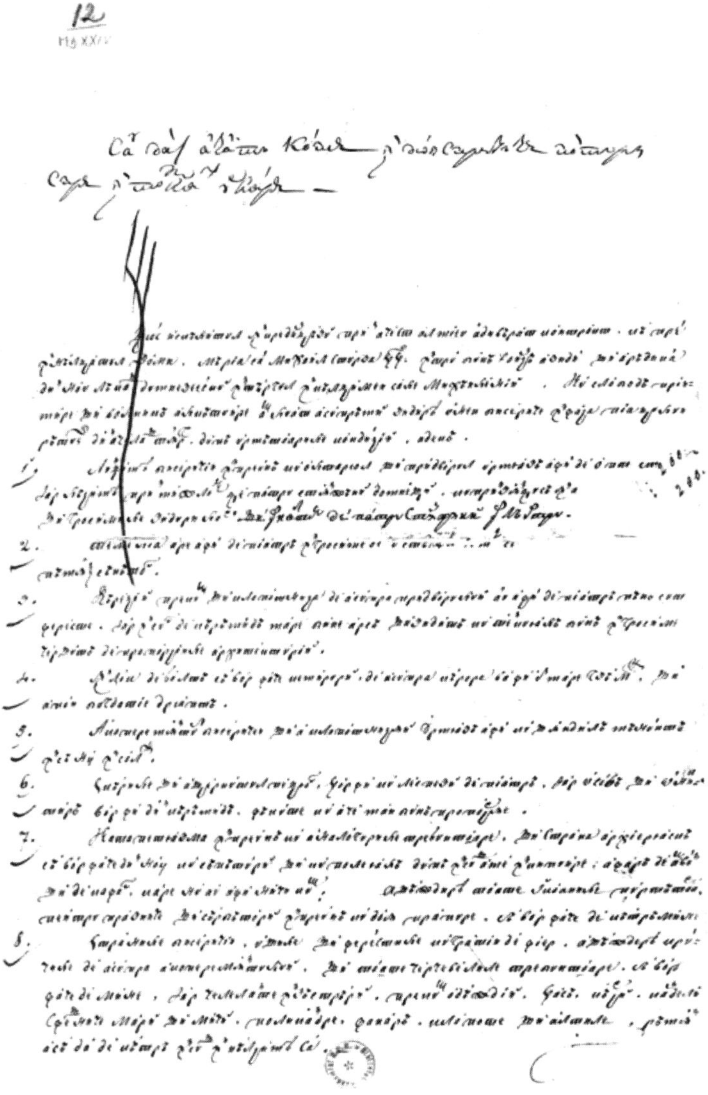

图 1　米赫伊列尼教堂建造合同，1838 年 9 月 9 日

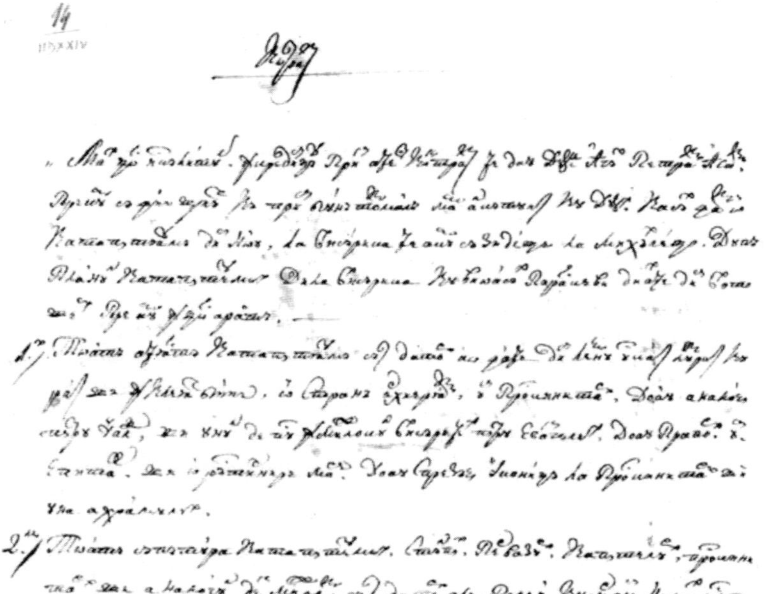

图 2 米赫伊列尼教堂的顶棚合同，1839 年 4 月 15 日

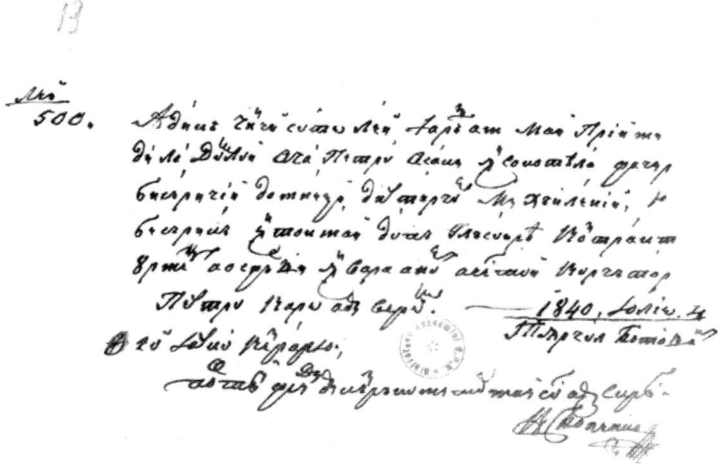

图 3　石匠扬库的收据，1840 年 7 月 4 日

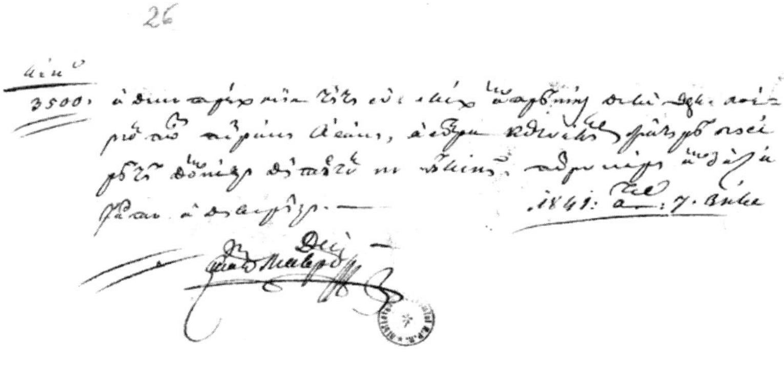

图 4　米哈伊·马弗罗丁的收据，1841 年 4 月 7 日

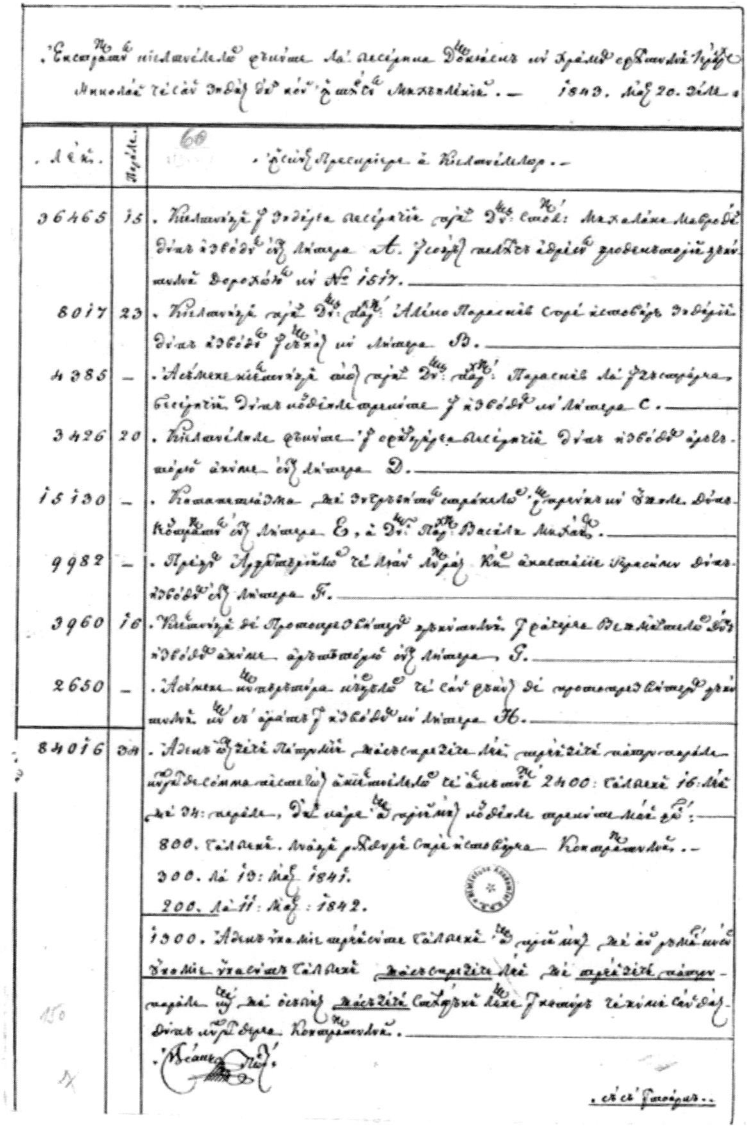

图 5   米赫伊列尼教堂的支出报表，1843 年 3 月 20 日

图 6　米赫伊列尼教堂西侧

图 7　米赫伊列尼教堂门廊

图 8　米赫伊列尼教堂门廊带有铜质花边的王室纹章

图 9　米赫伊列尼教堂东侧

图 10　米赫伊列尼教堂帝王门
（亡佚）

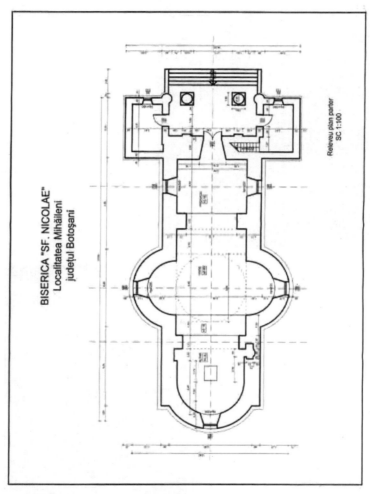

BISERICA "SF. NICOLAE"
Localitatea Mihăileni
județul Botoșani

Releveu plan parter
SC 1:100

图 11　米赫伊列尼尼教堂平面图

图 12　米赫伊列尼教堂旧圣像架
局部

图 13　米赫伊列尼教堂高级教
士专用的旧扶手靠背椅

摩尔多瓦边境上的一座堡垒式教堂

几年前，在雅西举行的一次专门讨论历史遗迹的会议上，我谈到了（在这本书里再提一次）摩尔多瓦北部边境的一座鲜为人知的教堂。它位于一座在米哈伊尔·斯图尔扎统治时期曾经繁荣的集市（即多罗霍伊地区的米赫伊列尼）中，包括王室"教父"[①]在内的人曾参照当时文献中经常提到的模板，即南部边境港口城市加拉茨对其进行过现代化改造。

1845—1847 年间制定的一些"按欧洲模式和方法修建一条邮路"的工程方案（最终完成了）一直留存至今。按方案部署，将每周三次在米赫伊列尼和加拉茨之间通邮，途经摩尔多瓦七个地区的首府，"通过驿马传递消息，并与维也纳的工厂签订了工程合同"[②]，首批"企业家"由此实现了真正意义上的进步。阅读着

---

① 指斯图尔扎大公。——译者注

② *Arhivele Statului Iaşi. Fond Secretariatul de Stat al Moldovei*, nr. 1434, p. 5-7. 另见：D. Ciurea, *Moldova sub domnia lui M. Sturza*, p. 153.

这些不久前才得见天日的文献①，我凭借历史学家可精确控制的想象力，构想着那些邮车是如何从我曾经在书中提及②的摩尔尼策河畔由斯图尔扎大公捐建的圣尼古拉教堂（那些年刚刚竣工）出发，穿越整个摩尔多瓦公国，最终抵达多瑙河畔，也许就停歇在加拉茨著名的圣母教堂（图1）附近的。幸运的是，我恰巧在罗马尼亚科学院图书馆版画室的收藏中看到了与这座17世纪的教堂相关的材料③。那是一幅表现"摩尔多瓦—瓦拉几亚"地区"加拉茨教堂"的蚀刻画（图2），作者是奥古斯特·弗朗索瓦·勒梅特尔（1797—1870）。他是巴黎一位知名的版画家，曾与同事一起为一本有关三个公国统一之前多瑙河沿岸罗马尼亚人生活地区的图书绘制插画。这本题为《多瑙河和罗马尼亚省份》的书（图3）1856年由巴黎 Firmin Didot frères 出版社出版，被广泛援引。该书的作者是让·马利·肖邦（前俄国驻巴黎大使库拉金亲王的秘书）和我们更熟悉的让·奥诺雷·阿卜杜隆尼姆·乌比奇尼，他在罗马尼亚的1848年革命者中享有盛誉。书中涵盖了波斯尼亚、黑塞哥维那、黑山、克罗地亚、阿尔巴尼亚、保加利亚、塞尔维亚的文字和图片（这部分由肖邦撰写），以及由乌比奇尼完成的关于瓦拉几亚、摩尔多瓦、特兰西瓦尼亚、布科维纳和比萨拉比亚的文字和图片。乌比奇尼是一位亲罗马尼亚的史学家和政论家，拥有意大利和法国血统，曾在1844年游历罗马尼亚各公国，并在

---

① D. Galanton, *Monumentele unei reședințe de ținut moldovenesc la granița austriacă*: *Mihăileni*, București, 2010. p. 74-75; 134-142.

② 见此前的研究。

③ Inventar 37649.

1848 年回到布加勒斯特担任临时政府秘书。他生活在 1818—1884
年间，1871 年被授予罗马尼亚科学院的荣誉院士。1855 年，他在
巴黎为著名的专栏文章《来自罗马尼亚的民谣和流行歌曲》作序。

在 1856 年出版的这本书里，不仅有人们熟知的蕴藏在该地
区历史、风俗和古迹中的浪漫主义，还有当时沸沸扬扬的东南欧
和中欧政治事件，这些事件使这一地区与法国更为亲近。在专门
介绍罗马尼亚人居住地区的章节中，我们发现了对历史建筑非常
准确的描述（例如尼亚果耶·巴萨拉布在阿尔杰什苑修建的教堂）
以及极为精确的插图（我必须强调这一点）。这些插图都是在现场
绘制的，秉承了杜索、布凯、拉菲、兰斯洛特等来自六边形国度[①]
的流动艺术家的优良传统[②]。为这本书绘制版画插图的勒梅特尔是
米歇尔伦和勒福捷的高足，其作品风靡当时的画廊[③]，主要是表现
法国南部和意大利古迹的版画（如奥兰治的奥古斯都凯旋门，以
及罗马图拉真纪功柱基座上的细节），以及为著名的《风光之旅》
绘制的插画，其中一些作品被法国国家图书馆版画室收藏[④]。除了
加拉茨教堂的景象外，我们还应感谢他制作了肯普隆格修道院遗
址的版画（这位艺术家在罗马尼亚地区仅选择了这两处）。这两幅
插图和那些描绘维丁（图 4）、瓦尔纳、奥尔绍瓦、哈索瓦、贝尔

---

① 法国。——译者注

② G. Oprescu, *Ţările Române văzute de artişti francezi (sec. XVIII şi XIX)*, Bucureşti, 1926.

③ U. Thieme, F. Becker, *Allgemeines Lexikon der bildenden Künstler*, 23, Leipzig, 1929,
   p. 18-19.

④ J. Lethève, F. Gardey, J. Adhémar, *Bibliothèque Nationale. Inventaire du Fond Français
   après 1800*, 13, Paris, 1965, p. 449 şi următoarele.

格莱德和斯梅代雷沃等地的图画同样精确、同样精美，而完成这些作品的东欧插画师堪与萨尔瓦多·凯鲁比尼媲美，两人都曾为乌比奇尼撰写的书籍绘制插图。

加拉茨教堂曾经是一座震撼人心的宏伟建筑，但如今已不复存在了①。其主体宏大而修长，有一座坚固的半圆形祭坛，后殿和中殿分界清晰。教堂的地基很高，房檐下凿有一排距离相等的壁龛，西侧则被加固过，在一扇小窗上面有两个宽大的半圆形射击孔。二层的面积巨大，与部分前殿和外殿重叠，两边各有一座塔楼对称分布，这在摩尔多瓦古代教会建筑中并不常见。前殿有一扇小窗户（让人好奇的是，除了在中轴线位置上有一扇窗户外，教堂主体的其他部分都未开窗）。这就是162年前法国出版的那本图书中描绘的这座教堂的样貌。对艺术史家而言，要识别出这座建筑并不是太难，因为它两侧的房屋都是那个时代当地的典型样式，来自废墟的石块同样如此。一对当地人从废墟旁走过，女人头上顶着一个陶罐，两人沐浴在西方艺术家们追求的异国情调中。在19世纪40年代，当乌比奇尼途经这里时，切鲁比尼创作了一幅素描，后来被勒梅特尔临摹成水彩画。当时，除了城里最重要的宗教建筑——圣母教堂之外（我能想到的还有圣格奥尔基教堂和马夫罗莫尔教堂），加拉茨就没有其他被加固过的堡垒式教堂了。不过，来自维也纳的插画师、细密画家路德维希·艾尔

---

① Pentru întâia oară l-am sesizat în 2009, într-o suită de vechi imagini gălățene pe care mi le-a arătat domnul Dan Nanu Basarab, directorul Muzeului de Arte Vizuale din Galați.

米尼 [1] 创作的风景画被奥地利人阿洛伊斯·冯·萨尔改造成了石版画，并被收录在阿道夫·库尼克编纂的多瑙河风光画册中，于1826—1829 年间在奥地利首都出版（《多瑙河从源头到注入黑海的二百六十幅景观图》）。从这本图册中可以看到，在加拉茨岸边的峭壁上，很多建筑拥有一对或单个的塔楼。我们不能说它们完全是这些精确图片（图 6、图 7）的作者臆造的。

　　圣母教堂是在瓦西里·卢普大公统治时期，"大约在 1646年"[2]，由两位来自布勒伊拉的商人捐资兴建的，当时布勒伊拉还在土耳其治下。这两位商人是兄弟俩，名叫迪亚和谢尔布（或谢尔班），其母名叫特奥多拉，其父是布勒伊拉人科曼。1647 年在瓦托佩蒂举行开光仪式后，圣母教堂正式启用 [3]。它在摩尔达维亚的建筑中是独一无二的，因为其西侧建有防御工事，包括巡逻通道、胸墙 [4] 和一个藏兵洞。1769 年，在俄土战争期间，甚至有一位法纳尔大公康斯坦丁·马弗罗科尔达特曾住在这个藏兵洞里。正如文献所示，这是一座饱经沧桑的建筑。

　　阿勒颇的保罗认为，这座加拉茨最大的教堂（正如他在 1653年 1 月和 1658 年 10 月 [5] 途经多瑙河畔的这座城市时看到的那样，当时这座教堂还是新的）是"建造在一位来自布勒伊拉城的希腊

①　U. Thieme, F. Becker, 引文如前: XI, 1915, p. 3.

②　Gr. Ionescu, *Istoria arhitecturii*, p. 49.

③　I.C. Beldie, *Biserica „Precista" din Galați*, în „Vestitorul", 19-20, 1949, p. 4.

④　与加拉茨这座教堂几乎同时被改造成堡垒的还有雅西 1635 年建成的施洗者圣约翰教堂。(Gr. Ionescu, loc. cit.).

⑤　*Călători străini despre țările române*, VI, București, 1976, p. 3-4.

裔东正教贵族的地基上的"①，而且"这块地基全是用石头凿出来的"（我顺便提一下，在近两百年后，这位叙利亚执事的观点似乎得到了印证。勒梅特尔的版画作品表明，地基是由小块的石材铺设的）。教堂"有三座高耸的塔楼，楼顶是巨大的镀金十字架"，"院子里有一个非常大的钟楼，四周设有垛口"②。如今只保留了原始结构的一小部分，如相关论著中的二层平面图所示③。

1821 年，土耳其人为了搜捕埃特里亚成员而包围了这座具有修道院性质的教堂，其上部的塔楼和钟楼毫无疑问被摧毁了，因此在 1829 年左右进行了大修，地方志上也有相关记载。19 世纪上半叶，这座教堂被频繁使用，很多来自卡瓦尔纳、瓦尔纳、布尔加斯和梅森布里亚的南方人涌入加拉茨，其中不少人被埋葬在这里，布商和呢料商人行会也向这里捐赠圣像④。但是关于这次重建，我们缺少研究材料。我注意到的唯一细节是，这次重建工程发生在切鲁比尼绘制素描和勒梅特尔创作版画之前，大约是在冯·萨尔的石版画被库尼克收录进画册的时候。

也许是在 1859 年（所以是在乌比奇尼之后），一位叫格里戈雷的修道院院长重建了中殿和前殿上方的塔楼，并用老照片中那种具有鲜明古典风格的壁柱进行装饰。这项修复工程恰好历时一

①同上: p. 26.

②*Loc. cit.*

③Gr. Ionescu, 引文如前: p. 50, fig. 29.

④D. Faur, *Galaţul nostru*, Galaţi, 1924, p. 69 (autorul ştiind că paramentul Precistei era de piatră). 关于这座修道院教堂的其他碑刻，可见 N. Iorga, *Inscripţii din bisericile României*, II, Bucureşti, 1906, p. 340-341.

个世纪，到 20 世纪 50 年代才完工。阿勒颇的保罗提到的三座塔楼是不是在法纳尔大公统治后期被土耳其人摧毁了呢？会不会像法国版画上明确呈现的那样，在 1829 年前后只在西侧被加固的前殿上方建造了塔楼，而放弃了中殿上的那座塔楼，从而与多瑙河沿岸建筑的主流风格一致呢？那位叙利亚旅行者看到的石材地面会不会在 19 世纪重建时被移走了一部分呢？因为我们知道在建造"迪伊教堂"的时候，曾经从加拉茨周边地区，例如"盖尔吉纳堡"（也许指的是盖尔蒂纳或齐格利纳）等地搜集石料，而其中（根据米隆·科斯廷在《关于摩尔多瓦民族》一书中的说法）"有一块运到加拉茨的大石头上……写着'罗马皇帝塞维鲁'，其余文字不太像拉丁语，无法理解……"[1]。

　　现在的地面是砖石掺杂铺砌的，两座塔楼（其中一座非常具有"摩尔多瓦风格"）位于中殿和外廊上方，经过 20 世纪的修缮后，这座教堂的防御设施得到了精心维护。该工程由原历史文物管理处完成，已故建筑师尤金·凯夫内乌克斯提供了修缮方案。从修复记录[2]（其中涉及一些两次世界大战之间及二战时期的历史状况。例如，我们发现在 1942 年"二层和钟楼的穹顶是用混凝土浇筑而成的"[3]。在更早一些时候，格奥尔基·巴尔什发现"西侧的

---

[1] Miron Costin, *De neamul moldovenilor, din ce țară au ieșit strămoșii lor*, în *Opere*, II, ed. P. P. Panaitescu, București, 1965, p. 163.

[2] 在 Tereza Sinigalia 博士的帮助下，我研究了国家历史遗迹研究院档案馆中关于此次修缮的卷宗，主要包括 *Fond CMI. Dosar 1683, Fond DMI. Dosarele 4863, 4864, 4865*，其中有一些该领域专家，例如建筑师 Duiliu Marcu、Ștefan Balș 和 Ion Balș 等人提出的意见。

[3] Notă a arh. Ștefan Balș din 20 februarie 1942 (*Fond CMI. Dosar 1683, fila 10*).

飞檐主体不见了"，而且"可以认为一些拙劣的改建和维修改变了原先的设计"①）可以看出，这座教堂1952年面临坍塌的风险②。一年后，这位设计师指出"一座从前很高的台基的下表面凸起了25厘米，致使教堂出现了一条细长的裂缝"③（这让我想到，与勒梅特尔制作版画的时代相比，在东部后殿进行的修缮并不全面）。鉴于有人建议放弃其中一座塔楼，1954年对这座教堂的上部建筑进行了勘察④。工程推进到这个阶段的时候，出现了一个不得不说的插曲，这个插曲能让人回想起那个时代的一些"争论"，年轻人最好对此有所了解。1953年10月19日（斯大林去世后仅七个月），年轻的设计师格奥尔基·库里恩斯基（姓氏以字母K开头）提交了一份要求重建塔楼的报告（显然是要求重建大统一时期建成的塔楼），因为当时无论是这位设计师，还是参考过圣母教堂卷宗的人都不知道勒梅特尔版画上的教堂中殿与原先的并不一致，版画上是没有塔楼的样子。我想指出的是，在当时的认知水平下，这个要求在建筑学层面是非常合理的。然而论证的过程却是政治挂帅，简直让人无语。"委员会（评议人将此问题提交到了上级主管部门）认为，有一份最能体现我国民间工匠受俄罗斯建筑影响，最能说明俄罗斯人民和罗马尼亚人民之间文化艺术联系的文件居

---

① Gh. Balş, *Bisericile moldoveneşti din veacurile al XVII-lea şi al XVIII-lea*, Bucureşti, 1933, p. 157.

② 同上：fila 29.

③ *Fond DMI*. Dosar 4864.

④ *Fond DMI*, Dosar 4865.

然不见了，这是不可接受的"[1]。那位未来的建筑史教授依然坚持自己的主张（虽然合理，可惜证据不足），并质疑反对者"考古热情不足"。为此，他在第二年，即 1954 年在建筑师协会的期刊上发表文章，再一次进行论证。这位作者在提到 1829 年对加拉茨这座教堂的大规模改造时，特意提到"重修这座教堂的工匠们在俄罗斯建筑伟岸的形象中找到了那个年代各种纷乱事件的答案"[2]，而西侧高大的塔楼恰恰好好能让人想起莫斯科克里姆林宫的教堂！在文章的结尾，他还用一种近乎神话的笔调描述了多瑙河岸边峭壁上这座特殊教堂的建筑元素："就这座圣母教堂而言，它反映了 19 世纪罗马尼亚人民为挣脱土耳其枷锁而进行的斗争，这场斗争得到了俄罗斯人民的支持。"[3] 对此，我不想做过多评论……

修缮工作于 1956 年完成，呈现出一座风格均衡的教堂，它结合了摩尔多瓦和蒙特尼亚的建筑元素，而加拉茨这座圣母教堂正位于这两个公国的边界上（图 8、图 9）。人们对奥古斯特·弗朗索瓦·勒梅特尔在版画中捕捉到的这座建筑的记忆（直至今日才被修复者和设计师们所知），如今只剩下那座圆形祭坛的和谐，以及周边现代楼宇难以扼杀的优雅（图 10）。作为摩尔多瓦古代建筑中最著名的堡垒式教堂，周边环境本不该如此。

---

[1] *Fond DMI*, Dosar 4863.

[2] Gh. Curinschi, *Probleme de restaurare a monumentelor istorice*, în „Arhitectura RPR", 4, 1954, p. 26.

[3] 同上。

图 1　加拉茨圣母教堂当前样貌

图 2　加拉茨教堂（同一座圣母教堂）
奥古斯特·弗朗索瓦·勒梅特尔的版画

PROVINCES DANUBIENNES
ET ROUMAINES,
PAR MM. CHOPIN ET A. UBICINI

BOSNIE, SERVIE,
HERZEGOVINE, BULGARIE, SLAVONIE,
ILLYRIE, CROATIE, DALMATIE,
MONTENEGRO, ALBANIE,
PAR M. CHOPIN

VALACHIE, MOLDAVIE,
BUKOVINE,
TRANSYLVANIE, BESSARABIE,
PAR M. UBICINI

PARIS,
FIRMIN DIDOT FRÈRES, ÉDITEURS,

图 3 《多瑙河畔的罗马尼亚省份》
标题页　巴黎 1856 年

图 4　维丁民居　奥古斯特·弗朗索瓦·勒梅特的版画

图 5　斯梅代雷沃城堡　奥古斯特·弗朗索瓦·勒梅特的版画

图 6　加拉茨城市风光（19 世纪上半叶）

图 7　加拉茨城市风光（19 世纪上半叶）

图 8　加拉茨圣母教堂东侧

图 9　加拉茨圣母教堂西侧

图 10　加拉茨现代建筑丛中的
圣母教堂

埃米内斯库和"受害者"卡拉达

　　尤金尼乌·卡拉达是"埃米内斯库的受害者",这一论断(当我们谈到罗马尼亚国家银行的奠基人时经常会这么说)是乔治·克利内斯库在转引率极高的《罗马尼亚文学史》中提出的[1]。在这位杰出的评论家和文学史家看来,尤金尼乌·卡拉达是一位狂暴的政治家,后来成为冷静的金融活动组织者,还是一位"自由主义的通俗笑剧作者"[2],还曾为讽刺剧创作连环画,而这些戏剧的作者正是埃米内斯库[3]。但归根结底,尤金尼乌·卡拉达并不属于克利内斯库致力于研究的罗马尼亚文学领域,他属于一个更广泛、更直接、更积极的领域,包括社会、经济和政论。而在政论圈子中,"红色自由主义者"旗下的《罗马尼亚人报》的记者[4]总是被

---

[1] *Istoria literaturii române*, p. 462.

[2] 同上: p. 702.

[3] *Opere, IX, Publicistică 1870-1877*, Ed. Academiei, Bucureşti, 1980, p. 519.

[4] 尤金尼乌·卡拉达。——译者注

那位保守主义者经营的《时代报》的天才记者 [1] 尖锐批驳。

他们两人的立场截然相反，尽管一个半世纪前他们属于同一社会阶层。尤金尼乌·卡拉达的父亲是来自克拉约瓦的尼古拉·卡拉达，在沃尔恰迎娶了他的母亲斯莱维塔斯卡，他的祖父则是道洛班楚步兵大尉杜米特拉凯；米哈伊·埃米内斯库则是税务官格奥尔基·埃米诺维奇的小儿子，他的舅舅是来自摩尔多瓦久尔德什蒂的御酒官尤拉什库。在 19 世纪下半叶，二人体现了刚刚统一和独立的罗马尼亚的一个显著特点：他们之间的分歧绝非个人恩怨。

按照伊布勒伊莱亚努 [2] 和罗维内斯库 [3] 等代表人物创立的"两次大战之间的社会学"观点（近几十年来本人也对其进行过论证），当时的矛盾主要存在于摩尔多瓦的保守派贵族和蒙特尼亚、奥尔特尼亚的自由派资产阶级之间 [4]，但卡拉达与埃米内斯库之间的分歧甚至比这还要大。

这是两种意识形态之间的分歧，一方是人们熟知的，具有保守肌理的青年社，另一方则是以米哈伊尔·科格尔尼恰努、彼得·塞贝沙努·奥雷利安、扬·康斯坦丁·布勒蒂亚努为代表的自由改良派，以及以康斯坦丁·亚历山德鲁·罗塞蒂为代表的激进自由主义者。卡拉达无条件地拥护布勒蒂亚努和罗塞蒂。他和

---

① 米哈伊·埃米内斯库。——译者注

② *Spiritul critic în cultura românească*, Bucureşti, Ed. Minerva, 1984, p. 17.

③ *Istoria civilizaţiei române moderne*, Bucureşti, ed. Z. Ornea, Ed. Ştiinţifică, Bucureşti, 1972, p. 110-111.

④ 埃米内斯库经常撰文贬低喀尔巴阡山南部自由主义的渊源，但是他在 1881 年 7 月指出，喀尔巴阡山弓外的历史省份之间不存在根本性的对立。(*Opere, XII. Publicistică. 1 ianuarie – 31 decembrie 1881*, Ed. Academiei, Bucureşti, 1985, p. 266-268).

布勒蒂亚努形影不离（两人是表亲①），1865 年曾随其到巴黎去迎接一位外国裔大公，1867 年担任布勒蒂亚努的办公室主任，1877 年后长期住在布勒蒂亚努家中，后来还在如今的埃德加·基内大街开设了一间专门售卖布勒蒂亚努家族领地弗洛丽卡特产的商店②（卡拉达曾担任由法国雕塑家厄内斯特·亨利·杜邦在 1903 年创建的扬·布勒蒂亚努遗产委员会主席，而这位艺术家也成为自由党的御用雕塑家③，并在利普斯卡尼大街树立起一座卡拉达的半身塑像。这座塑像 1924 年落成，后来被共产党人捣毁）。

卡拉达与罗塞蒂的关系更为特殊。1859—1863 年间，他曾任自由党党报《罗马尼亚人报》编辑部的秘书，然后在 1866—1871 年间成为该报主编，并不失时机地与那位"红色猛兽"④的女儿订婚。在反对库扎独裁统治和 1866 年起草宪法草案时，他都与罗塞蒂站在同一战线。

从 1877 年到 1882 年，卡拉达遭到了报界长达五年的尖锐抨击，这种攻击在国家银行诞生时达到了顶峰，甚至出现了一种叫"卡拉达分子"的特殊称谓⑤。在此期间，卡拉达从"小商贩"⑥和

---

① M.Gr. Romaşcanu, *Eugeniu Carada (1836- 1910)*, ed. a II-a, Ed. Albatros, Bucureşti, 2007, p. 214.

② 同上: p. 120.

③ V. Bilcea, A. Bilcea, *Dicţionarul monumentelor şi locurilor celebre din Bucureşti*, Bucureşti, 2009, p. 354.

④ 罗塞蒂。——译者注

⑤ M. Eminescu, *Opere, X, Publicistică. 1 noiembrie 1877- 25 februarie 1880*, Ed. Academiei, Bucureşti, 1989, p. XIV.

⑥ 同上: *Opere*, XIII, *Publicistică 1882-1883, 1888-1889*, Ed. Academiei, Bucureşti, 1985, p. 51, p. 339.

"柜员"① 做起，一路高升。后来矛头转向了《罗马尼亚人报》的所有作者，埃米内斯库辛辣地讽刺道："康斯坦丁·亚历山德鲁·罗塞蒂先生、卡拉达先生、康迪亚诺先生，这些都是载入罗马尼亚史册的名字"②，都是祸国殃民的"东方舶来品"③。康斯坦丁·亚历山德鲁·罗塞蒂是他们的圣父，卡拉达则是他们的圣灵④。

不知疲倦的尤金尼乌·卡拉达生性叛逆（他曾四次遭当局逮捕），是共和体制的铁杆支持者，他与朱塞佩·马志尼保持着书信往来⑤，还亲赴盎格鲁—诺曼岛拜访维克多·雨果。他组建了自由党（约内尔·布勒蒂亚努在其离世后称其为该党"名副其实的成员"⑥）。是他起草法案，要求按法国模式成立一家可以贴现和发行货币的银行，即 1880 年成立的罗马尼亚国家银行⑦。他是个谨慎的人⑧，拒绝担任该行行长，但他在该机构的创建中发挥了决定性作用。虽然他只担任了 27 年的董事，却为国家银行设计了一个以他的名字命名的系统，被用于印制我国第一张抵押债券。他被一

---

① 同上：p. 173.

② 同上：*Opere*, X, p. 19 (la 11 decembrie 1877, în studiul cu răsunet, *Icoane vechi şi icoane nouă*).

③ 同上：*Opere*, XIII, p. 234.

④ 同上：*Opere*, X, p. 172, 420.

⑤ Nicolae Iorga 称其为"老马志尼"，apud *Realitatea ilustrată*, 12, 1 martie 1910, p. 16.

⑥ Apud C. Răutu, *Eugen Carada. Omul şi opera (1836- 1910)*, Craiova, 1940, p. 6; 关于两人间的关系，见：A. Iordache, *Ion I. C. Brătianu*, ed. a II-a, Bucureşti, 2007.

⑦ M. Gr. Romaşcu, *op. cit.* p. 159.

⑧ „Realitatea ilustrată", p. 15 其中引用了约尔加在卡拉达逝世之际发表在《罗马尼亚民族》上的文章："这个人走了，他在罗马尼亚的政治生涯长达半个世纪之久，却无人执行过他的法律，无人听过他的演讲，无人听过他的声音，无人见过他的面容"。

些同时代的人视为真正的"传奇人物"，其座右铭是"为了一个自由的罗马尼亚，可以在任何时候，以任何方式，同任何人一起反对任何人"。但按照埃米内斯库在 1880 年 3 月 2 日的看法，他甚至不配进入某个委员会："我们要问问，卡拉达先生有什么资格获得提名？作为法律顾问、机械工程师、金融专家、会计专家？除了是伟大的先知康斯坦丁·亚历山德鲁·罗塞蒂的家奴之外，他一无是处"[1]。

　　一年后，即 1881 年 6 月 24 日，埃米内斯库再次严厉抨击了这位"政治打手、讼棍、普遍主义者、奸商、选举代理人、罗塞蒂家族的走狗、红色政党的奴才"[2]。

　　1881 年 3 月 29 日，在提到自由派先锋（其中一些人是 1848 年革命先锋）时，埃米内斯库的谩骂达到了顶峰[3]："要是塞鲁里耶（指众议员格里戈雷·塞鲁里乌）、卡拉达和卡里亚格迪（布加勒斯特市长卡里亚格迪）他们所有人都死了就好了……别担心——等他们死了两天之后，这个国家根本不会在乎他们的缺席，就像抠掉指甲里的黑泥一样。"[4] 一年后的 1882 年 4 月 25 日，这个险恶的预言被再次提出，而且将 1883 年才发表的长诗《金星》中的一些理念也隐含在内："等贾尼（指部长迪米特里耶·贾尼）分子和卡拉达分子死绝之后，就不会有任何悬而未决的事情，他们身后不会留下任何空洞，因为这些人生下来就是为了去死，死了就

---

① *Opere*, XI···, p. 55.

② *Opere*, XII, p. 218.

③ *Opere*, IX, p. 45.

④ *Opere*, XII, p. 117.

是为了去投胎，他们的存在完全无所谓是死是活。"[1]（这段话摘自1882年的一篇每日评论，所有人都能看出其中隐含了1881年下半年完成的那首诗歌手稿中的著名诗句："死亡孕育诞生 / 诞生孕育死亡"）[2]从1880年2月至1881年12月，埃米内斯库曾担任保守派报纸《时代报》主编22个月，编辑部地址位于"摩戈什瓦亚桥上，利普斯卡尼大街拐角的达契亚宫1层"[3]。具有讽刺意味的是，这个发表反对卡拉达的文章的保守派驻地离一座正在修建的新古典主义风格大楼仅几十米之遥，而这座大楼在1884年后成了国家银行所在地。罗马尼亚国家银行是由自由主义者设立的机构，由阿尔伯特·加莱隆和卡西恩·贝纳德负责设计，二人在1882年与卡拉达签订了合同[4]。青年社成员埃米内斯库是一位"结构上的保守主义者"[5]，但赞成对"进步阶级"所必需的"现代化发展"。他反对的并不是新的体制，而是反对将其作为"没有内容的形式"[6]生搬硬套。可以说，埃米内斯库并不是保守党党员，他的批判立场往往源自其特立独行的性格和智慧，他也没有将自由党视为死对头[7]。事实上，青年社有时和自由党还十分亲密。因为我们知

---

[1] *Opere* XIII, p. 108.

[2] *Opere*, II, ed. Perpessicius, București, 1943, p. 392, p. 406.

[3] G. Călinescu, *Viaţa lui Mihai Eminescu. Ion Creangă – viaţa şi opera*, Chişinău, 1989, p. 265.

[4] M. Gr. Romaşcanu, 引文如前：p. 160.

[5] G. Călinescu, 引文如前：p. 166.

[6] M. Eminescu, *Opere, XI*..., p. 6.

[7] 同上：p. 7.

道，到了最后，自由派和保守派之争主要聚焦在经济问题上①。然而，他对自由主义者中的激进派怀有深深的敌意。这一派与第一国际关系紧密，经常被指责使用极端西方式的话语，其领导人正是康斯坦丁·亚历山德鲁·罗塞蒂和卡拉达，以及《罗马尼亚人报》的领袖们，他们在报刊上发表的文章颇有蛊惑性②。埃米内斯库最初学习政治经济学时，就接触到了欧根·杜林在柏林开设的课程③，这些课程为其打下了坚实的基础。这位身兼诗人身份的记者在研究了自由贸易派和贸易保护派的经济学家的主张后④，"基于自由国家理论，在哲学层面建立了自己的学说"⑤。他逐渐明确了自己的立场，反对自由主义者机械地运用自由贸易理论，并要求保护本国的"进步阶级"免受外来的侵害。卡拉达是一位有着扎实学识的金融学家，他和布加勒斯特的工匠们关系非常亲密，其忘年交罗塞蒂也是如此。即便是他的对手，青年社成员彼得·P·卡尔普也将卡拉达视作布勒蒂亚努的"幕僚长"，并将其推荐给自己在政界的朋友⑥。事实上，埃米内斯库对卡拉达的指控主要聚焦在民族经济与外族资本之间的关系上，这也是《多依那》这首诗的

---

① G. Călinescu, 引文如前：p. 267. 关于保守主义者为何要维护传统集体主义者的一些观点，并反对自由主义者提倡的个人主义，可参见 Victor Nițelea, *Audiatur et altera pars*, în M. Gr. Romașcanu, 引文如前：p. 286-288.

② C. Răutu, 引文如前：p. 126.

③ G. Călinescu, *Opere*, 12, ed. A. Rusu, Ed. pentru Literatură, București, 1969, p. 353.

④ T. Nedelcea, *M. Eminescu și real-semitismul*, Craiova, 2010, p. 128.

⑤ G. Călinescu, *Opere*, 13, ed. A. Rusu, Ed. pentru Literatură, București, 1970, p. 194.

⑥ C. Răutu, 引文如前：p. 253.

作者 ① 关注的首要问题。这才是埃米内斯库要"疾言厉色"② 地将其政治对手钉死在十字架上，将其斥为"非罗马尼亚主义者"的根源。在同年发表的《第三封信》中就有此类诗句，所有罗马尼亚人都对其耳熟能详。

我们知道，这首诗在《文学谈话》上发表前一个月，它曾在雅西的波戈尔宫被朗诵过，乔治·帕努听后大为光火，因为其中所说的"鼓起的青蛙眼"似乎在影射扬·吉卡和康斯坦丁·亚历山德鲁·罗塞蒂 ③（帕努正是其办公室主任），而诗中"脖颈粗壮的保加利亚人，鼻子尖尖的希腊人"或"全体希、保居民都是图拉真的子孙"④ 等说法恰巧能与埃米内斯库在那些年发表的政论文章相呼应，例如他在 1881 年曾提到"康斯坦丁·亚历山德鲁·罗塞蒂，这个希腊人……另一个希腊人卡拉达"⑤。在 ⑥ 第 2264 号手稿中也称提到那位国家银行未来董事的希腊血统，虽然这段话后来被删除了 ⑦。埃米内斯库在 1881 年 8 月指出："红色政党主要是由外国人（希腊人和保加利亚人）组成的。"⑧ 毫无疑问，即便从

---

① 埃米内斯库。——译者注

② G. Călinescu, *Viaţa...*, p. 268.

③ M. Eminescu, *Opere*, II, p. 271.

④ 同上：*Opere*, I, ed. Perpessicius, Bucureşti, 1939, p. 156; 同上：*Opere*, II, p. 317.

⑤ 同上：*Opere*, XII, p. 266. 在 1883 年的第 2255 号手稿中提到"一个叫 C·A·罗塞蒂的希腊人和另一个叫卡拉达的希腊人"(*Opere*, XV, p. 377). 关于罗塞蒂家族的希腊血统，可参见：N. Stoicescu, *Dicţionar al marilor dregători din Ţara Românească şi Moldova. Sec. XIV- XVII*, Bucureşti, 1971, p. 435-436.

⑥ 埃米内斯库的。——译者注

⑦ M. Eminescu, *Opere*, XII, p. 495.

⑧ 同上：p. 308.

名字上看，卡拉达也有可能被怀疑与多瑙河以南的国家沾亲带故（克拉约瓦在 18 和 19 世纪是多瑙河地区重要的商品集散地），但更重要的是那个时代的人都知道他参与了针对保加利亚的政治计划；他梦想着建立一个罗马尼亚主导下的巴尔干联盟。从 1867 年起，他就与斯特凡·斯塔姆博洛夫等保加利亚政要保持着密切联系，并参与了将巴滕堡的亚历山大·约瑟夫大公迎回索非亚王位的计划[①]，还曾和斯塔姆博洛夫共同提议将保加利亚王冠献给罗马尼亚国王卡罗尔一世。由于俄国的反对，这项冒险的计划最终流产了[②]。

在那个时期，埃米内斯库的敌人（例如马切东斯基在《文学家》杂志撰文，尼古拉·克塞诺波尔则在《罗马尼亚人报》上发表文章）也同样用"民族身份"来攻击这位诗人。那时的论调和今天一样敏感，例如含沙射影地说他是……保加利亚人[③]。作为回应，埃米内斯库则称在"红色政党"中发现了他们属于异族的证据，因为罗塞蒂家族和卡拉达家族一样都可能来自多瑙河以南，那里都是"奴颜婢膝之徒"[④]。和在《第三封信》中一样，他还将古代的大公和来自庞贝、斯佩隆奇、塞纳河和拜占庭的君主们进行了对比[⑤]。

---

① C. Răutu, 引文如前：p. 95; M. Gr. Romașcanu, 引文如前：p. 114.

② C. Răutu, 引文如前：p. 96; 参见 N. R. Mitu, *Liberalismul din Serbia și Bulgaria până la sfârșitul primului război mondial*, Craiova, 2009, p. 281-284.

③ G. Călinescu, 引文如前：p. 269-270.

④ M. Eminescu, 引文如前：p. 217.

⑤ 同上：p. 228.

　　此外，埃米内斯库以在外部势力支持下危害国家经济为由（对此我们有摩西·加斯特的重要证词，可以证明他那位伟大的朋友不是反犹主义者[1]），在 1880 年 12 月 30 日对犹太人，特别是犹太商人进行了同样辛辣的讽刺。他将犹太人，还有那些哪怕沾了一丝巴尔干血统的人斥为"不事生产的掮客"："除了爱国者卡里亚迪、贾尼、卡拉达之外，如今我们又有了爱国者赫尔什库、列伊布、什姆雷等，他们的达契亚—罗马尼亚血统都和康斯坦丁·亚历山德鲁·罗塞蒂先生一样毋庸置疑。"[2] 而且，罗塞蒂还不止一次地遭到埃米内斯库的无端讽刺，被指责与所谓的"世界犹太联盟"交往甚密[3]。众所周知，1878 年柏林会议后签署了《柏林条约》，其中的第 44 条对罗马尼亚宪法第 7 条关于宗教多元化的修正产生了重大影响。只是，我要实事求是地指出，卡拉达本人曾与上述联盟的领导人阿多尔夫·克雷米厄发生过争执[4]。

　　埃米内斯库基于民族主义学说，相信存在一种积极的民族主义[5]（首先体现在其经济特性上）。在这场论战中，他用犀利无情的言辞占据了优势，这是一位伟大的记者从传统的、理想化的视角出发在看待现代性。而他的"受害者"尤金尼乌·卡拉达（除了有言行一致、绝不妥协的品格外），则是基于自由主义在我国务实

---

[1] T. Nedelcea, 引文如前：p. 42 şi următoarele.

[2] *Opere*, XI, p. 457.

[3] T. Nedelcea, 引文如前：p. 104-105.

[4] M. Gr. Romaşcanu, 引文如前：p. 101.

[5] 关于民族主义的细微差别，参见：M. Winock, *Le XX-e siècle idéologique et politique*, Paris, 2009, p. 179-286.

推进现代化的代表。他在以"依靠我们自己"为座右铭的下一个世纪到来之前，汇集了来自不同民族、不同宗教信仰人士的经济力量。这场交锋没有使埃米内斯库天才的光芒消退，但一些被其伤害的人已经变成了获胜的尸骸（这在历史上屡见不鲜）。在他们雕像的底座上（一座保存完好，另一座已经是复制品了），康斯坦丁·亚历山德鲁和尤金尼乌·卡拉达被称为激进派，但他们仍是现代罗马尼亚的奠基人。

附：

关于百年庆典上的"民族主义"

　　1892 年 7 月 4 日，民族主义一词首次出现在《费加罗报》刊登的《民族主义者与世界公民的争吵》一文中，作者是著名的莫里斯·巴雷斯，这一概念与查尔斯·莫拉斯所说的"天主教保守民族主义"相近。此后（迄今已经过去了 126 年），这个词经历了巨大且矛盾的变化。不仅仅是学术界应该知道这一点，政界也应该对其有所了解。众多文献〔在此仅引用了厄内斯特·盖尔纳的《民族与民族主义》（牛津，1983 年）和米歇尔·维诺克的《20 世纪的意识形态和政治》（巴黎，2009 年）〕对这个概念进行了阐述，确立了不同的类型并明确了它们之间的细微差别，但仍有一批政客和记者傲慢地无视这些研究，用危险和无知的方式对他们一知半解的东西进行抨击。

　　在加富尔时期的意大利和俾斯麦时期的德国有过"统一的民族主义"，戴高乐将军曾提出过"共和的民族主义"，亚美尼亚人、犹太人和希腊人则有"流亡的民族主义"，类型如此繁多的民族主义均与克林顿提出的"美国优先"式的仇外主张毫无关联。如今的唐纳德·特朗普与这种仇外心理相去不远，但很多人忽视了这一点，并混淆了具有积极意义的民族主义学说和极端民族主义、纳粹的民族社会主义、集权的民族共产主义、罗马尼亚的极端组织铁卫军，以及法国、奥地利、荷兰等诸多国家的"民粹式民族主义"，不一而足。

在过去的30年里，一些西方媒体与无知政客一唱一和，将极端民族主义的情绪和行为归咎于前社会主义国家。在那些国家，"无产阶级国际主义"宣告失败后迅速被彰显民族身份的思想所取代，如果没有矫枉过正的话，这种做法自然是有积极意义的。因此，在中东欧国家，一些政界和新闻界人士会表现得非常警惕和审慎，生怕被另一些不学无术却咄咄逼人的政客或记者们扣上"民族主义者"的帽子。

在此过程中，罗马尼亚也不例外，单从词典编纂中就可见一斑。《牛津词典》和《拉鲁斯词典》对"民族主义"一词的定义分别是："爱国的感情、原则或努力；民族独立政策""自称在本质上以传统和纯粹民族理想为基础的理论"。

但当你翻开罗马尼亚科学院1996年出版的《罗马尼亚语释义词典》，就会看到"以捍卫民族权利和民族理想为基础的理论（有时会被夸大）"。为何英国和法国的词典编纂者们没有想到"有时会被夸大"的提法呢？是什么导致我们的罗马尼亚同事们过度谨慎呢？

例如，我们知道有一种经济民族主义，它经常被人同反犹主义或反巴尔干的仇外心理混淆（最典型的例子有保守主义者埃米内斯库与自由主义者卡拉达之间的论战）；还可能有一种文化民族主义，它超越了我们通常所说的"民族特色"或"艺术化的罗马尼亚特征"（这个说法是从一个非英语母语作者尼古拉斯·佩弗斯内尔撰写的英文著作《英国艺术的英国性》中仿译过来的）。基于文化民族主义，艺术史家们可以明确地将安德烈斯库和佩特拉什库的作品归为一类，后者被祖库列斯库称为"学习了塞尚绘画语言的神秘的东欧圣像画家"；音乐学专家则会指出像保尔·康斯坦丁内斯库那样的作曲家的作品具有极大的"罗马尼亚特色"。

如果我们现在再来回顾过去一个半世纪的罗马尼亚社会和政治生活，就会看得很清楚。毫无疑问，了不起的两代人完成了三大壮举（我们现代历史上仅有这三大国家层面的壮举：其一是1859年的小统一；其二是1877年赢得独立；其三是1918年实现大统一。亚历山德鲁·约安库扎、康斯坦丁·亚历山德鲁·罗塞蒂、扬·吉卡、尼古拉·伯尔切斯库、米哈伊尔·科格尔尼恰努、扬·康斯坦丁·布勒蒂亚努，以及后来的扬·扬·康斯坦丁·布勒蒂亚努、尼古拉·约尔加、瓦西里·戈尔迪什、扬库·弗隆多尔、尤利乌·马纽等人名垂青史），这三大民族壮举均有赖于学识深厚且敢作敢为的大智慧。坦率地说，在过去70年间，此类壮举在罗马尼亚大地上再也无从得见。为何当今罗马尼亚不再有举国壮举和真正的国士呢？民族主义肌理缺失也许是一个可悲的解释。

大家都对罗马尼亚的民族主义思想史耳熟能详，我无需在科学院的会场上赘述，而上文提到的那些政界名流几乎都曾经是科学院的一员。在这部思想史中，正如蒂图·马约雷斯库所言，"爱国主义进入了真理范畴内"。米哈伊·埃米内斯库曾说："我们越是爱自己的祖国、自己的人民，就越需要用一种冷静的公正来武装自己的头脑，以免产生过激思想。"一个世纪前，瓦西里·珀尔万将民族主义看作一种精神要素。尼古拉·约尔加更是在 1919 年 5 月 31 日迈出了巨大的一部，他以科学院的名义，向六个月前实现的大统一致敬（这位约尔加在 1910 年创建了民族主义民主党，是与保守民族主义党同期创立的。该党成员尼古拉·蒂图列斯库曾宣称："如果罗马尼亚无法在人类世界找到自己的地位，那么全人类对我而言也就无所谓。"）尤金·洛维内斯库续写了这段历史，他在 1909 年和康斯坦丁·勒杜列斯库·莫特鲁一起撰写了关于罗马尼亚拉丁民族主义的文章，指出罗马尼亚人是"笃信宗教的民族主义者"。此外，他还在获选科学院院士（后来成为科学院院长）时发表的讲话中谈到了民族主义。在我挑选的有关民族主义的文献中，最后我想援引一段卢奇安·布拉加极具诗意的文字："我们所能知道，而且无需担心被否定的，就是我们拥有无比丰富的可能性。我们所能相信，而且不会对意志造成损害的，就是我们被赋予了用明日之花照亮地球一角的使命。我们所能期望，而且不会让自己被幻想所操控的，就是对历史上一些精神创举的骄傲，它们时不时地像火花一样跳跃，并在其他民族头顶闪现。"

就在这里，在罗马尼亚科学院的礼堂中，罗马尼亚的民族主义思想已多次被印证。值此百年庆典之际，我想以思想史之名大声宣告民族主义是一种积极的学说。齐普林有一句名言："我的国家，不管是对是错，都是我的国家^①。"这句话应该被我们每个人牢记。在全球化背景下，任何一个正常的人都应该有自己的祖国。而对于我们大多数人而言，这个祖国就叫罗马尼亚。

---

① "都是我的国家"为译者补充。——译者注